들어가는 말

처음 신앙 생활을 시작하는 사람들로부터 자주 받는 질문이 있습니다. 그것은 바로 "성경을 어디부터 읽는 것이 좋을까요?"라는 질문입니다. 이럴 때 저뿐 아니라 실제로 많은 분들이 요한복음을 추천합니다. 내용이 그리 어렵지 않고 '예수님은 누구인가'라는 사실에 초점이 맞추어진 책이기 때문입니다. 사도 요한이 썼다고 알려져 있는 요한복음은 헬라어 원문도 다른 신약의 책들과 비교할 때 매우 쉬워서 신학교에서 헬라어를 처음 배울 때 쉽게 대할 수 있는 책입니다. 마치 학식이 깊지 않은 사람들도 쉽게 복음을 이해할 수 있도록 도우려는 의도가 담겨 있는 듯합니다.

그렇다고 깊이가 없다는 이야기는 절대 아닙니다. 탁월한 학자들의 글이 그러하듯, 깊은 내용임에도 불구하고, 이해하기 쉬운 언어로 표현된 아주 특별한 책입니다. 읽으면 읽을수록, 간결하며 단순하게 복음의 진수를 전하면서도 깊이가 있다는 사실을 발견하게 될 것입니다. 다른 복음서들이 주후 50~60년에 쓰인 것과는 달리 요한복음은 80~90년에 쓰였다고 알려져 있습니다. 이러한 학자들의 주장을 그대로 받아들이며 생각해 볼 때, 요한복음은 복음서로서 '아주 숙성된 깊은 맛'을 담고 있다고 평할 수 있을 것입니다.

    요한복음의 깊은 맛은 구약과의 연관성에서 옵니다. 구약을 직접적으로 인용한 부분이 많지는 않지만 요한복음은 신약의 어느 책보다도 구약과 깊게 연결되어 있습니다. 구약을 아는 이들은 요한복음에서 처음 성경을 대하는 이들이 발견할 수 없는 의미와 적용을 발견합니다. 복음서를 읽을 때 구약에 대한 지식을 더하면 '신앙과 신학의 세렌디피티(serendipity)'를 경험할 수 있습니다. 물론 세렌디피티라는 단어가 지닌 일반적 의미와 같이 '완전한 우연으로부터 새로운 중대한 의미의 발견'이 이루어진다는 것은 아닙니다. 구약에 대한 이해가 있을 때 예상치 않은 구절과 단어 속에 담긴 깊이를 발견하는 기쁨을 누릴 수 있다는 것입니다. 이런 특징을 담고 있는 복음서이기에 한 저명한 신학자는 다음과 같이 요한복음을 평합니다. "요한복음은 갓난아이가 물장구를 치며 놀 만큼 안전한 반면, 코끼리가 익사할 정도로 깊기도 하다." 김치로 표현해 보자면 요한복음은 겉절이로 먹건, 숙성시켜 먹건 풍미가 뛰어나다는 것입니다. 물론 독자의 준비된 깊이가 복음서의 깊이를 결정하게 되긴 하지만 말입니다. 한마디로 말해 요한복음은 신앙의 깊이나 연륜에 관계없이 누구에게나 너무 소중할 뿐 아니라 읽으면 읽을수록 숙성됨의 묘미와 깊이를 더해주는 특별한 책입니다.

저자 요한의 귀한 노력과 좋은 의도가 있을지라도 21세기를 대한민국에서 살아가며 접하는 요한복음은 다른 어느 시대보다도 낯섭니다. 아니 성경의 모든 부분이 낯설다는 것이 솔직한 표현일 것입니다. 2000년이라는 시간의 차이, 문화의 차이뿐 아니라 언어의 차이가 있기에 그럴 것입니다. 이러한 낯섦은 21세기에 와서 더욱 더 심화되고 있습니다.

무엇보다도 믿는 이들은 성경에 대한 '빈익빈'현상을 경험하고 있습니다. 이유는 간단합니다. 성경은 반복해서 읽도록 의도되어 있으며, 읽을수록 더 많은 것을 알 수 있게 쓰였는데 현대인들은 과거와 달리 성경에 시간을 쏟고 있지 않기에 그렇습니다. 바쁜 일정과 TV와 인터넷, 스마트폰 같은 우리의 관심을 빼앗는 매체의 증가로 말씀 읽기를 소홀히 하고 있는 것입니다. 성경이 주일용으로 전락해 버렸습니다. 아니 적지 않은 경우에는 성경 대신 스마트폰이나 넷북으로 성경본문을 읽고 있어서 성경책의 유용성은 존재하지 않기도 합니다.

말씀에 대한 관심이 점점 더 사라져 가기 때문인지 주일 설교에서도 강해 설교가 자리를 잃어가고 있습니다. 한 신학자가 말했듯 설교가 '메시지'(message)가 아니라 '마사지'(massage)가 되어 버린 듯 합니다. 이는 '하나님이 전하고자 하는 말씀'보다 '사람들이 듣기 원하는 말'을 전하고 있는 설교를 염두에 두고 비판한 것입니다. 이러한 악순환은 어디선가 끊겨야 합니다.

믿지 않는 이들에게 성경이 낯선 것은 또 다른 이유가 있습니다. 대중매체를 통해 진행되는 공격적 무신론의 영향력 증대가 한 몫을 합니다. 리처드 도킨스나 스티븐 호킹과 같은 무신론자들이 때로는 과격하다고 할 만큼 유신론을 공격하고 있으며, 그들이 한때 기독교사에서 주도적 역할을 하던 영국인들이라는 사실 자체가 비판적 영향력에 힘을 더하는 것 같습니다. 그뿐 아닙니다. 모든 것을 상대화시키는 포스트모더니즘(post-modernism)이라는 문화 속에서 '오직 예수'를 주장하는 전통적 기독교의 주장은 막강한 도전에 직면하고 있습니다. 그 속에서 적지 않은 기독교인들은 적당한 '타협'을 통해 해답을 찾고자 합니다.

　이러한 세상의 현상들을 무시할 수 없습니다. 이것이 우리가 살고 있는 세상입니다. 변화하는 세상 속에서 변화하지 않는 하나님의 말씀을 전하기 위해 우리는 세상을 올바로 이해하고 있어야 합니다. 변화된 세상이 이해할 수 있는 옷으로 덧입어야 하기에 더욱더 그렇습니다. 무신론(정확히 말하자면 신 유물론적 무신론)에 대한 이해 및 적절한 대응은 필수입니다.

　요한복음의 경우에는 더욱 더 그렇습니다. 다른 복음서와는 달리 첫 구절부터 하나님에 대한 이야기를 하고 있기 때문입니다. 요한의 시대에는 하나님의 존재를 증명할 필요가 없었습니다. 그러나 다른 에토스(ethos) 속에 살고 있는 우리들에게 하나님의 존재는 증명이 필요한 영역이 되어 버렸습니다. 그에 더해 왜 예수 외에는 아닌가라는 '상대주의의 바다'에서 '절대적 진리'를 설명해야만 합니다. 다른 선택은 없습니다.

　말씀을 접근하는 데 있어서도, 좀 더 폭넓은 세상의 지식을 연결해야 하는 때이기도 합니다. 세상의 지식들은 소위 '융합'이라는 트렌드가 주도하고 있기 때문입니다. 이 표현은 20세기 말까지는 널리 알려지지 않았으나 최근 에드워드

오스본 윌슨의 1998년 저서 『Consilience: the unity of knowledge』를 통해 알려지기 시작했습니다. '지식의 통합(consilience)'이라는 단어로 표현되기도 합니다. 한국에서는 에드워드 오스본 윌슨의 제자인 이화여대의 최재천 교수가 『통섭, 지식의 대통합』이라는 책으로 번역하여 한국에 '통섭'이라는 개념을 본격적으로 알리기 시작했습니다. '통섭'이라는 단어는 일반인들에게는 익숙하지 않을 수 있는 표현인데, 성리학과 불교에서 이미 사용되어온 용어로 '큰 줄기를 잡다'라는 뜻을 지니고 있습니다.

통섭의 핵심은 설명의 공통기반을 만들기 위해 분야를 가로지르는 사실들과 사실에 기반한 이론을 연결함으로써 지식을 통합하는 노력을 가리킵니다. 다양한 시도 중에서 자연과학과 인문학을 연결하는 노력이 다양한 결실을 맺고 있는 것을 볼 수 있습니다. 이러한 생각은 우주의 본질적 질서를 논리적 성찰을 통해 이해하고자 하는 고대 그리스의 사상에 뿌리를 두고 있습니다. 그리스 시대에 하나였으나 르네상스 이후 분화된 자연과학과 인문학의 두 관점을 연결하고자 하는 시도입니다.

이 책 또한 세상의 이러한 트렌드를 염두에 두고 썼습니다. 과학적 입장을 포함한 다양한 영역에서의 변화와 이론들을 담아 보았습니다. 물론 한계는 있습니다. 과학의 영역에서는 특별히 그렇습니다. 종교와 과학은 시작점이 다르기 때문이라고 말할 수 있을 것입니다. 종교는 믿음에 근거하고 있고, 과학은 의심에서 출발합니다. 과학에서는 '영적'인 영역을 '비과학적'이고 종교적 분야에 속한 것이라는 선입견과 편견으로 바라봤습니다. 그런데 최근 과학에서는 영적 영역에 열린 자세를 보이고 있습니다. 비록 영적 영역을 '내적'이라는 우회적 표현으로 사용할 때도 있긴 하지만 말입니다. 그들은 내적/영적 영역이 측정되기에는 한계가 있으나 모든 것의 근본이 되는 개념이라고 말합니다. 결과적으로 점점 더 신앙의 원칙과 과학의 원칙은 상호 보완 관계로서 받아들여짐을 볼 수 있습니다. 과학적 세계관과 영적 세계관 둘 다 서로에게 배울 것이 많다는 것을 발견한 이유일 것입니다. 서로 다르면서도 보완적인 답을 내놓을 수 있다는 것입니다. 결국 두 세계관은 지적이고 호기심 많은 21세기 사람들의 마음속에 얼마든지 문제없이 공존할 수 있다고 생각합니다. 앨버트 아인슈타인은 순수한 자연주의적 세계관의 빈약함을 인정하며 이렇게 말했습니다. "종교 없는 과학은 절름발이이며, 과학 없는 종교는 장님이다." 갈릴레오 또한 반대 방향에서 출발하나 같은 내용을 주장합니다. "우리에게 감각과 이성과 지성을 부여한 바로 그 하나님이 우리가 그것들을 무용지물로 만들게 했을까요? 저는 그렇게 생각하지 않습니다." 종교와 과학 모두가 서로를 보완할 수 있다는 것입니다.

믿는 이들을 염두에 두고 보았을 때 세상의 지식에 대한 무심함은 결코 바람직하지 않습니다. 코페르니쿠스는 다음과 같이 지적합니다. "하나님의 위대한 업적을 아는 것, 하나님의 지혜와 위엄과 힘을 이해하는 것, 하나님의 법이 훌륭하게 움직이고 있음을 어느 정도 인식하는 것, 이 모든 것은 분명 하나님을 숭배하는 기쁘고 수용 가능한 한 방법이며, 하나님에게 감사를 표현할 때 무식이 유식보다 더 위에 있을 수 없다." 세상의 지식은 우리의 성경 지식, 신앙 지식을 더욱 깊게 만들 수 있습니다.

인간게놈프로젝트를 총지휘했던 프랜시스 콜린스의 말은 과학뿐 아니라 모든 영역에 동일하게 적용될 수 있습니다. "과학은 숭배의 한 형태다. 사실 크리스천들은 새로운 지식을 추구하는 무리의 최전선에 서야 한다. 과거에는 크리스천들이 과학을 이끌었던 때가 많다. 그러나 오늘날에는 과학자이면서 자신의 영적 세계관을 인정하기가 쉽지 않은 경우가 너무 많다. 설상가상으로 교회 지도자들 가운데는 과학에서 새로운 사실이 발견되었을 때 여기에 보조를 맞추지 않고 새로운 사실을 제대로 이해하지도 못한 채 과학적 관점을 서슴없이 공격하는 경우도 허다하다. 그 결과 교회는 비웃음을 사고, 독실한 신자들마저 하나님 품에 안기기는커녕 하나님을 떠나게 만든다. 잠언 19장 2절은 '지식 없는 소원은 선하지 못하고'(Enthusiasm without knowledge is no good, NLT)라고 말하며 이 같은 선의의, 그러나 삐뚤어진 종교적 열정을 경계하라고 한다." 우리는 이것을 온전한 이해 없이 허수아비를 만들고 그것을 해체하는 기독교인들을 향한 애정 어린 비판으로 받아들여야 합니다. 하나님을 믿는다고 말하는 이들이 더욱더 열심히 세상을 이해하기 위해 노력하는 것이 필요하다는 것입니다.

  세상은 변하였지만 인간은 동일합니다. 모두가 죄인들이기에 하나님이 필요하며 죄로부터의 구원이 필요합니다. 21세기를 살건 1세기를 살건 동일합니다. 그런 인간들을 위해 요한복음이 쓰였습니다. 요한복음의 기록 목적은 변함없이 분명합니다. "오직 이것을 기록함은 너희로 예수께서 하나님의 아들 그리스도이심을 믿게 하려 함이요 또 너희로 믿고 그 이름을 힘입어 생명을 얻게 하려 함이니라"(20:31). 어떤 세상 지식을 가져오더라도 목적은 동일합니다. 요한이 의도한 목적을 이루는 것입니다.

저자인 요한은 이 목적을 이루기 위해 다른 복음서와는 매우 다르게 시작합니다. 공관복음이라 불리는 마태복음, 마가복음, 누가복음과는 전혀 다른 접근법을 사용합니다. 공관복음과 같이 예수님의 탄생 또는 그분의 사역의 시작으로 요한복음을 시작하지 않습니다. 또한 예수님의 탄생과 사역에 관한 증거를 제시한 후 결론으로 이끄는 귀납적 접근법을 사용하지도 않습니다. 오히려 연역적 접근법을 사용합니다. 먼저 결론을 내린 후 그 결론의 타당성을 밝혀가는 것입니다. 요한복음의 끝에 가면 저자가 왜 그런 결론을 내렸는지 알게 됩니다. 또한 저자는 복음서를 편집 또는 저작하면서 그 목적을 위해 자신이 알고 있는 많은 사건들을 추려내었습니다. "예수께서 제자들 앞에서 이 책에 기록되지 아니한 다른 표적도 많이 행하셨으나"(20:30). 그리고 자신이 알고 있는 기록과 자신의 책은 예수님에 대한 기록의 빙산의 일각이라고 말하고 있습니다. "예수께서 행하신 일이 이 외에도 많으니 만일 낱낱이 기록된다면 이 세상이라도 이 기록된 책을 두기에 부족할 줄 아노라"(21:25).

21세기를 살고 있는 우리 모두도 요한복음을 읽어가며 1세기에 이 땅에 사셨던 예수 그리스도를 만나야 합니다. 우리는 한 사람도 예외 없이 그분이 필요한 존재들이기 때문입니다. 예수님을 더욱더 확실히 아는 것에 그리고 그분을 모르는 이들에게 더욱더 효과적으로 소개하는 데에 이 책이 조금이나마 역할을 감당하기를 소원합니다.

저자 박성민

들어가는 말 ••• 001

존재가 부정 당하는 시대 속의 하나님(1:1) ••• 015

모든 것이 상대화된 포스트모던 시대에 만나는 예수 그리스도(1:1~18) ••• 041

위대하며 아름다운 2인자(1:40~42; 6:8~9; 12:20~22) ••• 059

예수님의 헤드헌팅 스타일(1:42; 21:15~17) ••• 075

믿음 = 합리적 사고 + 알파(α)(1:43~44; 6:5~7; 14:8) ••• 091

준비가 기회를 만날 때(1:45~51) ••• 105

기적이 필요한 때(2:1~11) ••• 121

통(通)하는 삶의 비결(3:1~16) ••• 133

인생의 막장에서 만나는 예수 그리스도(4:3~42) ••• 149

기적을 경험하며 사는 삶(4:43~5:15) ••• 161

세상을 변화시키는 방법(6:1~66) ••• 173

CONTENTS

반면교사(反面敎師)의 최고모델(6:70~71; 12:4~6; 13:21~30) ••• 185

기쁨과 행복의 근원 예수 그리스도(7:37~39; 8:12~20) ••• 199

행복 인생 내비게이션 예수 그리스도(10:7~18) ••• 209

'영원한 청년'의 삶을 사는 비밀(11:16; 14:5~7; 20:24~29) ••• 221

섬김의 리더십의 모델 예수 그리스도(13:1~17) ••• 233

열매 맺는 삶의 비밀(15:1~17) ••• 245

예수님의 중보기도(17:1~26) ••• 257

위대한 순종과 놀라운 약속(18:1~14) ••• 269

예수 그리스도와 십자가(18:1~4, 19~24, 28~40; 19:1~24, 28~30) ••• 279

'샬롬'이 필요한 세상(20:18~23) ••• 291

길고 굵게 사는 삶(19:25~27; 21:20~23) ••• 303

14 page   완전 소중한 선물

CHAPTER 01 존재가 부정 당하는 시대 속의 하나님 (1:1)

오늘날, 어느 복음서든 관계없이 마주치는 어려운 점이 있습니다. 복음서가 쓰여질 당시에는 없었으나 21세기를 살고 있는 우리는 숱하게 경험하는 도전입니다. 그것은 하나님의 존재에 관한 의문입니다. 그 당시에는 부정할 수 없었던 당연한 사실이 이제 더 이상 당연하지 않습니다. 요한복음 1장 1절에서 하나님의 존재는 전제이지 의문의 대상이 아니었습니다. 그러나 요한이 21세기에 복음서를 쓴다면 하나님의 존재에 관해 최소한의 언급은 해야 하지 않을까 생각해 봅니다. 무신론의 영향력이 점점 더 커지는 것은 외면할 수 없는 현실입니다.

무신론과 연관하여 유명세를 타는 두 학자가 있습니다. 리처드 도킨스(Richard

Dawkins)와 스티븐 호킹(Stephen Hawking) 박사입니다. 공교롭게도 이 두 사람 모두 영국 옥스퍼드 대학 출신에다 세간의 관심을 받을 만한 이유가 충분합니다. 리처드 도킨스는 동물행동학자로서 생명과학을 일반대중에게 쉽게 설명하는 뛰어난 능력을 지녔습니다. 그의 책 중 하나인 『만들어진 신(The God Delusion)』은 전 세계 베스트셀러가 되어 30개 이상의 언어로 번역되었습니다. 스티븐 호킹 박사는 갈릴레오 갈릴레이, 아이작 뉴턴, 알베르트 아인슈타인의 계보를 잇는 물리학자라는, 학문적 전문성을 인정 받은 학자입니다. 그리고 루게릭병으로 시한부 선고를 받았으나 그 후 50년 가까이를 생존하고 있는 특별한 그의 삶 자체가 이슈입니다. 이렇게 카리스마와 매력을 지닌 그들이 전파하는 무신론은 파급 효과가 대단합니다. 그들은 과연 무엇을 주장하고 있는 걸까요? 천재나 뛰어난 학자의 주장이라고 그냥 그대로 받아들이는 우를 범해서는 안 됩니다.

먼저, 리처드 도킨스의 주장을 살펴봅시다. 그는 『만들어진 신』에서 신이란 미치고 착각에 빠진 사람들에 의해 발명된, '정신병적 비행을 저지르는(psychotic delinquent)' 존재라고 평가합니다. 그렇게 만들어진 존재가 '신'인데, 사람들이 '신'이라는 전염성 있는 악성 바이러스에 감염되어 왜곡된 지적 능력을 가지게 되었다는 것입니다. 그런 존재하지 않는 신을 전제로 하는 종교를 유아적이고, 비이성적이며, 심지어 악하다고 폄하하기까지 합니다. 신과 종교에 대해 너무나도 혹독한 판결을 내립니다. 이러한 주장의 밑바닥에는 "과학이 신이 없음을 증명했다."는 가정과 확신이 깔려 있습니다.

스티븐 호킹은 물리학자의 측면에서 우주의 기원에 대한 문제뿐 아니라 인간의 삶과 죽음 그리고 사후에 대해서도 무신론의 입장에서 거침없이 주장을 펼치고 있습니다. 우주의 기원에 대한 그의 이론은 물리학자 레오나르드 믈리디

노프와 함께 쓴 『위대한 설계(The Grand Design)』에 나옵니다. 요지는 "양자(quantum)의 요동에 의해 무(無)에서 미세한 우주들이 창조되고 그들 중 일부는 급팽창하여 은하들과 별들을 탄생시킨다."는 주장입니다. 모든 것이 어떤 질서나 법칙에 의해 생긴 것이 아니라 자연발생적인 우연만 있을 뿐이라고 주장합니다. 다르게 표현하면 그냥 존재하는 물리 법칙이 우주를 만들었고 그러한 우연에 우연이 더해져 이 세상이 존재한다는 것입니다. "태초에 물리법칙이 있었다."라고 간략하게 요약할 수 있는 주장입니다.

그 뿐 아닙니다. 그는 더 나아가 영국 일간지 『가디언(Guardian)』과의 인터뷰를 통해 "천국이나 사후세계가 우리를 기다리고 있다는 믿음은 죽음을 두려워하는 이들이 꾸며낸 동화에 불과하다."며 "죽기 전에 마지막으로 뇌가 깜빡 거리는 순간 이후에는 어떤 것도 없다."고 주장하기도 했습니다. 인간의 뇌를 부속품이 고장 나면 작동을 멈추어 버리는 컴퓨터와 같은 것으로 이해합니다. 당연히 그는 "고장 난 컴퓨터에 천국이나 사후세계가 있을 수 없다."고 주장할 수 밖에 없습니다. 기독교에서 말하는 천국이나 죽음 이후의 다른 세계의 존재란 다 헛소리라는 것입니다.

스티븐 호킹 박사 또한 리처드 도킨스와 같이 과학을 통해 하나님의 존재가 부정될 수 있다는 전제에서 자신의 주장을 펼치고 있습니다. 과연 이들의 주장을 어떻게 이해해야 할까요? 그들의 주장을 염두에 두고 하나님, 우리의 생명에 대한 이해 및 사후의 삶에 대한 가능성 등을 생각해 보고자 합니다. 그러한 사실들이 몰고 가는 필연적 결론을 기대하면서 말입니다.

하나님의 존재는 증명될 수 있는가?

이들의 '전투적 무신론'은 하나님의 존재에 대해 전반적으로 회의적인 에토스에 편승하고 있습니다. 물론 이러한 시도는 21세기에 와서 시작된 일은 결코 아닙니다. 18세기 이후 급격하게 확산된 무신론과 더불어 20세기 중반 이후, '사신의 신학'(death of God theology)으로까지 번져간, 한마디로 '신을 부정할 뿐 아니라 신을 모르는 시대(post-theistic)'의 산물입니다.

리처드 도킨스의 『만들어진 신』을 읽어보면 그는 신이 없다는 가정에서부터 모든 것을 시작하고 있음을 발견할 수 있습니다. 그의 이러한 전제 자체를 증명하고자 하는 시도도 없습니다. 그는 오직 자신의 주장에 심취하여 그 주장에 반하는 다른 증거들을 다 무시해 버립니다. 예를 들어 그는 신의 존재에 관한 믿음은 인간이 성숙함에 도달하면 사라져야만 하는 유치한 망상이라고 했습니다. 그러나 실제로 성숙해진 후에도 하나님을 만난 사람들이 우리 주위에 많습니다. 리처드 도킨스도 잘 알고 있는 C.S. 루이스(C.S. Lewis)도 이 경우에 속합니다. 잘 알려져 있듯 C.S. 루이스는 어려서부터 확고한 무신론자였습니다. 그러던 그가 교수 생활을 하던 서른 살에 이르러 유신론으로 돌아섰고, 그로부터 2년 후 옥스퍼드대학의 동료 교수인 톨킨(J.R.R. Tolkien, 일반인들에게 '반지의 제왕'이라는 영화화된 소설의 저자라면 더욱 더 가깝게 느껴질)과의 긴 대화를 통해 십자가와 부활에 대한 믿음에 이르게 되었다는 이야기는 너무나 유명합니다.

리처드 도킨스가 당연시하며 근거로 삼고 있는 과학이 신의 부재를 증명했다는 것도 어불성설입니다. 만약 그렇다면 셀 수 없이 많은 과학자들이(심지어 그가 몸담았던 옥스퍼드대학에서 조차도) 신앙인인 것을 왜 고려조차 하지 않는 것일까요? 리처드 도킨스는 자기 자신이 확실하다고 '믿고' 있습니다. 그것을 확실하다고 믿는 그 믿음 자체가 '그것들을 교정하려는 모든 시도'를 거부하게 만듭니다. 한 마디로 그의 시도는 '무신론적 이데올로기'를 '과학'(?)이라는 이름으로 포장한 '종교 비판'에 불과할 뿐입니다. 그의 접근법은 순환논리의 전형적인 경우입니다. 삼단논법을 공부한 사람들은 대전제라는 시작이 잘못되어 있으면 거기서 나오는 소전제가 맞을지라도 결론이 틀릴 수 밖에 없다는 사실을 잘 압니다. 예를 들면 다음과 같은 삼단논법이 지닌 문제와 유사합니다. "네 발을 가졌으면 포유류이다(대전제), 의자는 네 발이 있다(소전제), 의자는 포유류이다(결론)." 비록 소전제가 맞는다고 할지라도 대전제가 문제가 있기에 결론이 잘못 나오는 것입니다. 리처드 도킨스가 지니고 있는 하나님의 존재에 대한 불신이 그가 내린 결론으로 나오는 것이지 결코 그가 생각하듯 무신론을 증명한 것이 아닙니다. 오히려 그가 주장하는 무신론 자체도 순수 이성으로 옹호할 수 없는 믿음이라는 점에서 맹목적인 믿음의 한 형태임을 증명할 뿐입니다.

스티븐 호킹의 주장 또한 같은 한계를 가지고 있습니다. 그의 우주의 시작에 관한 이론, 죽음과 사후세계에 대한 부정은 논리적 한계를 지녔을 뿐 아니라 그 주장을 반박하는 경험적 증거들이 많습니다. 먼저 『위대한 설계』라는 그의 책 제목부터가 기독교계에서 주장해 온 '지적 설계론'(Intelligent design theory)에 대응하기 위함인데, 많은 학자들이 지적하듯 그 내용은 '낫싱 디자인'(Nothing design)그 이상이 아니라는 것입니다. 지적 설계론이 "우주와 생명체에는 질서가 있는데 그것은 특정성을 지닌 복잡한 정보를 갖고 있으며, 인격체에 의해 지적으로 설계됐다."고 말하는 것과 대조로 『위대한 설계』는 "우주와 생명체는 무에서 자발적으로 생겨났다."고 주장합니다. 이러한 주장은 내적 모순을 보여줍니다. 우연이나 자발성에 '설계'와 '위대함'이라는 의도성과 가치를 부여할 수 없기 때문입니다. 마치 '꽁꽁 얼은 수증기'라는 표현과 같이 그럴 듯하게 들릴지 모르나 말도 안 되는 표현입니다. 그가 말하듯 '우연성'이 맞는다면 과연 어떻게 '위대함'이라는 의도성과 가치가 존재할 수 있겠습니까. 만약 그러한 의도성과 가치가 존재한다면, 그것은 더 이상 우연이 아닙니다.

"무에서 유가 생겨났다."는 자연 발생론적 이론도 난해하기는 마찬가지입니다. 하나님과 같은 존재가 목적을 가지고 무한한 능력으로 "무에서 유를 창조했다."는 것을 패러디한 것으로 밖에 보이지 않습니다. 시작점도 없고 태초에 아무것도 없었다면 현재라는 시간은 존재하지도 않고 과거 역시 무의미할 것입니다. 시작점을 무시하면 '존재' 자체가 논의될 수 없는 것입니다. 그전까지 우주의 시작에 관해 학자들이 가장 많이 주장했던 빅뱅 이론은 최소한 '빅뱅'이라는 시작점에서부터 출발합니다. 150억 년 전에 상상도 못할 정도로 응축된 물질에서 대폭발이 일어나 지금과 같이 우주가 되었다는 주장입니다. 시작점과 원인에 대한 최소한의 설명이 있습니다. 그런데 스티븐 호킹의 수상에 따르면 우주는 시작도 없고 존재의 원인도 없습니다. 그렇다면 당연히 가치도 없어야 합니다. 우연과 자연발생에 고정적인 가치란 존재할 수 없습니다. 그것을 무시한 채 위대함이라는 단어를 사용하는 것은 빈약한 논리를 보여 줄 뿐입니다. 거기에 더해 "우리 삶의 가장 위대한 가치는 스스로 찾으려고 노력해야 한다."는 그의 설명은 해답을 주기보다는 문제를 더욱 더 혼란스럽게 만듭니다. 이러한 그의 시도는 빅뱅 이론이 안고 있는 치명적 한계를 뛰어 넘고자 하는 또 다른 어리석음으로 보일 뿐입니다. 바로 "대단히 응축된 그 물질은 어디서 나온 것일까?"라는 '시작 이전의 시작'에 대한 질문 말입니다. 빅뱅이 가능 하려면 우주가 무한에 가까운 고밀도에, 크기도 없는 순수한 에너지로 시작했다는 전제가 있어야 하기에 그렇습니다. 오직 시간과 공간을 초월한 다른 차원에 존재하는 초자연적인 힘의 존재 없이는 그런 시작 자체가 불가능합니다.

옥스퍼드대학의 앨리스터 맥그래스 교수는 "우주는 신이 아닌 물리학 법칙에 의해 만들어졌다."는 스티븐 호킹 박사의 주장을 정면 반박합니다. "중력 법칙이나 물리학 등은 어떤 상태에서 발생한 결과에 대한 설명일 뿐이지 법칙 자체가 특정 세계를 창조할 수는 없다."며 "그런 점에서 호킹은 과학적 무신론자들이 주장해온 내용과 큰 차이를 보이지 않는다."고 말입니다. 물리학 법칙 자체가 무에서 유를 창조한다는 주장의 불가론을 지적하고 있는 것입니다. 스티븐 호킹 박사의 주장은 단지 이 세상에는 "물질과 에너지, 시간과 공간 외의 다른 것은 없다."는 철학적 유물론의 또 다른 표현일 뿐이라는 것입니다.

앨리스터 맥그래스 교수가 예로 든 축구경기의 비유는 압권입니다. 아이작 뉴턴의 운동법칙은 선수가 골을 넣는 것을 이해하는 데 도움을 주지만 운동법칙이 원인이 되어 골이 들어가지는 않는다는 것입니다. 즉 골을 넣기 위해서는 인간 존재의 개입이 들어가야 한다는 것입니다. 누구나 동의할 수 있는 지극히 타당한 지적입니다. 그는 더 나아가 스티븐 호킹 박사의 "창조자를 언급할 필요가 없으며 물리학의 법칙이 이미 존재한다."는 주장에 대해서도 "전혀 새롭지 않다."고 평가합니다. 그리고 그는 무신론을 펴고 있는 스티븐 호킹 박사에게 공을 넘깁니다. "과연 물리학 법칙은 어디서 왔는가? 누가 그것을 만들었는가? 어떻게 중력이 가장 첫 단계에 존재하는가? 누가 그것을 가져다 놓았는가?" 솔직히 저도 스티븐 호킹 박사가 이러한 질문에 대해 무엇이라 답을 할지 궁금합니다.

오히려 호킹은 천체 물리학자 로버트 재스트로(Robert Jestrow)가 『신과 천문학자(God and the Astronomers)』에서 한 솔직한 고백에 동의해야 하지 않을까 생각합니다. "지금 같아서는 창조의 신비를 가린 커튼을 과학이 걷어 올릴 수 있을 것 같아 보이지 않는다. 이성의 힘을 믿고 사는 과학자에게는 이번 이야기가 악몽으로 끝을 맺는다. 이제까지 무지의 산을 오르던 과학자가 이제 막 정상을 정복하려고 마지막 바위를 짚고 서는 순간, 이미 수백 년 전부터 그곳에 앉아 있던 신학자 무리가 그를 반기기 때문이다." 물론 이 책에서 로버트 재스트로가 주장하는 세부적인 내용은 성경의 설명과는 다르지만 최소한 '시작'은 같다고 말할 수 있습니다. 로버트 재스트로의 말은 모든 시작의 시작점에 하나님이 존재하지 않고는 설명될 수 없음을 인정하는 솔직한 고백이라고 할 수 있습니다. 그러나 스티븐 호킹의 시도는 난제를 벗어나기 위해 학자적 양심을 저버린 주장이 아닌가 생각해 봅니다.

삶을 영유케 하는 생명의 본질은 무엇일까?

인류 역사에서 가장 최고의 관심거리가 '삶과 죽음에 대한 이해'라고 해도 결코 과장이 아닐 것입니다. 가까운 이들의 죽음을 경험하지 않았을지라도 누구나 한 번쯤은 삶과 죽음에 대한 근본적인 의문을 던져봅니다. 특별히 사랑하는 사람의 죽음을 대하면 이 질문은 더욱 간절하게 다가옵니다.

스티븐 호킹 박사는 인간의 죽음을 '전원이 꺼진 컴퓨터'로 비유했습니다. 비유 자체가 지닌 한계뿐 아니라 그의 부가적인 설명은 의외로 초보적인 수준입니다. 부품이 망가지면 버려야 하는 컴퓨터, 마지막으로 전깃불이 깜박거리다가 전원이 꺼져 버리는 것을 인간의 죽음에 비유합니다. 이러한 비유의 한계는 컴퓨터에서 하드웨어가 전부가 아니라는 점에 있습니다. 컴퓨터는 물리적 형체를 지닌 하드웨어와 그것을 돌아가게 하는 소프트웨어로 구성되어 있습니다. 소프트웨어가 없다면 하드웨어는 무용지물로, 전자부품의 조합일 뿐입니다. 컴퓨터가 업무를 처리하는 사고방식, 처리 형태와 결과 내용은 사실상 소프트웨어에 의해 결정되므로 소프트웨어가 훨씬 더 중요하다고 말할 수 있습니다. 소프트웨어를 빼고는 컴퓨터를 생각할 수 없기 때문입니다. 또한 하드웨어와 소프트웨어를 만든 전문 엔지니어와 프로그래머의 절대적 필요성은 언급조차 할 필요도 없을 것입니다. 그런데 인간의 죽음을 단순히 하드웨어적인 개념으로 컴퓨터에 빗대어 설명한 것은 지나친 단순함을 뛰어 넘어 우둔함이라고까지 말할 수 있을 것입니다. 인간은 현대 의학이 밝히듯 하드웨어라고 할 수 있는 육체에 더해 소프트웨어에 비유할 수 있는 영혼으로 구성되어 있습니다. 그리고 둘 다 뗄래야 뗄 수 없는 관계를 유지하고 있습니다. 그러한 하나됨에서 분리되는 것을 죽음이라고 말합니다.

아무리 과학이 발달되어도 어느 누구도 삶을 유지시키는 영혼이 어디에 있는지조차 모릅니다. 인간은 오래 전부터 여기에 관심을 가져왔습니다. "I ♥ You"라는 표현에서 보듯 심장은 영혼을 담고 있는 가장 소중한 기관이라고 여겨졌습니다. 심장은 삶과 영혼, 정신 또는 자아의 정의에서 주인공 역할을 해 왔습니다. 심장이 단순히 '펌프'라는 사실이 밝혀지기 전까지 말입니다.

24 page 완전 소중한 선물

영혼이 깃든 자리가 심장이라는 생각의 원조는 고대 이집트 사람들이었다고 합니다. 그들은 혼을 나타내는 '카'(ka)가 심장에 들어 있다고 믿었습니다. '카'란 인격체의 본질로서, 영혼, 지성, 느낌, 열정, 유머, 불만 등 한 개인을 특정한 존재로 만들어주는 모든 것을 가리키는 말입니다. 그래서 그들은 미라로 만든 시신 속에 모든 장기 중에서 유일하게 심장을 남겨두었습니다. 다음 세상(저승)에서도 '카'가 필요하다고 여겼기 때문입니다. 요즘이라면 뇌를 잘 남겨놓았을 텐데 그들은 그렇게 생각하지 않았습니다. 이들에게 뇌는 중요하지 않았습니다. 그러기에 콧구멍으로 갈고리 모양의 구리 바늘을 넣어 뇌를 작은 덩어리로 만든 다음 파내 버렸다고 합니다.

바벨론 사람들은 심장이 아니라 간이 인간의 감정과 영혼의 원천이라고 믿었습니다. 해부를 해 본 모든 의학도들이 동의하듯 간은 장기 중에서 가장 빼어난 장기입니다. 지니고 있는 광택에 더해 잘 빠진 모습이 위풍당당하게 보이기까지 한다고 말합니다. 간 주위의 다른 장기들은 형태도 불분명하고 매력 빵점입니다. 축 늘어져 있는 위, 뒤엉켜 있는 창자들, 기름 덩어리 밑에 숨어있는 콩팥, 심낭 뒤에 숨겨져 있는 심장에 비교해서 말입니다. 물론 메소포타미아 사람들과 같이 양다리를 걸친 이들도 있었습니다. 이들은 감정은 간에서, 지성은 심장에서 나온다고 봤습니다. 알렉산더 대왕 시대의 해부학자 스트라톤은 영혼이 눈썹 뒤에 살고 있다고 결론 짓기도 했습니다.

현대 의학계는 영혼이 깃든 곳이자 삶과 죽음을 관장하는 총사령관은 두뇌라고 이구동성으로 말합니다. 그러기에 뇌파가 끊긴 상태, 즉 뇌사를 죽음의 순간으로 여깁니다. 그렇지만 과연 뇌에 영혼이 있을까요? 혈액 공급이 중단된 인간의 심장은 1~2분 동안 박동을 지속할 수 있다고 합니다. 존재하는 산소가 없어질 때까지 말입니다. 만약 영혼이 두뇌 속에 있다면 몸 밖으로 떼어낸 심장이 어떻게 계속 뛸 수 있단 말입니까? 동물들이 두뇌의 도움 없이도 놀랄 정도로 오랫동안 꽤 멀쩡하게 활동하는 것이 이미 관찰되었습니다. 심장이 영혼이 깃들 장소가 될 수 없었던 이유와 동일합니다. 심장을 떼어낸 동물들이 얼마 동안은 '대단히 힘차게' 움직이며 다닌다는 사실을 발견했기 때문입니다.

이러한 관찰은 영혼이 온몸에 퍼져 있다고 볼 수 있다는 결론에 도달합니다. 또한 죽음이란 어떤 한 순간에 일어나는 것이라고 볼 수 없습니다. 오히려 과정적 사건입니다. 심장 박동이 멎었다고 그것이 곧바로 죽음이 아닙니다. 호흡도 마찬가지입니다. 심장이나 호흡이 멎어도 뇌 세포는 살아있을 수 있습니다. 그렇다면 뇌가 모든 기능을 정지하는 소위 뇌사라고 불리는 상태가 되면 진정으로 죽은 것일까요? 그렇지도 않습니다. 뇌사 상태에서도 머리 아래의 모든 장기는 정상적으로 살아있습니다. 뇌사 상태에서도 장기이식이 가능한 이유입니다. 이러한 사실들은 '생명에 관한 모든 것은 신비 덩어리'라고 표현할 수 밖에 없도록 만듭니다.

어떤 과학적 설명도 만족시킬 수 없는 삶과 죽음에 대한 해답이 성경에 나와 있습니다. 창세기 2장 7절에서는 "여호와 하나님이 땅의 흙으로 사람을 지으시고 생기를 그 코에 불어넣으시니 사람이 생령이 되니라"고 기록하고 있습니다. 흙으로부터 온 육신에 생기(히브리어로 나파)를 불어 넣어 '프시케'(psyche)가 된 것입니다. 대조적으로 죽음이란 불어 넣은 생기가 육체를 떠나 더 이상 생령이 아닌 존재가 되어 버리는 것을 의미합니다. 영혼과 육신의 분리가 이루어진다는 것은 창조주가 불어넣었던 생기를 가져간다는 것입니다. 남은 육신은 흙에서 왔기에 흙으로 돌아가 썩어버립니다. 그러나 그 몸으로부터 분리된 영혼이라는 부분은 썩는 것이 아니라 창조주가 불러 간 곳에 돌아가 머물게 됩니다.

인간의 육신은 유한하고 흙으로 돌아가지만, 영혼은 사라지지 않습니다. 미래의 어느 순간에는 분리되었던 몸과 영혼이 하나로 다시 연합하여 새롭게 태어나게 됩니다. 죽을 때 그 모습 그대로는 아닐 것입니다. 죽기 이전의 모습에 더해 부활의 몸이라는 더 이상 썩지 않는 새로움을 지닌 존재로 변할 것이라고 말합니다. 어느 누구나 예외 없이 부활의 몸을 입은 채 영원히 천국이나 지옥에서 살게 됩니다. 이러한 생각은 어떤 천재의 기발한 연구나 이론으로 밝힐 수 없는 것이며, 뛰어난 학문이나 지식으로 추측조차 할 수 없는 것들입니다. 오직 성경만이 밝혀주는 창조주이신 하나님의 계시이기 때문입니다. 이러한 성경의 가르침은 다른 어떤 주장보다 생명의 신비에 대해 잘 설명해 주고 있습니다. 그에 더해 신비함 자체 속에 담긴 내적 고유 가치를 제대로 보도록 만듭니다. 모든 생명이 예외 없이 하나님의 손 안에서 시작한 신비의 베일 속에 감추어진 귀한 존재라는 가르침이 어떤 이 세상의 설명보다도 소중하게 와 닿습니다.

사후세계를 '맛본' 이들의 수가 증가하고 있다

스티븐 호킹 박사의 주장으로 다시 돌아가 봅니다. 그는 사후 세계나 천국은 죽음을 두려워하는 이들이 만들어낸 동화와 같은 존재라고 했습니다. 영혼의 존재에 대한 부정을 뛰어 넘어, 이 세상에서의 삶 외에는 더 이상의 것이 없다는 철저한 부정이었습니다. 그러나 이러한 주장을 부정하는 증거들이 최근에 많이 일어나고 있습니다. 과거에도 있었으나 최근에 급격하게 늘어나고 있는 한 현상입니다. 임사체험(臨死體驗, NDE[near-death experience])을 했다는 사람들의 숫자입니다. 임사체험을 담은 책들이 내 책꽂이에도 여러 권이 있을 정도입니다.

임사체험이란 말 그대로 사고나 질병 등으로 인해 죽음의 문턱까지 갔던 사람이 소생하여 의식을 회복한 후에 자신이 사후세계를 맛보았다고 주장하는 것입니다. 요즘처럼 의학이 발달하기 전에는 그런 체험 자체가 드물었습니다. 그러나 의학 기술이 급속하게 발달하면서 심폐소생술 등을 통해 사망 직전 혹은 사망과 다름없어 보이는 상태에서 소생하는 사람의 숫자가 급격히 늘어난 것입니다. 이제는 임사체험담이 비록 일상적이지는 않지만 그다지 희귀한 일도 아니게 되어 버렸습니다. 1992년 미국 심리학 학술지인 『사이콜로지 투데이(Psychology Today)』의 한 글은 갤럽사의 조사를 인용해서 임사체험자들의 숫자가 800만 명이 넘는다고 말합니다. 최근엔 더욱 의학 기술이 발달했으므로 20년 전의 기록을 미뤄 짐작할 때 그 숫자는 상당하다고 할 수 있을 것입니다. 그리고 국제임사체험학회(IANDS)가 1981년에 설립되어 지구촌 각지에서 데이터를 모아 보고하고 있기도 합니다.

임사체험을 했다는 사람들의 경험을 살펴 보면 두 가지 부류가 있다고 합니다. 즐겁고 평화스러운 내용이 주를 이루는 긍정적 임사체험과 그와 반대로 고통스러운 내용이 주를 이루는 부정적 임사체험입니다. 긍정적 임사체험자들은 '육체에서 빠져 나옴', '말로 표현하기 힘들 만큼 아름다운 풍경 속에 들어감', '빛의 존재(영적인 존재)', '아는 사람들을 만남', '지나간 내 삶의 순간들이 재현되거나 재경험'하며, '자신의 삶의 목적과 의미에 대해 완전한 깨달음을 얻은 느낌'을 가졌다고 합니다. 이런 경험과 대조적으로 부정적 임사체험자들은 '육체에서 빠져나와 어두운 터널이나 허공을 지남', '심판 받고 있다는 고통스러운 느낌', '갑자기 자신이 사라지고 없는 공허함이 엄습', '외로움', '불길하고 추한 풍경, 혐오스럽고 무서운 악마 같은 존재들을 만남' 등을 경험했다고 합니다.

그리고 긍정적인 체험이건 부정적인 체험이건 두 가지 공통적 특징이 있습니다. 첫째, 자신이 체험한 내용은 지금 사용하는 언어를 가지고는 제대로 묘사하기가 도저히 불가능할 만큼 신비하고 초월적이라는 점이었고, 둘째는 그때 체험한 현실이 지금 지내고 있는 현실세계보다 더 진짜 현실로 느껴진다는 점입니다. 꿈이었다면 시간이 지나면서 점점 희미해지고 잊혀질 텐데, 경험한 장면은 시간이 지날수록 더 뚜렷해진다고 말합니다.

이러한 것은 신경생리학적 이론으로는 도저히 설명할 수 없는 초이성적 현상에 속하는 경험입니다. 이런 불가사의한 현상들이 전 세계적으로 확대되면서 당황할 수밖에 없는 사람들이 있습니다. 유물론적 무신론자들입니다. 그들은 영혼의 존재와 사후에도 지속되는 삶을 믿는 것을 미신으로 치부해 왔습니다. 임사체험은 모든 생물은 죽음으로써 그 존재가 멸절된다는 그들의 주장을 흔드는 증거들입니다.

무신론자들은 다양하게 반격하며 이러한 현상을 설명해 보고자 노력합니다. 예를 들어 삶의 최종 단계에서 쇠약해질 대로 쇠약해진 뇌 조직 안에서 일어나는 특이한 환각 작용이라는 주장입니다. 의학적 언어로 '뇌 내 현상설'이라고 합니다. '저산소증'이라고 설명하기도 합니다. 그러나 임사체험자들이 경험 이후 퇴행하기보다 오히려 정신 활동이 이전보다 더욱 더 활발해졌다는 사실에 이러한 주장은 그 힘을 잃습니다.

더 나아가 임사체험 중에는 검증이 가능한 경우도 드물지 않게 있다고 합니다. 소위 말하는 '확실성 임사체험'(Veridical NDE)이 거기에 속합니다. 임사체험자가 체외이탈 중에 관찰한 사건이나 획득한 정보가 다른 사람들에 의해 사실로 확인되는 경우에 해당합니다. 이것에 관해 우리나라에는 『인생수업』이라는 책의 저자로 알려진 호스피스 영역의 개척자인 엘리자베스 퀴블러 로스 박사가 전했다는 한 이야기가 있습니다.

한 남자가 알프스 산맥을 넘어 이탈리아로 가던 중 다중 추돌 사고로 중상을 입게 되었습니다. 쓰러져 있는 그에게 세 명의 구조요원이 다가왔지만 곧 죽을 것이라 판단하여 모포만 덮어 주고는 다른 부상자에게로 가 버렸습니다. 바로 그 시간 그는 임사체험을 하고 있었습니다. 자기 몸에서 빠져 나와 사고 현장을 둘러보니 도로의 상하행선은 수많은 차들로 꼬리에 꼬리를 물고 서 있었습니다. 그 때 그는 자동차에 타고 있는 사람들의 생각까지 읽을 수 있었다고 고백합니다. 거의 모든 사람들이 사고로 인한 교통 체증 때문에 짜증을 내고 있었습니다. 그런데 뜻밖에 한 여자가 사고로 다친 사람들을 위해 기도하고 있는 것을 발견했습니다. 그녀의 행동에 감동한 그는 여자가 타고 있는 자동차 번호판을 외워 두었습니다. 잠시 후 그는 아직 죽지 않은 것이 발견되어 급히 병원으로 옮겨졌고 기적적으로 살아나게 되었습니다. 아홉 달 뒤에 퇴원한 그는 자동차 번호를 실마리로 그때 그 여자를 찾아갔습니다. 그리고 그녀를 향해 "당신은 그때 이러한 내용으로 기도하지 않았습니까?"라고 말했습니다. 아홉 달 전 자신의 기도 내용을 정확히 알고 있는 그를 보며, 그녀는 깜짝 놀랄 수밖에 없었다는 이야기입니다.

많은 이들이 죽음 이후 어떻게 되는가에 관심이 많습니다. 성경에서는 다른 삶이 기다리고 있다고 가르쳐 주고 있습니다. 그것을 천국이라고 말합니다.

그러나 그곳에 가기 전에 임시로 머물 수 있는 곳이 있을 가능성도 있습니다. 저명한 신약학자인 N.T. 라이트(N.T. Wright)는 요한복음 14장 2절에 예수님께서 제자들을 위해 "거처를 예비하겠다"고 하신 말씀을 지적합니다. '거처'라고 번역된 헬라어 단어인 모나이(monai)가 최종적인 거주 장소를 가리키는 단어가 아니라는 주장입니다. 임시 또는 일시적으로 머무는 장소라는 것입니다. 그러기에 어떤 이는 '천국'이라는 곳에 이르기 전에 '낙원'에 먼저 간다고 주장합니다. 마치 예수님께서 십자가에서 한 강도를 향해 "오늘 네가 나와 함께 낙원에 있으리라"(눅 23:43)고 하신 것을 언급하면서 말입니다.

성경에서는 마지막 종착지인 천국에 대해 비록 비유적인 표현을 사용하나 분명한 가르침을 주십니다. 이와는 달리 죽음 이후 그곳에 이르기까지의 과정에 관해서는 신비 속에 담아 놓았습니다. 신명기 29장 29절의 말씀을 기억해야 합니다. "감추어진 일은 우리 하나님 여호와께 속하였거니와 나타난 일은 영원히 우리와 우리 자손에 속하였나니." 분명히 나타난 일은 사후세계가 있으며, 죽음 이후의 삶의 질은 이곳에서의 우리의 삶과 깊은 연관이 있을 것이라는 사실입니다.

믿음이 과학적 감각을 더 뛰어나게 할 수 있다

앞에서 언급한 '전투적 무신론자'인 리처드 도킨스는 과학이 하나님이 존재하지 않음을 증명했다고 주장했습니다. 과연 그의 주장이 사실일까요? 적지 않은 이들이 그런 터무니없는 주장을 액면 그대로 받아들이며 앵무새처럼 반복하는 것을 볼 때 참 안타깝습니다. 그러한 주장은 전혀 근거가 없을 뿐 아니라 사실이 아닙니다. 아니 그 정도가 아니라 믿음이 과학적 감각을 더 뛰어나게 한다는 역설적 증거들이 가득합니다.

하나님의 존재를 인정하는 뛰어난 학자들이 세상에는 너무나 많이 있습니다. 그 중에 앞에서 언급한 앨리스터 맥그래스 교수를 들 수 있습니다. 앨리스터 맥그래스 교수는 22세에 옥스퍼드대에서 분자생물학 박사학위를 받은 과학도로, 리처드 도킨스의 주장인 "인간이 성숙함에 도달하면 신에 대한 믿음은 사라진다."는 논리에 또 하나의 반증이 되는 경우에 해당합니다.

박사학위를 받을 당시 무신론자였던 그는 나중에 하나님을 만났을 뿐 아니라 신학으로 삶의 항로를 바꾸었습니다. 그 정도가 아닙니다. 1980년대부터 2000년까지 복음주의 신학과 기독교를 변호하는 저작들을 내놓아 금세기 최고의 복음주의 지성으로 떠오릅니다. 2000년부터는 '과학적 신학'이란 독특한 영역을 개척해 과학과 종교의 관계에 대한 이해를 깊게 하고 있습니다. 리처드 도킨스와 스티븐 호킹 박사의 주장의 비논리성과 터무니없음을 파헤치는 일도 그 중에 하나입니다. 그는 서구 문화를 지배하고 있는 '과학적 진화론적 무신론'과 적극적인 논쟁을 벌이고 있습니다. 그의 글을 읽다 보면 과거 무신론자였을 때의 훈련이 하나님을 만난 이후의 과학과 종교 간 문제, 기독교 변증 등에 놀랍게 사용되고 있음을 봅니다.

앨리스터 맥그래스 교수는 스티븐 호킹 박사의 무신론 주장을 한마디로 "과학이 특정 경향에 의해 납치당했다."고 평합니다. 그는 "스티븐 호킹 박사는 과학을 지나치게 과장되게 부풀려 오명과 악평의 과학으로 몰아가고 있다."고 말합니다. 또한 "과학은 종교적이거나 반종교적 방식으로 해석될 수 있다."는 사실을 인정합니다. 리처드 도킨스의 경우는 후자를 선택했다는 것입니다. 종교 자체에 반대하기 위해 과학을 무기로 전쟁을 치르고 있는 리처드 도킨스의 모습을 지적한 것입니다.

그리고 리처드 도킨스나 스티븐 호킹 박사를 보며 최근의 과학 트렌드에 나타나는 문제점을 지적합니다. "최근 과학은 지나치게 윤리적 정치적 종교적 논쟁으로 흐르고 있다."며 "만약 과학이 근본주의자들에 의해 납치된다면 종교적이든 반종교적이든 과학이 갖고 있던 지적 통합력은 전복될 것"이라고 경계합니다.

물론 세계적인 과학자들 중 그들과는 다른 길을 선택한 이들이 많습니다. 다수의 과학자는 과학과 종교를 상호 빛을 비추는 역할로 이해합니다. 그들은 하나님에 대한 믿음과 과학에 대한 믿음이 조화를 이룬다고 말합니다. 21세기에 가장 뜨고 있는 분야인 인간 유전자 연구 분야에서 최고 학자로 알려져 있는 프랜시스 콜린스 박사를 예로 들어 봅니다. 프랜시스 콜린스 박사 또한 불가지론자로부터 시작해 열렬한 무신론자였다가 27살 때 유전학을 연구하며 신앙을 갖게 된 경우에 해당합니다. 위에서 본 리처드 도킨스의 '근거 없는' 주장에 또 한 번의 강 펀치를 날리는 경우라 하겠습니다.

왓슨 크릭과 프랭클린 윌킨슨이 DNA 이중나선 구조를 발표한 지 50주년이 되는 해인 2003년 4월, 10년 동안 세계 6개국 2천 명의 과학자들이 참여하는 〈인간게놈프로젝트〉의 결과가 발표됩니다. 인간의 몸을 구성하는 31억 개(정확히 말하자면 31억 6천 470만 개)의 유전자 서열을 모두 밝히는 유전체(게놈) 지도를 완성한 것이었습니다. 태아의 성과 인종 등은 물론 수십 년 후에 특정 질병에 걸릴 위험까지 알 수 있는 엄청난 정보가 담긴 인간 과학 지식의 최고의 결과물이라

해도 과언이 아닐 정도의 놀라운 업적이었습니다. 이러한 엄청난 프로젝트를 총지휘한 학자가 바로 프랜시스 콜린스 박사였습니다. 그는 자신의 저서인 『신의 언어』에서 10년의 연구 과정을 회고합니다. "인간 게놈 서열을 관찰하고 그 놀라운 내용을 밝히는 일은 내게 경이로운 과학적 성취이자 하나님을 향한 숭배의 시간이었다."고 고백합니다. 그리고 프랜시스 콜린스 박사는 빌 클린턴 미국 전 대통령의 연설문 작성자에게 영향을 주어 "오늘 우리는 하나님이 생명을 창조할 때 사용한 언어를 배우고 있습니다. 하나님이 내려 주신 가장 신성한 선물에 깃든 복잡성과 아름다움과 경이로움에 그 어느 때보다도 큰 경외심을 느끼게 되었습니다."라는 고백을 통해 과학적 시각을 영적인 시각으로 끌어올리기도 했습니다. 거기에 그는 "오늘은 전 세계에 경이로운 날입니다. 지금까지 오직 하나님만이 알고 있던 우리 몸의 설계도를 처음으로 우리가 직접 들여다보았다는 사실에 저는 겸허함과 경외감을 느낍니다."라고 더하기도 했습니다.

  그는 과학자로서 조언합니다. "눈에 보이지 않는 것과 보이는 것을 이해하려면 과학적 관점과 영적 관점이 갖는 힘을 모두 동원해야 한다."고 말입니다. 크리스천인 그가 보기에 과학은 성경과 대립하기는커녕 오히려 성경의 토대가 된다고 말합니다. 프랜시스 콜린스 박사는 "하나님 안에서의 믿음은 무신론보다 더 과학적인 감각을 가질 수 있다."고 주장합니다. 그가 『신의 언어』를 쓴 목적은 진정한 과학자가 초월적 신을 믿을 수 없다는 선입견을 떨치기 위해서였다고 합니다. "이를 위해 나는 하나님에 대한 믿음은 전적으로 이성적 선택일 수 있으며 신앙의 원칙과 과학의 원칙은 상호 보완 관계에 있음을 드러내 보일 것"이라고 말합니다. 프랜시스 콜린스 박사의 이러한 고백들은 과학이 무신론을 증명했다는 것은 전혀 근거 없는 주장임을 보여 주는 예가 됩니다.

뛰어난 지식보다
상식이 우선할 수 있다

리처드 도킨스나 스티븐 호킹 박사의 주장을 평가하자니 다양한 생각이 교차합니다. 무엇보다 먼저 천재들의 주장이라고 해서 다 옳은 것은 아니라는 상식에서 출발할 수 있습니다. 실제로 르네 데카르트와 함께 근대 철학의 개척자로 알려져 있는 영국의 철학자 프랜시스 베이컨은 자신이 성공한 경험이 있었기 때문에 사마귀에 돼지 껍질을 문지르면 나을 수 있다고 믿었다고 합니다. 동네 꼬마까지도 코웃음을 칠 정도의 어리석음입니다. 그 뿐 아닙니다. 미국의 초대 대통령이었던 조지 워싱턴은 8cm 정도의 금속 막대 한 쌍으로 몸을 훑으면 다양한 신체의 질병이 치유될 수 있다고 믿었습니다. 그 정도가 아닙니다. 그는 인후 감염을 치료하기 위해 하루 동안 피를 4.5L나 수혈한 후 결국은 사망하고 맙니다. 천재나 위대한 이들의 생각 속에 담겨있는 무지함과 미련함을 잘 보여 줍니다.

　세상의 지식은 지속적으로 변화합니다. 버터가 건강에 좋다던 때가 있었습니다. 그러다가 식물성 지방으로 만든 마가린이 좋다고 해서 다양한 종류의 마가린이 인기를 끌었습니다. 그런데 트랜스 지방의 해로움이 부각되어 그 주장도 뒤집어져 버렸습니다. 이제는 올리브 기름이 좋다고 하는 시대를 살고 있습니다. 이는 그리 길지 않은 인생 동안 경험한 한 사건에 불과합니다.

　헬라 철학자 헤라클레이토스의 말처럼 "어느 누구도 같은 강물에 발을 두 번 담글 수 없습니다." 모든 것이 변화합니다. 고정적인 것은 그리 많지 않습니다. 리처드 도킨스와 스티븐 호킹의 지식도 예외가 아닙니다. 그들이 알며 믿고 있는 그 사실 자체 또한 변합니다. 새로운 지식과 이론으로 교체됩니다. 그러기에 학자로서 자신의 영역에서 자신의 입장을 분명히 펴 내려가는 중에서도 겸손함이 있어야 합니다. 그런데 심지어 자신의 영역이 아닌 곳에까지 이르러 결론을 내리는 것은 어리석은 행동입니다. 그로 인한 여파가 엄청나기 때문입니다. 하나님이 존재하느냐 아니면 존재하지 않느냐는 옳고 그름의 문제에 머무르지 않습니다. 단순히 맞아도 되고 틀려도 되는 문제가 아닙니다. 존재, 정체성, 삶의 목적, 인격, 양심, 정의, 도덕, 환경 등을 포함한 모든 영역에 영향을 주는 그 무엇과도 비교할 수 없이 중요한 문제입니다. 그러기에 시편 14장 1절에서 "어리석은 자는 그의 마음에 이르기를 하나님이 없다 하는도다 그들은 부패하고 그 행실이 가증하니 선을 행하는 자가 없도다"라고 말씀하고 있는 것입니다. 하나님의 존재를 믿느냐 아니냐는 모든 것의 시작점입니다. 우리는 인생의 기초를 믿음 위에 두며, 그 믿음이 가장 근본적인 것들에 관한 문제를 결정하기 때문입니다. 다시 말해 세계관의 문제가 믿음에 의해 결정된다는 것입니다.

철학자 헤겔이 "우리가 역사에서 배우는 것은 역사로부터 아무것도 배우지 못한다는 사실이다."라고 지적하듯 인간은 어리석은 존재일지도 모릅니다. 줄자로 길이만을 재는 것이 아니라 부피와 무게까지 재려는 이를 어리석다고 말합니다. 이렇게 무리수를 두고 있는 소위 '잘나가는' 과학자들이 특별히 그런 부류가 아닐까 생각해 봅니다. 그들과 같이 주제 넘는 일을 하기보다는 오히려 언어 철학의 거장인 루트비히 비트겐슈타인과 같이 솔직한 입장을 드러내야 한다고 생각합니다. 그는 "죽음은 삶의 사건이 아니다. 그러므로 우리는 죽음을 체험할 수 없다. 그러므로 우리는 죽음 다음에 무엇이 올 것인가에 대해 말할 수 없다. 말할 수 없는 것에 대해서는 우리가 침묵해야 한다."고 말합니다. 맞습니다. 신명기 29장 29절의 말씀이 떠오릅니다. "감추어진 일은 우리 하나님 여호와께 속하였거니와 나타난 일은 영원히 우리와 우리 자손에 속하였나니"라는 말씀입니다. 아는 것과 모르는 것, 말할 수 있는 것과 말할 수 없는 것을 구분할 줄 아는 것이 지혜입니다. 그게 상식이며 그것이 지켜져야 합니다.

결국 모든 것은 믿음으로 시작한다

리처드 도킨스와 스티븐 호킹 박사, 앨리스터 맥그래스와 프랜시스 콜린스 박사. 두 부류 모두 뛰어난 학자들입니다. 하지만 엄청난 차이가 있습니다. 이들의 차이는 무엇일까요? 무엇이 이들 간에 그런 엄청난 간격을 만들었을까요? 그것은 '과학'이 아닙니다. 과학이 아니라 그들이 선택한 '믿음의 차이'입니다. 어떤 믿음을 가지느냐는 매사를 보는 렌즈에 비유할 수 있습니다. 어떤 렌즈를 착용하였느냐에 따라 중립적 가치가 있는 과학까지 다르게 보일 수 있음을 이들을 통해 알 수 있습니다.

특별히 하나님의 존재에 관해 어떤 믿음을 가지고 있느냐는 돌이킬 수 없이 심각한 결과를 낳는다는 것을 기억해야 합니다. 비틀즈의 멤버 중에 암살된 존 레논(John Lennon)이라는 가수가 있습니다. 비틀즈의 히트곡 중 그의 무신론에 대한 믿음이 잘 배어있는 노래가 하나 있습니다. '이매진'(imagine, 상상해 보세요)이라는 노래입니다.

"Imagine there's no heaven. It's easy if you try. No hell below us. Above us only sky. Imagine all the people. Living for today."

"천국이 없다고 상상해 보세요. 노력해 보면 그리 어렵지 않지요. 발 밑에 지옥도 없고 머리 위엔 그저 하늘뿐이죠. 상상해 보세요. 오늘 하루를 충실하게 살아가는 모든 사람들을."

그 또한 스티븐 호킹 박사와 같이 천국을 부정하고 있습니다. 차이가 있다면 함께 고려해야 하는 동전의 다른 면인 지옥의 존재입니다. 천국이 없다면 지옥도 없습니다.

존 레논은 연속하여 노래합니다.

"Imagine there's no countries. It isn't hard to do. Nothing to kill or die for. And no religion too. Imagine all the people. Living life in peace."

"국가라는 것이 없다고 상상해 보세요. 그리 어려운 일이 아니에요. 죽일 일도 또는 목숨을 바칠 일도 없을 거예요. 그리고 종교 또한 없다면, 상상해 보세요. 모든 사람들이 평화롭게 삶을 사는 모습을."

하나님이 안 계시다면 그리고 천국이나 지옥이 없다면 과연 그가 꿈꾸듯 이상적인 세상이 만들어질 수 있을까요? 그는 다음 절에서 자신의 이러한 생각을 몽상가적 생각이라고 부르지 말라고 합니다. 그러나 천국과 지옥이 없다는 것이 진정 사실이라면 오히려 이상적인 세상과는 정반대의 세상이 펼쳐질 것입니다. 그런 세상에서는 어느 무엇보다도 적자생존이 당연시 될 것입니다. 아니 그 원칙은 생존과 성공을 위해 최고의 덕으로 받아들여야 할 것입니다. 모든 것이 그러한 원칙 하에서 평가되며 결정되어야 합니다. 그렇게 되면 인류의 각종 폭력과 살인, 인종차별 등은 자연스럽게 정당화될 수밖에 없습니다. 결국은 적자생존의 세상에서 잠깐 머물다가 가는 것이 인생일 테니 말입니다. 만약에 그렇다면 누가 감히 히틀러를 판단할 수 있겠습니까? 게르만 민족의 우월성과 유대 민족의 열등성이라는 이유로 600만 명의 유대인을 대학살(holocaust)한 것을 무슨 근거로 정죄하며, 민족주의라는 이름으로 죽임을 당한 900만 명의 슬라브족과 집시들을 안타까워할 이유가 무엇입니까? 결국은 "수천만 마리의 벌레들의 죽음과 무슨 차이가 있겠는가?"라는 극단적인 질문까지 던져봅니다. 존 레논은 스스로가 '몽상가'라는 사실을 부정했으나, 우리가 그를 향해 말할 수 있는 표현은 "꿈 깨!" 뿐입니다.

오히려 앨리스터 맥그래스와 프랜시스 콜린스 박사가 선택한 하나님의 존재에 대한 믿음과 신앙으로 세상을 바라보는 것이 진정한 평화로운 세상을 꿈꾸는 기초가 아닐까요? 들여다보면 볼수록 신비한 세상을 하나님을 출발점으로 하여 하나하나 살펴보는 것에 모든 소망의 시작이 있지 않을까요? 프랜시스 콜린스 박사의 한 표현을 인용해 봅니다. "과학의 영역은 자연을 탐구하는 것이다. 하나님의 영역은 영적인 세계이며, 과학적 언어라는 수단으로는 탐색할 수 없는 영역이다. 따라서 가슴으로, 머리로, 영혼으로 탐색해야 하며, 머리는 양쪽 영역을 끌어안을 방법을 찾아야만 한다." 그런 시각으로 주위를 바라볼 때 만물이 그분의 위대함을 증언하고 있음을 깨닫고 그저 탄복하게 됩니다. 시편 기자의 고백인 "하늘이 하나님의 영광을 선포하고 궁창이 그의 손으로 하신 일을 나타내는도다"(시편 19:1)에 동의할 수 있을 것입니다.

모든 생각의 시작은 믿음입니다. 어떤 믿음을 가졌느냐에 따라 생각이 형성됩니다. 어떤 이가 우주와 그것의 탄생에 대해 "이건 그냥 물리 현상일 뿐이야. 그러니 그만 감탄하려고. 그러지 마. 설계 같은 건 없어. 분자와 분자들이 부딪치는 것 뿐이야."라고 말한다면 저에게는 이것을 이해하기 위한 상상을 초월하는 엄청난 의식적 노력이 필요할 듯 합니다. 현대의 신(新)무신론의 영향을 받은 사람들이 "신이 있다고 믿는 사람은 바보에다 멍텅구리다."라고 말할 지라도 하나님의 존재는 제게 믿음이고 그 믿음을 받쳐주는 증거들이 가득하기 때문입니다.

그리고 믿음은 결국 선택에 달려 있습니다. 장 폴 사르트르가 말했다고 알려진 적절한 표현이 있습니다. "인생은 B와 D 사이의 C"입니다. 탄생(Birth)과 죽음(Death) 사이에는 모든 것이 어떤 선택(Choice)을 하느냐로 이루어져 있기 때문입니다. 선택 중의 선택이 하나님의 존재에 대한 믿음의 선택입니다. 요한복음 1장 1절은 그곳에서 당연시하고 있는 하나님의 존재에 대한 믿음을 생각하게 만듭니다. 요한복음을 시작하며 제일 먼저 던져야 하는 질문이 있습니다. "하나님은 당신에게 어떠한 분이십니까?"라는 질문입니다. 그러한 질문에 어떻게 답을 할 것인가가 모든 것을 결정합니다.

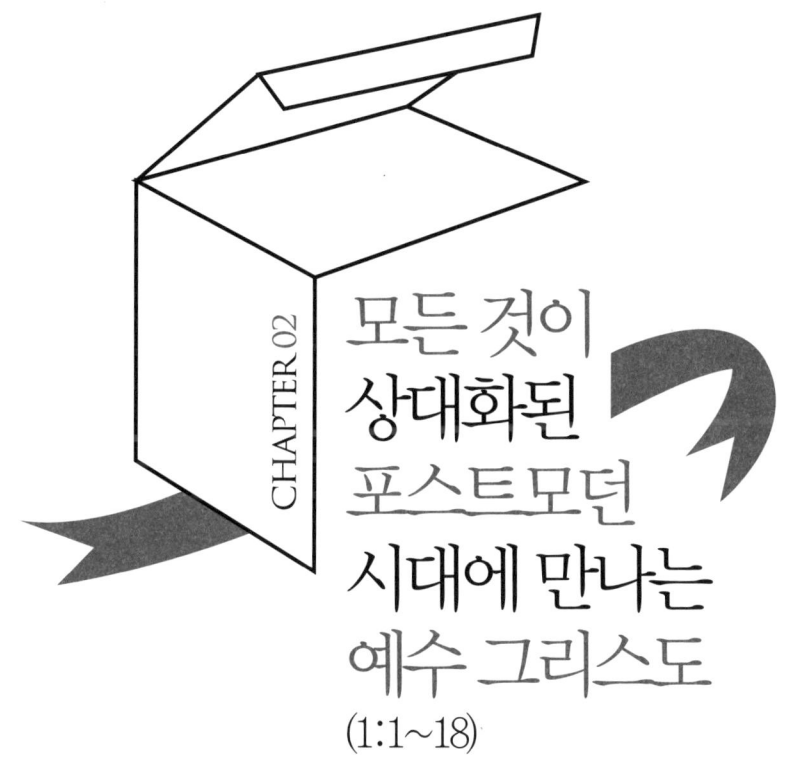

CHAPTER 02
모든 것이 상대화된 포스트모던 시대에 만나는 예수 그리스도
(1:1~18)

"그건 그때그때 달라요."

한 코미디언이 유명하게 만든 말입니다. 어떻게 생각해 보면 맞는 말 같은데 그대로 받아들이기엔 부담스러운 면도 있습니다. 복음을 전하다 보면, "왜 꼭 예수만으로만 구원이 가능하다는 거야. 부처나 마호메트면 어때. 다 같은 것 아냐? 기독교인들은 참 유별난 것 같아."라는 반응이 유난히 많습니다. 이것을 사람들은 포스트모던 시대의 산물이라고 평합니다.

알쏭달쏭 포스트모더니즘
(Postmodernism)

포스트모더니즘! 요즈음 이 말을 한번쯤 들어보지 못한 사람이 없을 정도로 익숙한 단어가 된 듯합니다. 모두 분명하며 같은 이해를 가진 것은 아니더라도 말입니다. 드러난 공통점이 있다면 '포스트'라는 단어가 담을 수 있는 "근대에 대한 반대" 또는 "근대로부터의 탈피"라는 의미를 내포한다는 사실입니다. 한마디로 포스트모더니즘은 20세기 중반 이래 서구 문화 전반에 일어나고 있는 변화 추세를 향한 표현입니다. 한국도 이러한 영향력에서 예외가 될 수 없습니다. 뭔가 과거와는 달라지고 있는 것이 사실입니다.

포스트모더니즘이 몰고 온 변화의 특징을 간략하게 살펴봅니다.

무엇보다도 먼저 이성에 대한 비판과 불신을 들 수 있습니다. 이성적이며 합리적인 설명이 더 이상 중요하지 않습니다. 객관적이라는 말도 과거와 같이 받아들여지지 않습니다. 경험과 실천 중심으로 다원적이며 주관적이라는 개념이 중요하게 됩니다. 통일성보다는 다양성을 중시하고, 절대적 진리 추구보다 상대성, 역사성이 주목을 받습니다. 결국 그 문화적 시각이 다원주의(多元主義)를 지향하게 되는 것입니다. 서구에서 일어나는 뉴에이지 운동과 같은 종교 다원주의의 열매는 한 증거일 뿐입니다.

둘째는 '절대적 진리'에 대한 거부가 있습니다. 전통적인 철학에서는 실재(實在)를 인정했기에 그것에 관한 참된 진술, 즉 진리(眞理)가 있다고 보았습니다. 그러나 포스트모더니즘에서는 "실재가 존재하는가?" 또는 "진리란 무엇인가?" 같은 질문을 하는 것조차 어리석게 여깁니다. 왜냐하면 시대와 장소를 넘나드는 참된 진리는 존재하지도 않고, 그런 '보편적인' 진리를 주장하는 것은 그 배

후에 자기와 다른 사람들을 배제하려는 권력(의도)이 존재한다고 믿기 때문입니다. 자연스럽게 진리의 보편성을 부정하고 진리(사실)라는 것은 사회에 따라 다르고 시대에 따라 변한다고 주장합니다. 도덕이나 규범의 영역에서 '상대주의'가 나타나는 것이 당연하게 됩니다. 결국 모든 사람이 인정하고 지켜야 할 보편적인 도덕 또는 규범은 더 이상 존재하지 않습니다. 전통적 관점에서의 도덕성의 상실과 가치의 혼란을 겪는 현실이 이상하지 않습니다.

마지막으로 '절대적 본질'에 대한 부정입니다. 비록 정도의 차이가 있었을지라도 과거에는 겉으로 드러난 현상이 전부가 아니라고 생각했습니다. 현상 뒤에서 그것을 존재케 하고 움직이는 실체 또는 힘인 본질(本質)이 있다고 여겼으며 그것을 더욱 중요시했다고 말할 수 있습니다. 그러나 포스트모더니즘에서는 본질은 존재하지 않고 현상만이 존재할 뿐입니다. 그리고 현상 자체는 시대와 장소에 따라 달라질 수 있다고 주장합니다.

이성, 진리, 본질에 대한 거부와 반대가 바로 포스트모더니즘의 핵심입니다. 당연히 복음 전파가 쉽지 않습니다. 절대성과 진리를 부정하는 세상을 향해 '오직 예수 그리스도와 그분을 통해서만 가능한 구원'이라는 '예수의 유일성'을 전하는 것 자체가 도전을 부르는 행위이기 때문입니다. 이런 각도에서 보면 기독교와 교회를 향한 도전의 뿌리를 발견할 수 있습니다. 왜 유난히 기독교에 대한 도전이 강해지고 있는가를 이해할 수 있는 것입니다. 세상의 미디어가 리처드 도킨스나 스티븐 호킹을 왜 '띄워'주는지도 이해할 수 있습니다.

물론 교회가 맡겨진 역할을 제대로 하지 못해 공격을 받는 경우도 적지 않습니다. 그것을 부정하고자 하는 것이 아닙니다. 다만 좀 더 근본적인 원인을 지적하는 것입니다. 그렇다고 복음이 아닌 다른 '메시지'를 담아야 할까요? 예수님의 유일성을 종교 다원적 메시지로 변화시킬 수 있습니까? 아닙니다. 절대로 그럴 수 없으며 그래서도 안 됩니다. 그렇게 할 때는 더 이상 기독교는 기독교가 아니기 때문입니다. 사도행전 4장 12절에서 베드로 사도가 분명히 하듯 "(예수 그리스도 외에) 다른 이로써는 구원을 받을 수 없나니 천하 사람 중에 구원을 받을 만한 다른 이름을 우리에게 주신 일이 없음이라"가 진리이기 때문입니다.

　포스트모던 시대에서 기독교는 모던 시대에 경험하던 것과는 다른 종류의 도전을 경험합니다. 한때 회의론자는 기독교가 옳지 않다고 주장하며 거부했습니다. 그래서 왜 기독교는 옳은가를 열심히 변론하며 주장했습니다. 그러나 오늘날의 회의론자는 절대적 가치가 없다고 믿습니다. 그러기에 기독교가 절대적인 진리라고 주장한다는 이유를 들어 기독교를 거절한 가능성이 더 높아진 것입니다. 우리는 더욱 철저히 세상을 이해하며 자신이 믿는 것에 대한 이해를 깊게 해야 합니다. 다른 어느 때보다 말씀에 분명히 서있어야 할 뿐 아니라 말씀대로 행하는 삶이 필요합니다. 예전에는 '선포된 진리'가 받아들여지던 때가 있었지만, 이제는 '증언된 진리'가 더욱 더 중시되는 시대입니다. "나는 생각한다. 고로 나는 존재한다."라는 시대에서 "나는 느낀다. 고로 나는 존재한다." 또는 "나는 경험한다. 고로 나는 존재한다."로 변한 세상을 살고 있기 때문입니다.

'로고스'(Logos)로 풀어가는 복음

하나님의 존재 자체는 저자인 요한에게 증명할 필요

가 없는 것이었습니다. 모두가 당연시 여기는 사실이었기 때문입니다. 중요한 것은 어떤 하나님이 진짜인가라는 질문에 더해 그 하나님과 어떻게 관련을 맺을 수 있는가였습니다. 수많은 종교와 그 나름대로의 신들이 가득한 상황을 생각해 보면 될 것입니다. 요한은 서문을 "태초에 말씀이 계시니라 이 말씀이 하나님과 함께 계셨으니 이 말씀은 곧 하나님이시니라"고 시작합니다. 여기서 말씀이라는 단어는 헬라어로 '로고스'입니다. 이 단어는 서문에서 반복적으로 사용됩니다. '말씀'(로고스)이 하나님이실 뿐 아니라(1절), 세상을 창조하신 창조자시며(3절), 구원자시며(4절), 인간으로 오셨으며(10절), 또한 하나님을 나타내신 분(18절)이라고 말합니다. 그런데 2000년 전의 독자들에게는 문제가 없는 그 단어가 우리에게는 설명이 필요합니다.

로고스라는 단어의 사용은 저자의 의도와 깊은 관련이 있습니다. 다양한 상황에서 쓰이는 로고스는 1세기 독자들에겐 익숙한 단어였습니다. 그 당시의 대표적인 스토아 철학에서 로고스는 모든 것을 존재케 하는 이성적 원리이며 동시에 이성적 인간의 본질(essence)이라고 여기는 개념이었습니다. 그들은 세상을, 통일을 이루고 있는 하나의 커다란 도시라고 보았으며 그것을 유지하는 무언가를 로고스라고 불렀습니다. '필로'(Philo)라는 철학자는 이상적 세상을 '하나님의 로고스'라고 지칭하기도 했습니다. 로고스는 좀 더 일반적으로 이성(reason) 또는 과학(science)이라는 내적 생각을 뜻합니다. 물론 여기에 더해 단순한 단어라기보다는 메시지라는 의미를 지닌 '말씀'이란 해석이 가능하기도 합니다.

그러나 이러한 헬라적인 배경보다 더욱더 중요한 배경을 우리는 구약에서 찾을 수 있습니다. 성경의 시작 부분인 창세기 1장부터 등장하는 개념입니다. '말씀'(히브리어로는 다바르)이라는 단어는 모든 것의 시작부터 사용됩니다. 바로 하나님의 능력의 역사인 창조입니다. "하나님이 이르시되 빛이 있으라 하시니 빛이 있었고"(창 1:3)에서 보듯 '말씀으로' 세상을 창조하십니다. 그러기에 시편 33편 6절은 "여호와의 말씀으로 하늘이 지음이 되었으며 그 만상을 그의 입 기운으로 이루었도다"고 표현합니다. 말씀의 역할은 거기에 머물지 않습니다. 선지자들이 말하듯 말씀이 그들에게 '임하시기'도 하며(렘 1:4), 말씀을 '보내시기'도 하십니다(사 9:8). 창조에 더해 계시의 역할 또한 있음을 알 수 있습니다. 그리고 마지막으로 심지어 치료와 구조의 역할도 감당합니다. "그가 그의 말씀을 보내어 그들을 고치시고 위험한 지경에서 건지시는도다"라고 시편 107편 20절에서 그 역할을 나타내고 있습니다. '말씀'의 의인화를 분명히 볼 수 있습니다. 요약하자면 구약에서 '말씀'은 창조, 계시, 구속이라는 영역에서 하나님의 능력을 드러내는 표현이었습니다. 그리고 구약에서 자주 사용된 의인화된 말씀은 하나님께서 궁극적으로 자신을 드러내셨다는 것을 표현하기 위해 가장 적합한 명칭이었을 것입니다.

    로고스는 결국 저자에게 있어 자신이 염두에 둔 독자들에게 가장 폭넓게 다가가도록 돕는 최고의 선택이었습니다. 헬라 배경을 가진 이들에게 친숙할 뿐 아니라 유대인들에게는 농축된 의미를 지녔기에 가능한 것이었습니다. 물론 양쪽 모두 요한복음을 읽어가면서 자신들이 알고 있었던 것을 뛰어넘어 저자가 의도한 새로운 생각으로 끌려들어갈 것이지만 말입니다.

하나님과 동등한 존재로서의 창조자, 로고스

성경은 일관성 있게 창조주이자 보존자이며 모든 것의 심판자이신 하나님이 '한 분' 뿐이라는 사실을 강조해 왔습니다. 하지만 요한복음 첫 번째 구절은 태초에 로고스(말씀)가 하나님과 함께 계셨다고 말합니다. 로고스가 영원하고 자존적인 의미로 하나님과 동등한 존재임을 분명히 합니다. 하나님의 유일성에 대한 놀라운 주장이 아닐 수 없습니다. 그리고 그 말씀이 하나님이라는 표현을 더합니다. 종합해 보면 이 로고스(말씀)가 하나님과(함께 계셨기에) 구별되면서도(하나님과 동등한 존재로서) 온전히 하나님이라는 설명입니다. "그럼 하나님이 한 분 이상이라는 것인가?"라는 단순한 질문을 던지는 사람들이 나오는 것도 이해가 됩니다.

교회는 몇 세기가 지난 후 이 어려움을 설명하기 위해 '삼위일체'라는 단어를 만들어 냅니다. 본체는 하나이나 세 개의 위격으로 존재하시는 하나님이라는 의미입니다. 하나님 아버지뿐 아니라 아들 예수님도 하나님이고 성령님도 하나님이심을 설명하고자 하는 노력의 산물입니다. 솔직히 완벽한 이해는 어렵습니다. 어느 누가 말했듯 "하나님은 십차원이 넘는 존재인데 삼차원의 존재가 바로 이해할 수 있겠는가?"라는 물음에 귀를 기울여 겸손하게 받아들여야 하는 개념입니다. 아버지와 한 '본질'을 공유하지만 구별되는 '인격'이라고 말하는 식입니다. 단순히 "1+1+1=3아니냐?"라는 식으로 접근해서는 안 됩니다. 제가 다니던 신학교에서 한 교수가 흥미롭게 표현한 것이 적절합니다. 하나님을 1로 접근하기보다는 무한대로 접근해야 한다는 것입니다. 그러기에 삼위일체의 공식은 '무한대+무한대+무한대=무한대'로 나타나야 한다는 것입니다. 답은 무한대입니다. 우리는 무한하신 하나님을 믿고 섬겨야 합니다.

신비 중의 신비스러운 창조물, 사람

요한은 삼위 중의 한 분으로서 로고스(말씀)가 하신 일 중에 만물의 창조를 언급합니다. 존재하는 것 중에 하나도 그가 없이 된 것이 없다고 말합니다(3절). 로고스는 창조의 핵심 역할을 하십니다. 1장에서 보았듯 창조에는 그분의 손길이 담겨 있습니다. 자세히 들여다보면 모든 것이 신비롭습니다. 그분의 작품입니다. 그리고 모든 창조물 중의 으뜸은 사람입니다. 시인들뿐만 아니라 어떠한 예술을 하든 궁극적으로 사람의 아름다움으로 끌려간다고 합니다. 꽃이 아름답다고 하나 '사람이 꽃보다 아름답습니다.' 사진작가들도 아름다운 자연풍경으로 시작할지라도 끝에는 사람에게 렌즈를 들이댄다고 합니다. 창세기에 기록되었듯 다른 피조물과는 달리 특별하게 하나님의 형상을 좇아 지음 받았으니 당연할 것입니다. 그러기에 사람은 단순한 아름다움에 더해 그 무엇과도 비교할 수 없이 중요한 대상입니다. 요한복음의 서문에서도 다른 존재에 관하여 이야기를 펼쳐가기보다는 사람에 대해 말하고 있습니다.

그분의 창조물의 최고봉이라는 사람은 신비함으로 가득합니다. 심리학적으로 복잡한 것은 접어 두고 단순히 육체의 신비만을 보아도 입이 딱 벌어집니다. 심장을 한번 살펴봅니다. 평생 거의 30억 번 이상 뜁니다. 심장이 뛰면서 이동시키는 혈액의 양은 1분에 약 7.5L로 한 시간에 약 400L 이상의 혈액을 이동시킵니다. 펌프에 비유하자면 대단한 펌프입니다. 펌프와 연결되어 있는 파이프에 비교할 혈관의 효율성 또한 놀랍습니다. 심장의 펌프질을 통해 보내지는 혈액이 온몸을 이동하는 데는 20초밖에 안 걸리기 때문입니다. 세밀하게 그리고 치밀하게 연결된 혈관의 길이를 다 더하면 지구를 두 바퀴 반이나 돌 수 있습니다. 그럼에도 불구하고 우리 몸을 차지하는 비중은 3%밖에 되지 않습니다. 혈액 안을 들여다보아도 상상을 초월합니다. 산소를 공급하는 적혈구를 모두 일렬로 세우면 그 길이가 약 50,000km 정도가 된다고 합니다. 1초 동안 300만 개의 적혈구가 죽고, 바로 다음 1초 만에 같은 수의 새로운 적혈구가 그 자리를 채웁니다. 이 순간에도 셀 수 없이 엄청난 세포들이 폐사되고 생성되며 우리의 생명이 연장되고 있습니다.

다른 장기도 결코 심장에 뒤지지 않습니다. 매일 신장을 통해 혈액이 걸러지고 있습니다. 간은 우리가 전혀 인지하고 있지 못함에도 불구하고 66가지의 기능을 수행하고 있다고 합니다. 위의 유연성은 상상을 초월합니다. 기네스북 세계기록 '먹기 부문'을 보면 알 수 있습니다. 물론 어떤 사람의 위는 유전적 이유나 일상적인 식도락을 통해서 평균보다 클 수 있다고는 합니다. 어쨌든 먹기 부문 최대 기록 보유자는 런던의 패션 모델이었던 23세 아가씨로 알려져 있습니다. 그 여인이 먹은 음식을 보면 입이 딱 벌어집니다. 결국 최후의 만찬이 됐지만, 이 여인은 앉은 자리에서 간 450g, 콩팥 900g, 스테이크 230g, 치즈 450g, 달걀 두 개, 큼지막하게 썬 빵 두 조각, 복숭아 열 개, 배 네 개, 사과 두 개, 바나나 네 개, 자두와 당근, 포도 각 900g, 우유 두 잔 등 모두 8.6kg의 음식을 먹었다고 합니다. 그 결과 그녀는 위가 터져 죽고 말았지만 말입니다. 보통 사람의 일주일 양식의 분량이 위에 한꺼번에 들어간 것입니다. 일반적으로 위는 최소 4,000cc까지는 부담

없이 견딘다고 합니다. 그 유연성 또는 탄력성에 경탄할 뿐입니다.

　우리가 서로서로를 구별하게 만드는 유전자도 알면 알수록 신비합니다. 우리 모두는 별 볼일 없게 보이는 미약한 존재로 시작합니다. 정자와 난자라는 달랑 두 개의 세포가 결합하는 것으로 시작하니 말입니다. 그러나 성인이 되었을 때 평균 100조 개로 세포 수가 늘어납니다. 세포 안에는 핵이 있으며, 그 속에 스물 세 쌍, 즉 마흔 여섯 개의 염색체가 존재합니다. 하나의 염색체는 3억 쌍 정도의 DNA 코드를 만드는 물질, 즉 핵산을 감고 또 감아 만든 굵고 뭉툭한 동아줄 토막 같습니다. 가는 새끼줄을 꼬아서 조금 더 굵은 줄을 만들고 그 끈을 다시 꼬아서 더 굵은 새끼줄을 만드는 식입니다. 유전자는 이런저런 단백질을 만드는 명령어입니다. DNA의 규모는 거대해서 세포 하나에 있는 DNA를 길게 이으면 2~3m가 되고 인체 내 모든 세포의 유전자를 연결하면 달과 지구 사이를 무려 5,000번 왕복할 수 있을 정도라고 합니다. 이 엄청난 길이의 화학적 정보 물질이 비좁은 세포 안에 존재합니다. 실을 감는 실패 역할을 하는 둥그런 히스톤 단백질이 유전자를 감고 있다가 필요하면 풀어서 쓰다가 끝나면 다시 감아서 보관한다고 합니다. DNA의 이중나선형 사다리의 발판을 구성하는 네 가지 종류의 핵산 염기 즉 아데닌(A), 구아닌(G), 시토신(C), 티민 또는 타이민(T)이 마치 알파벳 문자처럼 조합을 이루며 배열됨으로써 각각 3개의 문자로 이루어진 64개의 낱말을 구성하고, 이 낱말들이 모여서 만들어지는 유전 암호(코드)가 인간을 비롯한 모든 생물체의 형질을 결정합니다. 아무리 인간이 많이 탄생해도 결코 서로 같을 수가 없는 이유입니다.

　그 뿐 아닙니다. 우리 몸 안에는 100조 마리의 세균(미생물)이 공존합니다. 그들이 어떤 조합을 이루고 있느냐에 따라 같은 음식을 먹어도 어떤 이는 더 높은 열량을 얻고, 어떤 이는 더 낮은 열량을 얻는다고 합니다. 한마디로 말해 우리 모두에게 이런 표현을 쓸 수 있습니다. "우리는 우리가 아니다." 한 사람 한 사람이 독특합니다. 특별합니다. 유일한 존재입니다.

놀랍지 않습니까? 창조의 신비를 느낄 수 있지 않습니까? 한 사람 한 사람 자체가 기적입니다. 기적을 뜻하는 영어 단어인 미라클(miracle)은 라틴어 미로(miro, 놀라다)와 미루스(mirus, 놀라운)라는 뜻에서 파생되었다고 합니다. 흥미롭게도 거울(mirror)이라는 단어도 동일한 어근을 가지고 있습니다. 거울을 볼 때마다 당신이 이 세상에서 단 하나뿐인 기적이라는 사실에 놀라움과 탄복이 나와야 합니다.

예수 그리스도의 정체성

최고의 걸작일 뿐 아니라 신비한 존재를 만드신 로고스에 관한 가장 엄청난 발언이 14절에 나옵니다. '말씀이 육신이 되었다'는 사실입니다. 단순히 '사람의 형태로 취했다' 또는 '사람 안에 거했다'라고 말하지 않습니다. 동물적 인간성만 걸쳤다거나, 인간인 척 가장했다거나, 예수라는 인간과 공존했다고 말하지 않습니다. 달리 표현하자면 자신이 만든 사람의 육신의 몸으로 이 세상에 오셨다는 것입니다. 계시라는 표현이 있습니다. 하나님께서 자신의 뜻을 나타내신다는 의미입니다. 히브리서 1장 1~2절에서는 "옛적에 선지자들을 통하여 여러 부분과 여러 모양으로 우리 조상들에게 말씀하신 하나님이 이 모든 날 마지막에는 아들을 통하여 우리에게 말씀하셨으니"라고 기록되어 있습니다. 이곳과 연결하여 보자면 말씀이 육신이 되신 이 사건은 계시 중의 계시입니다. 하나님이 마지막으로 그리고 궁극적으로 인간의 역사 속에 들어오신 것입니다. 한 학자가 표현했듯 "말씀이 육신이 되었을 때, 하나님이 인간이 되었다."입니다.

로고스가 육신으로 오신 것(성육신 이라고 말함)은 추상적이거나 이론적 수준에 머물지 않습니다. 그분은 인간들 가운데 거하셨습니다(14절). 여기서 '거하시다'는 깊은 의미가 담겨 있는 단어입니다. 구약을 아는 사람들에게는 '성막'이라는 단어를 떠오르게 만들기 때문입니다. 성막은 하나님을 만나는 곳이자 거룩한 하나님과 반역한 인간이 화해하는 특별한 장소였습니다. 구약 시대에 하나님을 만나려면 성막으로 나와야 하듯 우리는 예수 그리스도께 나와야 합니다. 그러면 그분을 통해 하나님의 영광을 보며, 그분의 가르침 속에서 은혜와 진리를 경험하게 됩니다.

무엇보다도 중요한 것은 그분을 통해 하나님을 볼 수 있다는 것입니다. 18절에 나와 있듯 '아버지의 품속에 계시는 독생자이신 하나님이 그분을 나타내' 보이셨습니다. 이 부분을 이해하기 위해서는 요한복음 14장의 한 사건을 먼저 살펴보아야 합니다. 빌립이라는 제자가 예수님께 하나님 아버지를 보여 달라고 요청을 합니다(14:8). 그를 향하여 "빌립아 내가 이렇게 너희와 함께 있으되 네가 나를 알지 못하느냐 나를 본 자는 아버지를 보았거늘"(14:9)이라고 답을 하십니다.

한국대학생선교회(CCC)에는 '백문일답'(百聞一答)이라는 독특한 신앙고백의 전통이 있습니다. 무슨 질문을 하든 관계없이 답은 항상 "예수 그리스도"이기에 붙여진 표현입니다. 하나님이 어떤 분인가를 알고 싶으십니까? 그렇다면 예수님을 공부하면 됩니다. 하나님의 진노에 대해 알고 싶으십니까? 예수님을 공부하십시오. 하나님의 용서를 체험하고 싶습니까? 그럼 예수님을 공부하십시오. 하나님의 영광을 알고 싶으십니까? 십자가에 달리시어 우리의 죄를 위해 돌아가신 예수님을 공부하십시오. 인생의 비전을 발견하고 싶으십니까? 예수님의 가르침을 공부하십시오. 무엇이든 예수님이 답입니다.

하나님이 인간이 된 이 사건은 그 자체로 놀라운 사건입니다. 그런데 한 가지 잊지 말아야 할 요소가 있습니다. "왜 오셨는가?" 아니 "왜 사람의 모습으로 탄생하셨어야만 했는가?"라는 질문에 대한 답이 바로 그것입니다. 정답은 요한복음을 통해 조금씩, 그러나 분명히 드러납니다. 그것은 이 세상에 태어나는 모든 사람들과 다른 이유였습니다.

이 세상에 존재했던 사람들 중에 죽기 위해 태어난 경우는 없습니다. 죽는 방식은 저마다 다양할 수 있습니다. 어떤 이는 영웅적 죽음일 수 있으며, 사고로 죽을 수도 있으며 자연사일 수도 있습니다. 이슬람의 창시자인 마호메트도 불교의 석가모니도 예외가 아닙니다. 그들의 죽음에 대한 이야기는 있지만, 그들이 죽기 위해 이 세상에 왔다고 말하는 경우는 없습니다. 그러나 예수 그리스도는 죽기 위해 오신 분입니다. 그것도 십자가의 죽음이라는 인류가 발명한 가장 잔인하고(고통의 극대화가 목적임) 가장 수치스러운(여자건 남자건 모두 벌거벗겨 모든 수치를 다 내놓게 되어 있는) 죽음으로 죽기 위해서 말입니다.

이것이 그분이 오신 이유입니다. 그분의 존재의 유일성에 더해 그분의 삶과 죽음의 독특함이 바로 이것입니다. 놀라운 존재로 창조되었으나 죄로 인해 하나님과의 관계가 끊어져 방황하는 불쌍한 인간들을 구하기 위해 오신 것입니다. 죄로 인해 어둠 속에 거하고 있으며(5절), 그로 인해 자신의 창조자를 알지도 못하고 깨닫지도 못하는 존재들을(10절) 위해 오신 것입니다. 인간들의 죄를 해결하는 방법은 그 길밖에 없었기에 죽으러 오신 분입니다. 그것을 위해 하나님께서 인간이 되신 것입니다. 그분이 예수 그리스도입니다.

'영접함'으로 되는 하나님의 자녀

그분이 인간으로 오신 것은 역사적인 사건이었습니다. 하나님이 인간이 되셨다는 사건 자체가 역사적이며, 또한 실제로 인간의 역사 속에 그 일이 일어났다는 의미에서 역사적입니다. 그분이 오시기 전에 그분의 오심을 준비하며 증언하는 자로 세례 요한을 보내신 준비된 사건이었습니다(6~7절). 모든 것이 하나님의 주도로 이루어졌다는 것을 분명히 합니다. 핵심은 바로 '하나님의 주도'입니다. 예수 그리스도가 오신 것은 하나님의 계획, 준비, 실행으로 이루어진, 하나님의 주권에 의한 선택이었습니다.

그분과 개인적인 관계를 맺는 것도 예외가 아닙니다. 하나님의 자녀(하나님을 닮은 자)가 되는 것은 인간에게 달려 있는 것이 아닙니다. 좋은 집안 출신이라고 저절로 되는 것이 아니고 부모에게 믿음이 있다고 자녀들도 자동적으로 그런 관계가 되는 것이 아닙니다. 그런 관계를 맺기 위해 노력하고 또는 자기 몸을 제물로 바친다고 해서 이루어지는 것도 아닙니다. 인간이 원하면 선택할 수 있는 문제가 아닙니다. 유일한 방법은 하나님께로부터 나는 것입니다(13절). 인간에게 요구되는 유일한 것은 '그 이름을 믿는 것'이라고 말합니다(12절). 유대적 사고에서 이름이란 존재를 의미합니다. 예수 그리스도의 이름을 믿는다는 것은 그분을 믿는다는 것입니다. 그분을 믿는다는 것은 또한 '그분이 어떤 분인가를 믿는 것'입니다. 그분에 관한 사실과 함께 그의 가르침을 믿는 것입니다.

그러나 일반적으로 사람들은 하나님을 향한 믿음에 관해 자기 스스로 주도권을 가지기 원합니다. 어떤 이들은 모든 증거를 수집하고 충분히 저울에 달아 본 다음 믿으려 한다고 말합니다. 그렇다고 모든 영역에서 그렇게 따지는 것도 아닙니다. 저녁 뉴스의 모든 보도를 의심의 눈초리로 꼼꼼히 따지지 않고 받아들이면서 말입니다. 물론 삶의 가장 중요한 요소이기에 철저히 연구하고 믿는다는 생각 자체를 문제시하는 것은 아닙니다. 오히려 믿음의 시작에 대한 왜곡된 시각이 우리 가운데 자리 잡고 있다는 것을 지적하는 것입니다.

인간의 사고 체계에 돌이킬 수 없는 변화를 가져온 사조가 있었습니다. 그것은 17~18세기 서구 세계를 뒤집어 버린 계몽주의가 가져온 것이었습니다. 계몽주의는 모든 것을 신에 의존하지 않고 인간의 이성으로 판단하고자 하는 시도였습니다. 아니 더욱더 정확히 표현하자면 신 또는 하나님을 철저히 배제하며 모든 문제에 접근하려 했습니다. 그리고 그것을 학문적 또는 과학적이라고 불렀습니다. 믿음과 신앙에 대해서는 유난히 강한 입장을 가지도록 만들어버렸습니다. "우리의 믿음은 신뢰에서 출발하는 것이 아니라, 의심에서 출발해야 한다."는 자세로 말입니다.

이러한 접근법이 과학이라고 착각하는 가운데 '역사적 예수'(Historical Jesus)를 주장하는 학자들이 생겨납니다. 레마리우스(H.S. Remarius)는 "예수는 '유대인 혁명가'이었으나 혁명의 실패와 죽음 이후 제자들이 그를 신으로 만들었다."고 주장했습니다. 불트만(R. Bultmann)은 "공관복음에 나오는 이야기들은 예수님의 실제 삶에 근원을 가지고 있는 것이 아니라, 초대교회의 삶과 신앙으로 새롭게 만들어졌고, 내용이 '신화적'이라서 그 신화적인 것을 벗겨내야 한다."고 주장하기도 합니다. 심지어 최근에는 보르그(M. Borg)라는 학자가 "예수는 민족주의적 변절자였다."고 말했습니다. "로마와의 격한 갈등과 대립 가운데서 긍휼과 사랑을 강조하는 예수의 메시지는 그 당시 이스라엘 사람들이 가지고 있던 기대와 민족적 정체성에 금이 가게 하는 것이었기에 죽임을 당했다."고 합니다. 이는 인간의 이성적 접근을 통해서 예수 그리스도를 알고 믿는 것이 불가능함을 보여줍니다.

우리의 실제적인 삶은 어떻습니까? 모든 것을 의심의 눈으로 바라봅니까? 물론 그런 사람들도 있을 것입니다. 그러나 그것은 일반적인 경우가 아닙니다. 대부분은 세상에서 새로운 것을 배울 때 부정적이며 의심의 태도를 갖지 않습니다. 어떤 학문이나 지식의 영역이건 기본적으로 신뢰에서 출발합니다. 신뢰가 있어야만 시작할 수 있습니다. 그 후에야 비로소 비판적인 태도가 요구됩니다. 우리는 그런 방식으로 고차원의 지식을 얻어갑니다. 한 예로 산수에서 1에 1을 더하면 2가 된다는 것을 믿을 때 2+3이 5라는 것을 알게 됩니다. 고등 수학을 배우기 전에 1+1=2라는 기초 중의 기초를 믿어야 합니다. 모든 것을 의심에서 출발한다면 하나님뿐 아니라 우리가 눈 뜨고 보면 당연히 존재하는 세계 자체도 문제가 될 수 있습니다.

실제로 우리는 각자 다양한 방식으로 하나님의 살아 계심과 우리 삶 속에서 현존하심을 느끼며 살아갑니다. 하나님께서 여러 방법으로 자신의 존재를 우리에게 알려주시고 있기 때문입니다. 어떤 이는 아름다운 꽃잎을 보며 그 아름다움 속에서 하나님의 존재를 느끼며, 어떤 이는 어려움을 이겨내는 가운데 하나님의 존재를 발견하기도 합니다. 한마디로 우리가 하나님을 인정하지 못하고 하나님을 제대로 보지 못하는 것은 우리 가운데 존재하는 인식 기능의 문제입니다. 본문에서도 분명히 하듯 하나님께서는 그분을 알게 하시고 믿게 하시려는 모든 시도를 이미 행하셨으며, 지금도 각자를 향하여 시도하고 계십니다. 우리는 단순히 그분을 믿기만 하면 됩니다. 우리의 노력이나 열정이 아니고 혈통으로 저절로 이루어지는 것도 아닙니다. 하나님의 부르심에 응답하기만 하면 됩니다.

말씀 즉 로고스는 하나님이심에도 불구하고 "(성부)하나님과 동등됨을 취할 것으로 여기지 아니하시고"(빌 2:6) 이 땅에 우리의 모습으로 오셔서 피조물 사이에 거하셨습니다. 그분이 예수 그리스도시며 그분을 증거할 임무를 지닌 세례 요한보다(비록 세상에 늦게 나오셨으나, 15절), 먼저 계신 분이십니다. 은혜 위에 은혜가 되시며(16절), 은혜와 진리가 충만하시며(14절), 그것을 우리에게 주시는 분(17절)이십니다. 예수 그리스도는 하나님을 보고 살 수 없는 인간들을 위하여 눈높이를 맞추어 이 땅에 오신 하나님이십니다. 그러기에 그분을 통해 하나님을 알고 경험할 수 있습니다(요 14:9). 모든 이들이 이러한 사실을 알고 믿지는 않을 것입니다. 그것이 '세상'이기 때문입니다(10~11절). 자신의 창조자를 거부하는 모습이 세상의 특징입니다. 요한복음을 읽어가며 일관성 있게 발견하게 되는 세상이라는 단어의 부정적 모습입니다.

예수 그리스도를 믿지 않는 이들은 그분을 인정함으로 그분과의 특별한 관계를 시작할 수 있습니다. 하나님의 자녀가 되는 것입니다. 그분이 어떤 분임을 마음으로 믿고 입으로 인정하는 것입니다. 그게 전부입니다. 나머지는 하나님께서 하십니다.

예수 그리스도를 믿는 사람들에게도 분명한 메시지가 있습니다. 그분을 거부하는 세상을 살아가고 있는 믿는 사람들에게 요구되는 자세입니다. "너희 마음에 그리스도를 주로 삼아 거룩하게 하고 너희 속에 있는 소망에 관한 이유를 묻는 자에게는 대답할 것을 항상 준비하되 온유와 두려움으로 하고"(벧전 3:15)라는 말씀을 연결해 볼 수 있습니다. '대답'이라는 헬라어 단어(apologein)에서 파생된 영어 단어가 변증학(apologetics)입니다. 우리 모두 자신의 믿음에 대해 답할 준비를 해야 한다는 가르침이 함축되어 있습니다. 또한 대답하는 그대로 살아가는 것이 중요합니다. 앞에서 본 이론적 무신론자들보다 더욱더 무섭고 또한 불행한 것은 교회에 출석하고, 기도하고, 성경을 읽으며 신앙 생활의 외적인 모습은 잘 갖추고 있지만, 그의 실제 삶은 마치 하나님이 계시지 않은 것처럼 살아가는 사람들에게서 발견되는 '현실적 무신론'(또는 실제적 무신론, practical atheism)입니다. 분명한 확신과 함께 구별된 삶을 사는 것이 매우 중요합니다. 주 안에서 믿음으로 세상을 이길 수 있기 때문입니다.

CHAPTER 03
위대하며 아름다운 2인자
(1:40~42; 6:8~9; 12:20~22)

　　　　　　　　　　　　　　　얼마 전에 미국에서 영화 제작 공부를 한 후 한국으로 돌아와 영화계에서 일하는 한 사람을 만날 기회가 있었습니다. 실력이 있어 그렇겠지만 연이어 최고의 감독들과 함께 일하는 행운을 누리고 있는 젊은이였습니다. 그 젊은이에게서 두 감독에 대한 이야기를 듣게 되었습니다. 영화광이 아니어도 이름만 들으면 알 수 있는 감독들인지라, 내심 그들이 어떤 사람들인지 궁금해졌습니다. 두 감독을 유명하게 만든 영화는 장르뿐 아니라 스타일도 강한 대조를 이루기에 과연 리더십에는 어떤 차이가 있을까 물어보았습니다. 과연 흥미로운 대답을 들을 수 있었습니다.

　　한 사람은 제작을 중시하는 감독이라고 합니다. 강한 추진력과 결단력으로 정해진 기간 내에 만들어내는 것을 우선시하는 스타일이라고 합니다. 겨울에 눈이 너무 많이 와서 촬영이 지연되면 무리가 가지 않는다는 판단 하에 스스로 시나리오의 분량을 과감히 잘라 버리기도 했답니다.

그런데 이번에 새로 일하게 된 감독은 그 감독과는 완전히 대조되는 스타일이라고 합니다. "그렇다면 XX씨는 어떻게 생각하십니까?" 혹은 "저는 이러이러한 딜레마가 있습니다. 어떻게 하면 될까요?" 등의 질문을 던지며 다른 이의 의견을 물을 뿐 아니라 그 의견을 수용하려는 특징이 있다고 합니다. 물론 예술가로서 또한 감독으로서 자신이 가진 철학이나 색깔을 확실하게 내세우면서도 말입니다. 이 감독은 천천히 가더라도 맘에 들 때까지 다시 찍는 스타일에 속한다고 합니다.

이들을 보며 흥미로운 결론을 얻을 수 있습니다. 어느 리더십이 좋고, 나쁘다를 판단하기 어렵다는 것입니다. 두 감독의 지휘하는 스타일이 다르듯 작품도 다르게 나오더라는 것입니다. 주어진 기간 내에 프로젝트를 완성하려면 카리스마가 강하고 비전에 대한 확실한 믿음이 있는 감독의 추진력이 필요할 것입니다. 다른 이들의 의견에 귀 기울이는 스타일이었다면 촬영 기간이 연장되었을 것은 분명합니다. 앞에서 말한 감독의 영화는 오밀조밀한 구성이 아니라 큼직큼직한 선이 굵은 이야기였기 때문에 카리스마 있는 리더십 스타일이 더 필요했다는 것입니다. 반면에 다른 이들의 의견을 물어보는 분위기를 조성하는 감독은 다른 스태프들이 더 좋은 아이디어를 내려고 애쓰고 참여하는 모습을 만들어 낸다고 합니다. 좀 더 섬세한 영화에 어울린다는 것입니다.

때로 사람들은 "하나님께서는 어떤 성격의 사람을 쓰시나요?", "리더로서 어떤 성격이 가장 적합합니까?" 등의 질문을 합니다. 위의 경우에서도 볼 수 있듯 정답은 "그건 그때그때 달라요."일 것입니다. 물론 하나님의 기준이 그때그때 변한다는 것을 의미하는 게 아닙니다. 인간의 관점에서 상황과 위치, 시대 등에 따라서 대답이 다를 수 있다는 것을 의미합니다. 하나님께서 사용하시는 리더와 그가 가지고 있는 성격은 별개의 문제라는 것입니다.

예수님의 열두 제자들을 보더라도 그분은 무척 다양한 성격의 소유자들을 선택하셨다는 걸 알 수 있습니다. 그 중의 한 사람인 안드레는 같은 형제인 베드로와는 또 다른 사람입니다. 그는 베드로와 같은 어부였으나 성격적으로는 완전히 반대되는 기질의 소유자였습니다. 요한복음에서도 볼 수 있듯 베드로는 폭죽처럼 요란하게 터지는 행동파입니다. 그러나 안드레는 그와 대조로 밑불처럼 숨 쉬며 조용히 열기를 간직하고 기다리는 사람이었습니다. '안드레'의 문자적 의미가 '남자' 또는 '장부'입니다. 이것을 통해 안드레는 남자를 대변하는 과묵하고 진중한 성격의 소유자였다고 추정하기도 합니다. 물론 모든 남자들이 그렇다는 것은 아니지만 말입니다.

안드레가 예수님께 인도되는 장면을 재구성해 보면 매우 흥미롭습니다. 그는 원래 세례 요한의 제자였습니다. 그가 예수님을 만나게 된 것은 그의 스승이었던 세례 요한의 제안이었습니다. 요한복음 1장 29~30절에 이러한 기록이 나옵니다. "이튿날 요한이 예수께서 자기에게 나아오심을 보고 이르되 보라 세상 죄를 지고 가는 하나님의 어린 양이로다 내가 전에 말하기를 내 뒤에 오는 사람이 있는데 나보다 앞선 것은 그가 나보다 먼저 계심이라 한 것이 이 사람을 가리킴이라." 자신의 스승인 세례 요한의 말을 듣고 가장 먼저 예수님의 제자가 된 두 사람 중 한 명이 되었던 것입니다(요 1:40).

초대교회는 그를 '가장 먼저 부름을 받은 자'라고 하여 그 의미를 담은 표현인 '프로토클레테'(protoclete)라고 불렀습니다. 무엇이든 첫 번째가 된다는 것은 용기 있고 선구자적인 태도를 지닌 것입니다. 많은 이들이 누군가 새로운 시도를 하여 성공할 때까지 그것은 불가능하다고 생각합니다. 그러나 누군가가 그것을 하고 나면 그 다음에는 당연히 여기는 것을 주위에서 발견합니다. 첫 번째 시도하는 이의 소중함이 여기에 있습니다. 안드레가 그 사람이었습니다. 이 세상을 변화시키려고 오신 예수 그리스도의 첫 번째 제자가 된 것입니다. 예수님은 그를 통하여 또 그와 함께 계획하신 일들을 풀어나갑니다. 사도 안드레를 통해 얻는 교훈을 살펴봅시다.

귀한 것을 나누는 삶

"기쁨은 나눌수록 커지고 슬픔은 나눌수록 줄어든다."는 말이 있습니다. 무엇이든 나누는 삶이 유익하다는 것입니다. 어떤 이는 좋은 것을 발견했을 때 몰래 숨겨놓는가 하면, 어떤 이는 다른 이들과 나누지 못해 안달이 나기도 합니다. 안드레는 후자에 해당하는 사람이었습니다.

요한복음 1장 41절 이후를 보면 "그가 먼저(the first thing Andrew did) 자기의 형제 시몬을 찾아 말하되 우리가 메시야를 만났다 하고 데리고 예수께로 오니……"라고 기록되어 있습니다. 이 과정을 풀어서 생각해 봅니다. 그는 자신의 스승인 세례 요한의 말을 따라(40절) 예수님을 만납니다. 그분과의 대화를 통해 예수님이 구약에서 약속한 메시야라는 사실을 발견하곤 뛸 듯이 기뻤습니다.

이 놀라운 발견을 그의 속에만 담아 놓고 있을 수 없었습니다. 그래서 다음 날 가장 먼저 베드로를 찾아갔습니다. 이러한 사실은 41절의 '먼저'(the first thing)라는 표현을 39절("그날 함께 거하니 때가 열 시[우리 시간으로 오후 4시]쯤 되었더라")과 연결해 보면 알 수 있습니다. 예수님을 만나 시간을 보내다 보니 늦어져 함께 머문 후, 다음날 아침 제일 먼저 베드로에게 달려갔다는 것입니다.

베드로를 보자마자 그는 "우리가 메시야를 만났다."라고 확신을 담아 단호하며 간결하게 외칩니다. 그의 짧지만 확신에 가득한 표현은 성격이 괄괄하며 화끈한 베드로의 마음을 움직여 예수님께 나아오게 만듭니다. 안드레는 스스로 예수님의 제자가 된 것은 물론이고 베드로를 포함한 다른 사람들을 예수님께로 인도하는 삶을 살았습니다.

복음서와 사도행전을 통틀어 안드레의 이름은 13번 나옵니다. 그 중 세 번이 다른 사람들을 예수님께로 인도하는 안내자의 역할로 나옵니다. 그리고 세 번 모두 예외 없이 요한복음에 나옵니다. 사람들을 예수님께 인도하는 안드레의 모습을 보여 주고자 의도했음을 알 수 있습니다. 많은 크리스천들은 '안드레 주일'이라는 표현에서 그의 이름을 많이 접했습니다. 그를 닮아 사람들을 교회로 인도하자는 의미에서 사용하는 것입니다.

다른 사람들을 주님께로 인도하는 삶은 크리스천의 가장 기본적인 사명이며 신앙 생활의 핵심입니다. 안드레의 삶은 모든 크리스천들의 모범이 되는 삶입니다. 베드로전서 2장 9절은 크리스천의 존재 이유를 분명히 밝혀 줍니다. "그러나 너희는 택하신 족속이요 왕 같은 제사장들이요 거룩한 나라요 그의 소유가 된 백성이니 이는 너희를 어두운 데서 불러 내어 그의 기이한 빛에 들어가게 하신 이의 아름다운 덕을 선전하게 하려 하심이라." 하나님의 구원하시는 사역을 논하며

완전 소중한 선물

그러한 은혜를 입은 이유로 그분의 '아름다운 덕을 선전하게 하려 하심'이라고 말합니다. '거룩한 복음 판매원'(Holy Salesmen, Saleswomen)이라고 말할 수 있습니다. 우리에게 은혜를 주신 것은 그분의 선하심을 전해야 한다는 의미이기도 하나 더욱더 중요한 것은, 받은 은혜가 그렇게 소중하다면 그 은혜를 전할 수밖에 없다는 것입니다. 그것이 크리스천의 존재 이유이기도 합니다.

그 뿐 아닙니다. 마태복음 28장 18~20절에는 소위 말하는 지상명령이 기록되어 있습니다. "예수께서 나아와 말씀하여 이르시되 하늘과 땅의 모든 권세를 내게 주셨으니 그러므로 너희는 가서 모든 민족을 제자로 삼아 아버지와 아들과 성령의 이름으로 세례를 베풀고 내가 너희에게 분부한 모든 것을 가르쳐 지키게 하라 볼지어다 내가 세상 끝날까지 너희와 항상 함께 있으리라 하시니라." 흥미로운 사실은 '복음 전파'라는 표현이 마태복음 24장 14절에서는 '종말'(끝)이라는 단어와 함께 나온다는 것입니다. "이 천국 복음이 모든 민족에게 증거되기 위하여 온 세상에 전파되리니 그제야 끝이 오리라." 이 두 구절은 우리 모두에게 역사의 종국은 복음 전파의 완성을 담고 있음을 보여 줍니다. 역사는 이 세상의 끝이며 목적지를 향해 달려가고 있습니다. 그리고 그 속에는 하나님의 사람들을 모으는 목적이 담겨 있습니다. 목적을 이루기 위해, 하나님의 그 뜻을 수행하기 위해 부르심을 받은 사람들이 크리스천들입니다. 여기에 한 사람도 예외가 없습니다. 모든 크리스천들은 다른 사람들을 주께로 인도하는 현대의 안드레가 되어야 합니다. 귀한 것은 나눌수록 더욱더 기쁨이 배가 됩니다. 복음이라는 가장 귀한 것을 기쁨으로 나누는 이들이 되어야 합니다.

복음 전파를 위해 열린 사고가 필요하다

안드레가 다른 사람들을 주께로 인도하는 기록이 두 번 더 요한복음에 나옵니다. 먼저 사복음서 모두에 기록되어 있는, 예수님의 기적 중 가장 유명한 오병이어 기적에서 등장합니다. '다섯 개의 보리떡과 두 마리의 작은 물고기'라는 가난한 아이의 점심으로 어른들의 숫자만 5,000명을 먹인 이 사건에서 안드레는 귀중한 역할을 합니다.

요한복음 6장을 보면 "우리가 어디서 떡을 사서 이 사람들로 먹게 하겠느냐?"는 예수님의 질문에 계산이 빠른 빌립은 "어림잡아 이백 데나리온은 필요하다."고 답합니다. 노동자가 200일을 죽어라 일해야 받을 수 있는 적지 않은 액수였습니다. 모두들 '그 비용을 어디서 어떻게 충당할 것인가?' 하고 난감해 하는 분위기를 상상해 봅니다. 선뜻 어떤 행동을 하기 힘들 상황입니다.

안드레는 '보리떡 다섯 개와 물고기 두 마리를 가지고 있는 한 소년'을 예수님께로 데리고 옵니다. 물론 그 때 그는 과연 무슨 일이 일어날 것인가 정확히 몰랐습니다. "그러나 그것이 이 많은 사람에게 얼마나 되겠사옵나이까"(6:9)라는 그의 고백을 통해 알 수 있습니다. 그렇지만 한 가난한 소년의 '초라한' 점심은 우리가 잘 알고 있는 기적의 사건을 일으키는 '종자'(seed)가 됩니다. 성경은 안드레가 한 소년을 예수님 앞으로 데리고 온 이유에 대해서 특별한 설명을 하지는 않습니다. 중요한 것은 하찮아 보이고 별 볼일 없을지라도 주님께 드려졌을 때 놀라운 기적이 일어날 수 있다는 사실입니다.

안드레는 요한복음 12장에 또 다시 등장합니다. 이번에도 사람들을 예수님께 데리고 나오는 역할을 맡습니다. 이번에는 헬라인들이었습니다. 헬라인들이 어쩐 일인지 빌립을 찾아왔습니다. 예수님의 소문을 듣고 만나고 싶었기에 제자들을 찾아오지 않았나 생각해 봅니다. '빌립'이라는 이름이 그 당시 많은 이들이 가지고 있는 친숙한 헬라식 이름이었기 때문인지 헬라인들은 빌립을 먼저 찾았습니다. 당시 유대인으로서 이방인을 만나는 것은 쉽지 않았습니다. 게다가 예수님의 흠을 잡고자 바리새인들이 눈을 부릅뜨고 감시하고 있었습니다. 그것도 몇 번이나 예수님을 죽이려는 시도가 있었던 예루살렘에 있는 상황이었습니다. 헬라인들의 쉽지 않은 요구를 들은 빌립은 즉각 안드레에게 도움을 청합니다.

여기서 '빌립은 왜 안드레를 찾아왔을까?'를 생각해 봐야 합니다. 만약에 그들이 베드로나 야고보, 요한을 찾아가 부탁했더라면 어떻게 됐을까 가정해 봅니다. 아마 매우 강경한 반대를 했을 것입니다. 세 사람 모두 과격한 성격의 소유자들이었습니다(참고: 눅 9:54). 안드레는 이들과는 달랐던 것 같습니다. 사람들을 예수님께 인도하는 큰 아량을 지닌 사람이었습니다. 늘 그랬던 것처럼 안드레는 그들을 예수님께 데려갑니다. 예수님은 "인자가 영광을 얻을 때가 왔도다"(12:23)하고 말씀하시며 그들과의 만남을 '작전 완수신호'로 받아들이십니다. 그리고 연이어 자신의 눈앞에 다가오는 십자가의 죽음을 '한 밀알의 죽음'과 연결하십니다. 마치 한 알의 밀알이 죽어 많은 열매를 맺듯 그분의 죽음으로 많은 열매가 맺어질 것임을 말씀하십니다.

안드레는 어떤 고정된 틀에 스스로를 가두는 것을 거부합니다. 많은 이들이 알게 모르게 상황이나 스스로 만든 틀 속에 자신을 가둡니다. 그것은 문화의 틀, 생각의 틀, 사역의 틀일 수 있으며, 교단이나 교리, 전통 등도 예외가 아닙니다. 그러나 틀을 향한 하나님의 생각은 분명합니다. 본질을 훼손하지 않는 한 언제든 또는 어떻게든 모든 것을 바꿀 수 있다는 과감한 사고와 시도가 필요합니다. 그것을 위해서는 주도적이며 적극적으로 영적 오감을 사용해야 합니다. 보이는 것 만을 보며, 들리는 것만을 들으며 사는 것을 거부해야 합니다. 그것은 수동적인 자세입니다. 오히려 보고자 하는 노력에 더해 듣고자 하는 적극성이 필요합니다. 다양한 가능성을 생각해야 한다는 것입니다.

　어떤 이는 이러한 자세를 향해 "Whatever you think, think the opposite (무엇을 생각하든 정반대를 생각하라)."고 도전합니다. 어떤 이는 창조적 파괴가 필요한 세상이라고 말합니다. 본질에 대한 분명한 이해를 가진다는 전제 하에 무엇이든 바꿀 수 있음을 기억해야 합니다. 아니 바꾸어야 합니다. 그러한 시도 없이 이 변화의 시대에 복음을 제시하는 것은 매우 어렵습니다. 고린도전서 9장 19~22절에 나오는 사도 바울의 목적이 이끄는 열린 사고와 행동을 주목해야 합니다. 그는 '한 영혼이라도 얻기 위해' 자신을 불필요하게 붙들어 매고 있으며 구속하는 틀을 과감히 깰 수 있다고 말합니다. 그런 모습이 변화하는 세상과 그 속에 사는 사람들에게 영원히 변하지 않는 복음을 전하기 위해 요구되는 자세와 태도입니다. 비록 작은 것일지라도 하나님을 향한 기대를 가지고 시작해야 합니다.

자신에게 어울리는 자리 찾기

사도 안드레는 가장 먼저 예수님께 다가와 그분의 제자가 된 사람이었습니다. 그 뿐 아니라 다른 이들을 예수님께 인도하는 중요한 연결 고리 역할을 감당했습니다. 그럼에도 불구하고 안드레는 제자들의 명단에서 항상 네 번째 또는 베드로 다음에 나옵니다. 그뿐 아니라 그를 설명할 때는 '베드로의 형제'라는 설명이 늘 붙습니다. 이것을 미루어 볼 때 그의 이름이 당시의 독자들에게 그리 유명하지 않았다는 것을 짐작해 볼 수 있습니다. 그는 항상 자신을 조연의 위치에 두었습니다.

안드레의 이러한 모습은 예수님의 비유 중 하나인 '달란트 비유'를 떠오르게 만듭니다. 마태복음 25장 14~30절(참고: 눅 19:11~27)에 기록되어 있는 비유입니다. 세 사람이 주인으로부터 달란트라는 것을 받습니다. 물론 받은 양에 차이가 있습니다. 어떤 이는 다섯, 어떤 이는 둘, 어떤 이는 한 달란트를 받습니다. 언뜻 보기에는 불공평한 것 같습니다. 많은 이들의 관심이 받은 양에 있기 때문입니다. 처음 사람은 받은 것을 잘 사용해 다섯을 남기고, 두 번째는 둘을 남깁니다. 그러나 이들과는 대조로 마지막 사람은 받은 한 달란트를 땅에 묻어 두었다가 주인한테 변명을 합니다. 다른 이들은 투자를 해서 이윤을 남겼는데 하나를 받은 이는 왜 그대로 묻어뒀을까 의문이 생깁니다. 그가 주인에게 한 변명에는 불평이 섞여 있습니다. 자신에게는 하나만 줬다는 것입니다.

이 비유는 여러 가지 잊지 말아야 할 것을 가르쳐 줍니다. 첫째, 비교하는 것 자체가 어리석은 행동입니다. 당시 '달란트'라는 돈의 단위는 엄청난 액수였습니다. 무언가를 할 수 있는 충분하고도 남을 양입니다. 액수가 어느 정도 이상이 되면 비교는 의미가 없게 됩니다. 둘째, 진정한 공평이란 각각에게 적당한 것을 받는 것입니다. 비유의 시작을 잘 보아야 합니다. '각각 그 재능대로'(마 25:15) 주었다고 되어 있습니다. 현 시대에 화두가 되고 있는 '공정과 공평'이라는 이슈를 생각나게 만듭니다. 참된 공평이란 무엇일까요? 단순히 양적으로 똑같이 나누는 것일까요? 아닙니다. 하나님은 공평하시기에 하시는 모든 일이 공평합니다. 차별을 하시지 않습니다. 오히려 모든 이들 간의 차이를 아십니다. 공평하시되 산술적으로 공평하신 것이 아니라 인격적으로 공평하십니다. 그러므로 하나님께서 내게 주신 재능은 내게 꼭 맞는 분량인 줄로 알고 믿어야 합니다. 성경에는 우리에게 주신 것이 하나님의 뜻을 좇아 그분의 주권 하에서 이루어진다는 사실을 분명히 하고 있습니다. "각각 하나님께 받는 자기의 은사가 있으니 이 사람은 이러하고 저 사람은 저러하니라"(고전 7:7). 그래서 "마땅히 생각할 그 이상의 생각을 품지 말고 오직 하나님께서 각 사람에게 나누어 주신 믿음의 분량대로 지혜롭게 생각하라"(롬 12:3~6)고 권합니다. 지금 이 순간 '내가 할 수 있는 것이 무엇인가?'를 생각해야 합니다. 받은 것을 귀중히 여길 줄 알아야 하며, 주신 것으로 최선을 다하는 것이 우리를 향하신 하나님의 뜻입니다.

마지막으로 땅에 받은 달란트를 묻어둔 이를 생각해 봅니다. 그를 향하여 주인은 '악하고 게으른 종'이라고 평가를 내립니다. 왜 악하다고 평가했을까요? 그가 주인을 향해 가진 잘못된 평가(마 25:24)에도 문제가 있었지만, 더욱 더 중요한 것은 맡겨진 달란트를 묻어 두었다는 사실입니다. 받은 달란트를 묻어 둔 것은 자신의 존재 이유를 땅에 묻어 두었던 것과 다를 바 없는 것이었기 때문입니다. 이 세상에 그냥 존재하는 이는 없기 때문입니다. 우리에게 소위 말하는 '귀차니즘'에 빠져 있는 모습이 없는지 돌아보아야 합니다. 원초적인 쾌락 이외에는 모든 것을 귀찮게 여기고 빈둥거리며 시간 보내기를 좋아하고 심지어 그것을 찬양하기까지 하는 새로운 유형의 쾌락주의자들이 있습니다. 이들은 실패에 대한 두려움을 마음속에 숨기며 사는 이들입니다. "안 해서 그렇지 하면 잘 할 수 있어."라고 말하며 한 번도 온전히 도전해 보지 않은 자들입니다.

우리 모두는 다양한 성향을 지닌 다양한 사람들입니다. 그러나 예수님을 영접한 후 하나님의 자녀가 되어 새롭게 태어난 이들입니다. 우리 가운데는 오직 한 가지 종류의 유전자 즉 소망과 긍정이라는 유전자가 있을 뿐입니다. 예수님의 새로운 영적 유전자에는 그분이 인도하는 찬란한 미래가 인코딩 되어 있습니다. 성경은 분명히 말합니다. "우리가 알거니와 하나님을 사랑하는 자 곧 그의 뜻대로 부르심을 입는 자들에게는 모든 것이 합력하여 선을 이루느니라"(롬 8:28). 크리스천은 이러한 약속의 말씀으로 프로그래밍 된 새로운 유전자를 가지고 새로 태어난 사람들입니다. 주신 것에 걸맞은 위치에서 최선을 다하며 사는 모습이 우리에게 필요합니다.

위대한 협력자

안드레는 중요한 사건의 현장에 초대 받지 못한 제자였습니다. 예수님께서 야이로의 딸을 살리신 치유의 현장에 없었고(막 5:37), 변화산의 눈부신 영광을 목격한 일도 없습니다. 십자가의 죽음을 바로 앞에 둔 겟세마네 동산에서 예수님과 함께 기도하는 그 자리, 베드로, 야고보, 요한이 있었던 자리에도 참여하지 못했습니다. 다른 여덟 명의 제자들보다는 조금 나았을지 모르지만 정점에 있는 베드로, 야고보, 요한, 3인의 반열에는 들지 못했습니다. 군대로 말하면 '짬 밥 수'가 많고, 학교에서는 '학번'이 높으며, 단체에선 '기수'가 빠른 자신임에도 불구하고 말입니다. 그는 오히려 2인자의 자리에 자신을 자리매

김하였습니다. 자기의 설 자리를 스스로 정하고 산 그의 인격적 원숙함을 볼 수 있습니다.

안드레의 이러한 성숙함은 남과의 비교를 거부할 때만 얻을 수 있습니다. 솔직히 어느 누구도 남과 비교 당하는 것을 좋아하지 않습니다. 학생들한테 '엄친아'(엄마 친구 아들) 또는 '엄친딸'은 듣기 싫은 존재들입니다. 부모들이 계속해서 비교하는 대상이기 때문입니다. 결혼한 남자들은 '부친남'(부인 친구 남편)을 싫어합니다. 부인이 지속해서 비교하며 바가지를 긁기 때문입니다.

그런데 흥미로운 것은 그렇게 비교 당하는 것을 싫어하면서도 우리는 스스로 비교하며 살아간다는 사실입니다. 욕하며 배우는 것일까요? 주위를 살펴보면 온통 비교와 경쟁뿐입니다. 어떤 이는 심지어 천국은 '경쟁이 없는 곳이기에 심심한 곳이 되지 않을까요?'라는 유머 아닌 유머를 하곤 합니다. 인간은 일반적으로 자신과 3단계 떨어진 이들과 비교하며 산다고 합니다. "부자란?"이란 질문에 대해 "다른 동서들보다 일 년에 백만 원 정도 연봉이 많은 것"이라고 답하는 우리입니다. "사촌이 땅을 사면 배가 아프다."는 것도 3단계 떨어진 관계입니다.

인간들은 끊임없이 비교, 경쟁, 차별, 구별을 합니다. 유대인들은 자신들 외에는 다 이방인이라고 불렀습니다. 헬라인들은 다른 이들을 야만인이라도 불렀습니다. 우리도 우리 외에 다른 민족들을 향해 '오랑캐, 떼X, 왜X'이라고 불렀습니다. 비교와 구분을 통해 자신의 정체성을 찾아가는 듯합니다. 그러나 우리는 더 이상 그런 존재가 아닙니다. 하나님이 친히 우리 모두를 한 사람도 예외 없이 이 세상의 중심에 세우셨습니다. 우리 한 사람 한 사람이 선 곳이 중심임을 보여 주셨습니다. 그 증거가 우리가 살고 있는 지구를 구(求) 모양으로 만드신 것입니다. 그렇기에 비교할 필요가 없습니다.

진화론자들은 싸우기(fighting), 짝짓기(mating)를 인간들의 근본적이고 영속적인 생존 양식이라고 주장합니다. 다른 존재들을 파괴하는 데 성공해야만 자신의 삶을 유지할 수 있다는 결론입니다. 끊임없는 겨루기(contesting)를 통해 자신의 존재 가치를 입증하고 행복을 맛보려는 유혹 속에 살도록 만듭니다. 경쟁과 투쟁을 통해 이 세상을 패자들의 고통과 불행으로 가득하게 만듭니다. 결과적으로 세상은 패자나 패자 후보자들의 공포감, 불안감, 절망감, 치욕감, 적대감으로 가득 차 있게 됩니다. 이것은 하나님께서 원래 마음에 그리셨던 좋은 세상의 모습이 아닙니다. 경쟁적 삶의 구조는 인간들의 마음속에 상대적 박탈감을 야기합니다.

원래 하나님께서 사람들에게 기대하신 행복감은 남과 비교해서 얻어지는 상대적인 행복감이 아니었습니다. 비교와는 상관없는 '절대적 행복감'이었습니다. 그런데 사람들이 원하든 원치 않든 추구하는 것은 '상대적 행복감'입니다. 자신보다 열등해 보이는 존재를 바라보며 우월감을 느끼고 그 우월감을 행복감으로 착각합니다. 말 그대로 착각에 불과할 뿐인데 말입니다. 중요한 것은 이렇게 경쟁에서 얻게 된 행복감은 바로 언제든지 그 경쟁 때문에 불행감으로 바뀔 수 있다는 사실입니다.

한 신학자는 "베드로 같은 인물이 아닌 안드레 같은 인물이 많아야 건강하고 건실한 교회다."라는 의미심장한 말을 했습니다. 누구나 1인자가 되길 원하며, 일등만을 알아주는 세상이기에 이 말은 어렵게 다가옵니다. 그러나 이런 세상 속에서도 묵묵히 자신이 맡은 일을 행하는 안드레와 같은 사람들이 많아야 합니다. 비교를 통해 자신을 평가하길 거부하며, 오히려 자신의 위치를 찾아 그곳에서 최선의 삶을 살아가는 사람의 모습입니다. 전설에 의하면 안드레는 그리스의 파드라에서 X자형 십자가에 처형되었다고 합니다. 그래서 지금도 X자형 십자가는 안드레 십자가라고 불리고 있으며 스코틀랜드에서는 성인으로 추앙되어 스코틀랜드 국기에도 그려져 있습니다. 우리는 그의 죽음에서도 잔잔한 감동을 받습니다.

데이빗 히넌과 워렌 베니스가 쓴 『위대한 2인자들』이라는 책이 있습니다. 성공보다는 더 소중한 것을 추구하는 2인자들을 소개하는 책입니다. 그곳에서 위대한 2인자는 명성에 관심을 갖지 않는다는 공통점을 지적합니다. 훌륭한 협력자 정신은 모든 사람을 승자로 만드는 동인입니다. 우리는 지난 시대 리더에게 요구되던 카리스마적인 권위가 점점 저평가되는 시대를 살고 있습니다. 과거와는 달리 리더의 협력과 미덕이 갈수록 강조되고 있습니다. 이런 새로운 조직 세계에서 권력은 한 사람에게 있지 않습니다. 따라서 앞으로는 정치가든 기업가든 자신의 권한과 책임을 분산해 공동 스타, 공통의 가치와 포부를 가지고 공동의 목표를 향해 함께 일할 수 있는 협력자들을 발굴해야 합니다.

안드레는 한마디로 위대한 협력자로서의 특징을 가진 사람이었습니다. 세례 요한의 말을 믿고 예수 그리스도를 좇고자 했던 용기에다 오병이어의 소년과 헬라인들을 예수님께로 인도하는 창의성까지 지닌 이였습니다. 또한 첫 제자로서의 기득권을 주장할 수 있었음에도 불구하고 끝까지 2인자로 남아 있던 건강한 자아를 소유한 자였습니다. 우리 또한 안드레가 보여 준 용기, 창의성, 건강한 자아를 본받는 삶을 살아야 합니다.

CHAPTER 04
예수님의 헤드헌팅 스타일
(1:42; 21:15~17)

기업 간에 벌어지고 있는 인재 확보를 위한 전쟁이 뜨겁습니다. 회사마다 인재를 발견하고 유치하고자 혈안이 되어 있어 헤드헌팅(headhunting)을 통해 경쟁사의 인력을 빼오는 일이 심심치 않게 일어납니다. GE 전 회장인 잭 웰치는 자기 시간의 75%를 "핵심 인재를 찾고 배치하고 보상하는 데 썼다."고 고백합니다. 빌 게이츠도 만약 "핵심 인재 20명이 없었다면 오늘의 마이크로소프트도 없었을 것"이라고 말합니다. 인재의 소중함과 그들의 기여도에 대한 평가를 잘 보여 줍니다. 경쟁업체의 '브레인'을 빼오고자 회사들이 노력하는 이유입니다.

물론 어떤 회사는 인재를 다른 회사에서 데려오기 보다는 자체적으로 키우겠다고 말합니다. 우리에게 파나소닉(Panasonic)으로 더 알려진 마쓰시타 전기 창업자인 마쓰시타 고노스케의 "당신 회사는 무엇을 만드는 회사인가 라고 물으면 '사람을 만든다'고 답한다."는 말 속에서 발견할 수 있듯 말입니다. 여기서도 확실한 건 쓸 만한 인재들의 풀(Pool)이 중요하다고 여기는 것입니다. 인재 있는 곳으로 회사를 옮기며, "최고 중의 최고만 뽑는다."고 말하는 회사들도 있습니다. 우리나라 기업에서도 인재나 인재가 될 가능성 있는 사람들을 뽑기 위해 출신 대학, 자격증, 경험, 성적, 심지어 외모까지 본다고 합니다.

'최고'를 뽑기 위한 노력은 대학 입학생 선발에서도 나타납니다. 소위 명문대학일수록 우수한 학생들을 선발하고자 온갖 노력을 다합니다. 수능 성적, 내신 성적과 추천서만으로는 변별력이 없다며 다양한 방법을 동원합니다. 때로는 지나친 기준을 내세워 명문이 이미 우수한 이들을 뽑는 곳이 아니라, 우수한 이들로 교육시키는 곳이 되어야 하지 않겠냐며 비판을 받기도 합니다. 왈가왈부하고자 이러한 것들을 언급하는 것이 아닙니다. 오히려 이 세상 어디에나 존재하는 공통점을 지적하고자 하는 것입니다. 최고를 뽑기 위한 노력 그리고 그것을 위한 과정이나 요구들을 보면 고개를 끄떡거리게 됩니다. 누구도 별 볼일 없는 이들을 뽑고자 하지 않습니다.

인간적으로 솔직히
별 볼일 없는 베드로

역사적으로도 이런 모습은 동일하게 나타

납니다. 구루나 랍비나 스승이나 선생 모두 '쓸 만한'이들을 제자로 받아들이고자 노력했습니다. 예수님 당시의 경우도 예외가 아니었습니다. 유대나 헬라 교육 시스템에서도 랍비나 선생들은 자신들의 명성을 소중히 여겼습니다. 자신이 얼마나 잘났는가를 드러내야 했습니다. 이유는 간단합니다. 좋은 제자들을 모으기 위해 꼭 필요한 것이었습니다.

그런데 예수님은 제자들을 모으시는 방법이 이들과 현저한 차이를 보입니다. 물론 예수님은 랍비양성학교를 세워서 운영하시고자 하는 것이 아니었기에 그럴 수도 있습니다. 그러나 그 누구의 눈에도 '영 아니게 보이는 이'들을 제자로 받아들입니다. 베드로라는 인물을 보아도 그렇습니다. 베드로는 다른 사도들에 비해 성경에 자주 등장하기 때문에 좀 더 깊이 분석해 볼 수 있습니다. 요한복음만을 통해서 그에 대해 아는 것은 제한적입니다. 상대적으로 다른 복음서에 비해 베드로에 대한 기록이 미미하기 때문입니다.

베드로의 간략한 신상을 살펴봅니다. 요한복음 1장 42절을 보면 베드로는 안드레의 소개로 예수님께 왔다고 기록되어 있습니다. 이것이 베드로와 예수님의 첫 대면이었습니다. 그 후 누가복음 5장1~11절에 다시 예수님을 만나 제자로 부르심에 응하는 모습이 나옵니다. 물론 두 곳의 기록 가운데 한 가지 사건이 더 있습니다. 시몬의 장모가 열병으로 앓고 있을 때 예수님이 오셔서 고쳐주신 것입니다(눅 4:38~39).

이러한 기록을 종합해 보면, 베드로는 안드레의 소개로 예수님과 첫 대면을 한 후, 어업과 예수님의 전도 사역 두 가지를 번갈아 가며 한 것으로 보입니다. 그러다가 예수님이 보여 주신 두 가지 사건으로 다른 두 사람(즉 세배대의 아들인 야고보, 요한)과 함께 육지에 배를 댄 후 모든 것을 버리고 예수를 전적으로 좇

완전 소중한 선물

게 되었음을 알 수 있습니다(눅 5장). 그 두 가지 사건이란 예수님이 베드로의 장모의 열병을 고치신 것과(눅 4:38~39), 밤새 고기를 한 마리도 잡지 못하다가 상식을 초월한 예수님의 명령에 순종한 후 그물이 찢어지도록 고기를 잡은 일을 말합니다. 갈릴리 호수에서 어업으로 생계를 유지하던 베드로가 "사람을 취할 것"(눅 5:10)이라는 예수님의 말씀을 받아들여 제자가 된 것입니다.

사도 베드로는 성경에서 다양한 이름으로 소개되고 있습니다. 그를 지칭하는 이름이 네 가지나 쓰입니다. 원래 '시므온(아람어) 또는 시몬(헬라)'이라는 이름으로 불리었습니다(막 1:29~30). 예수님께서는 그에게 바위 또는 반석이라는 의미를 지닌 '게바(아람어) 또는 베드로(헬라어)'라는 이름을 지어 주십니다(요 1:42). 다른 곳에서는 그를 '요한의 아들'(요 1:42)이나 '바요나 시몬'(마 16:17)이라고도 부릅니다.

예수님의 제자가 되었을 때 그는 이미 결혼을 하여 장모를 모시고 가버나움에 살고 있었습니다. 예수님이 가버나움에 있는 회당에 출입하셨다는 것을 볼 때, 예수님은 그의 집을 사역의 근거지로 삼았던 것 같습니다. 예수님이 그의 집에 머물렀기에 베드로는 그분과 매우 특별한 개인적인 관계를 가졌을 것입니다. 고린도전서 9장 5절을 보면 사도 베드로는 그의 부인과 동행하며 사역하기도 했음을 알 수 있습니다. 베드로는 사도행전 2장에 기록된 오순절 이후에 완전히 다른 사람으로 변합니다. 여기서는 그의 변화하기 전의 모습에 초점을 맞추어 봅니다. 변화 이전의 초라하고 다듬어지지 않은 모습, 그러나 그럼에도 불구하고 제자로 선택하신 예수 그리스도의 안목을 논하고자 합니다.

인간의 관점과는 다른 하나님의 관점

예수님이 제자로 베드로를 선택하신 것은 하나님의 관점은 인간의 관점과는 다르다는 사실을 분명히 보여 줍니다. 인간적인 안목으로 평가할 때 베드로는 평범하고 초라한 사람이었습니다. 그에 대한 외적 평가를 간접적으로 알 수 있는 사건이 있습니다. 사도행전 4장 8~12절에 그려진 이스라엘의 실제적 리더들 앞에서 자신을 변호하는 장면입니다. 8절에서 분명히 하듯 베드로는 '성령이 충만'한 상태였습니다. 그가 전한 내용은 성령의 인도하심이라는 말입니다. 이것을 염두에 두고 13절의 이스라엘 리더들의 평가를 보아야 합니다. 사도 베드로의 말을 들은 후 '본래 학문 없는 범인'으로만 알았다고 고백합니다. 우리말로 하면 '무식하다'는 말이 결코 아닙니다. 성경에 관한 어떤 훈련도 받지 못했음을 지적하는 말입니다. 유대인들이 집안에서 하는 소위 '쉐마 교육'(신 6:6~9)까지도 받지 않았다는 것인지는 잘 모릅니다. 그러나 분명한 사실은 그는 유대교의 율법(토라)에 관한 랍비들의 해석에 대한 자세한 내용을 교육받지 못한, 평신도 중의 평신도였다는 것입니다.

그는 매우 촌스러운 사람이기도 했습니다. 그 당시 업신여김을 받았던 갈릴리 출신이었습니다. 갈릴리는 예루살렘이 있던 유다 지방과는 다르게 헬라 문화 등 이방 문화가 뒤섞인 곳이었습니다. 정통파 유대교의 입장에서 보면 '오염'된 지역이라 별 기대를 하기 힘든 지역이었습니다. 요한복음 1장 46절에 나오는 나다나엘의 "나사렛에서 무슨 선한 것이 날 수 있느냐"는 그 지역 전체에 대한 평이기도 했습니다. 갈릴리 지방 장관이던 유대 역사학자 요세푸스는 갈릴리 사람에 대해 "그들은 늘 혁신을 좋아했다. 변하기 쉬운 성격을 가진 자들이다. 소란

일으키기를 기뻐했다. 성급하여 싸움을 잘했다. 따라서 용맹스럽기도 하다."라고 평했을 정도입니다.

갈릴리 사람에 대한 이런 표현은 성경에 묘사된 베드로의 성격과 매우 유사합니다. 지극히 충동적이고 감정의 기복이 심했던 기질의 사람이란 말입니다. 비근한 예로 마태복음 14장의 한 사건을 들 수 있습니다. '오병이어'라는 놀라운 기적을 막 경험한 이후였습니다. 갈릴리 바다 건너편으로 배를 저어 가려고 하나 심한 바람과 파도 때문에 전진하지 못하는 상황이 펼쳐집니다. 이때 제자들은 파도 위를 거침없이 걸어오시는 예수님을 보고 유령이라고 소리를 지릅니다. 두려움에 떨고 있는 그들을 향해 예수님께서는 "나니 두려워 말라"고 말씀하십니다. 이 말씀에 베드로는 거의 충동적으로 "주님이시거든 나를 명하사 물 위로 오라 하소서"(마 14:27~28)라고 외칩니다. 예수님의 "오라"는 말씀에 베드로는 주저하지 않습니다. 뱃전을 뛰어넘어 배 밖으로 뛰어듭니다. 그리곤 파도를 밟으며 걸음을 떼어 놓기 시작합니다. 그러나 곧 그는 두려움에 사로잡혀 물속에 빠지기 시작합니다. 충동적으로 멋지게 시작했으나 곧 흔들리는 모습을 보여 줍니다. 그는 예수님을 향해 "주여 나를 구원하소서"라고 외칩니다. 그를 향하여 예수님은 "믿음이 작은 자여 왜 의심하였느냐"라고 답하십니다. 이런 종류의 사건은 그에게 처음이 아닙니다. 나중에는 겟세마네 동산에서 예수님을 체포하러 온 사람들을 따라왔던 종 말고의 귀를 단칼에 자르는 충동적인 행동까지 서슴지 않았습니다(요 18:10). 다혈질의 모습에 더해 인간적인 불안정함과 충동성을 엿볼 수 있습니다.

그의 언어 또한 그리 세련되지 못했음이 곳곳에 드러납니다. 베드로는 툭툭 튀는 갈릴리 지역 사투리가 강했습니다. 우리나라로 예를 들면 말끝마다 '거시기'

라는 단어를 사용하거나, '쓰'(쌍 시옷) 발음이 잘 되지 않아 '쌀'을 '살'이라고 발음하는 사람이었습니다. 그의 강한 어투는 예수님을 심문하던 대제사장 집에 상황 파악을 위해 숨어 있을 때에도 감출 수 없었습니다. 그의 강한 갈릴리 악센트는 금세 사람들의 눈에 띕니다. "너도 같은 패거리지?"라며 "네 말소리가 너를 표명한다"(마 26:73)고 다그칩니다. 코너에 몰린 베드로는 자신을 보호하기 위해 예수님을 부인합니다.

베드로는 인간적으로 보기에 부족함이 많은 이였습니다. 그럼에도 불구하고 예수님은 베드로를 선택하여 제자들의 대변인으로 삼으십니다. 우리의 시각과는 달리 예수님은 하나님의 관점에서 사람을 보고 선택하심을 알 수 있습니다. 하나님은 사람이 보기에 괜찮아 보이는 이만을 선택하시는 게 아님을 알아야 합니다. 모든 선택은 '우리가 어떤 종류의 사람인가'보다는 '하나님이 어떤 분인가'에 달려 있습니다. 철저히 하나님의 관점에서 사람들을 선택하시며, 그를 통하여 하나님의 뜻을 이루어 가심을 알 수 있습니다.

하나님의 간섭을 통한 변화

하나님은 선택한 이들의 삶 속에 역사하셔서 그들을 변화시키시는 분입니다. 부족함이 있으면 변화를 위해 그분의 방법을 동원하십니다. 예수님께서 시몬에게 '게바 또는 베드로'라는 이름을 부여하신 것 자체가 장차 베드로에게 변화가 일어날 것임을 나타내는 것입니다. 새로운 이름은 그의 변화를 상징하는 예언적 의미를 지니고 있습니다. 베드로가 교회의 기둥(갈 2:9)과 교회를 세우는 터(엡 2:20)가 되고 새 예루살렘의 기초 석(계 21:14)이 될 것을 미리 말씀해 주신 것입니다. 베드로의 새 이름은 목적지와 결과를 보여 줍니다. 이제 하나님께서 그것을 어떻게 이루어 가시는가 하는 과정을 살펴봅시다.

하나님께서 사람을 변화시켜 가시는 방법에 대한 가장 중요한 암시는 마태복음 16장에 기록된 사건입니다. 예수님과 제자들이 가이사랴 빌립보 지방에 이르렀을 때였습니다. 많은 이들이 예수님을 따르며 예수님에 대한 소문이 자자한 상황이었습니다. 이러한 분위기 속에서 예수님께서 제자들을 향하여 "사람들이 인자를 누구라 하느냐"(13절)고 물으십니다. 이 질문에 대해 제자들은 "세례 요한, 더러는 엘리야, 어떤 이는 예레미야나 선지자 중의 하나라 하더이다"라고 대답합니다. 그 당시 사람들의 예수님에 대한 나름대로의 평가를 정리하여 보고하는 것이었습니다. 죽은 세례 요한이 살아났다, 구약에서 죽지 않고 하늘로 올라간 엘리야가 다시 오셨다, 예레미야와 같은 선지자라는 주장이 있다고 전합니다.

그것을 들으신 후 예수님께서는 제자들을 향해 물으십니다. "너희는 나를 누구라 하느냐"(15절). 다른 사람들이 말하는 것은 중요하지 않았습니다. 중요한 것은 예수님을 좇는 제자들의 생각이 무엇인가입니다. 베드로 사도는 조금도 주저하지 않고 답합니다. "주는 그리스도시요 살아 계신 하나님의 아들이시니이다"(16절). 물론 베드로는 그러한 고백을 하면서도 그 고백에 담긴 의미를 완벽하게 이해하지 못하고 있었습니다. 알고 있었다면 그 이후에 일어나는 베드로의 어리석은 언어와 행동 그리고 최후에 그분을 배반하는 일은 결코 일어나지 않았을 것입니다. 자신이 무슨 말을 하는지 정확히는 몰랐지만 그의 고백 자체는 너무도 정확한 것이었습니다.

정답 중의 정답을 향해 예수님께서는 분명한 사실 하나를 말씀하십니다. "바요나 시몬아 네가 복이 있도다 이를 네게 알게 한 이는 혈육이 아니요 하늘에 계신 내 아버지시니라"(17절). 베드로의 고백 자체가 하나님께서 그의 생각에 간섭하셨다는 증거라는 것입니다. 하나님의 간섭 즉 '기적'이 일어났다는 것입니다.

하나님의 간섭을 편의상 두 개로 나눌 수 있습니다. 눈앞에서 즉각 알 수 있는 '직접 간섭'(direct intervention)을 우리는 기적이라고 부릅니다. 예를 들어 홍해가 갈라지거나 병자를 고치시는 것이 이것에 해당합니다. 또 다른 종류는 '간접 간섭'(indirect intervention)입니다. 창세기에 나오는 요셉의 삶을 가장 좋은 예로 들 수 있습니다. 요셉은 형들의 미움을 받아 애굽의 종으로 팔려갔습니다. 온갖 유혹과 고생을 당하면서도 하나님의 도움으로 애굽의 총리 자리까지 오릅니다. 인생 역전의 삶을 보여 줍니다. 결국은 심한 흉년으로 애굽에 도움을 청하러 온 가족들을 구하게 됩니다. 그가 자신의 삶을 돌아보며 하는 고백을 통해 간접 간섭의 의미를 분명히 알 수 있습니다. 겉으로 보기에는 형들이 요셉을 해하려 그를 애굽으로 판 것이었습니다(창 50:20). 그것이 사실입니다. 하지만 그게 전부가 아닙니다. 그 모든 사건 뒤에는 하나님의 간섭이 있었습니다. "하나님이 큰 구원으로 당신들의 생명을 보존하고 당신들의 후손을 세상에 두시려고 나를 당신들보다 먼저 보내셨나니 그런즉 나를 이리로 보낸 이는 당신들이 아니요 하나님이시라"(창 45:7~8). 인간의 관점으론 모든 사건이 끝난 후에야 알 수 있으나 하나님의 분명한 간섭 속에 진행된 것이었습니다. 로마서 8장 28절의 말씀이 가능해지는 이유입니다. "우리가 알거니와 하나님을 사랑하는 자 곧 그의 뜻대로 부르심을 입은 자들에게는 모든 것이 합력하여 선을 이루느니라."

직접 간섭과 간접 간섭 두 가지를 자세히 들여다보면 결국 우리가 하나님의 역사하심을 언제 느끼느냐의 차이라는 것을 알 수 있습니다. 간섭이 일어난다는 사실을 우리가 눈앞에서 볼 수 있을 때, 하나님께서 역사하셨다고 말하며 기적이라고 합니다. 하지만 간접 간섭도 하나님의 역사 속에서 진행된다는 사실을 놓고 보면 이것 또한 '넓은 의미'로 기적이라 할 수 있습니다. 결국 하나님의 직·간접 간섭 모두가 기적입니다. 우리가 느끼지는 못하더라도 진행되고 있는 모든 것이 기적의 순간입니다. 하나님께서는 택하신 자들의 삶에 간섭하고 계십니다. 하나님이 하셨다는 고백의 순간뿐만 아니라 지금 숨 쉬고 있는 순간도 그분의 간섭이 일어나고 있음을 기억하며 살아야 합니다.

하나님께서 베드로의 삶에 간섭하셨다는 사실을 알려주신 후, 예수님은 베드로에게 미래에 부어질 축복을 말씀하십니다(18~19절). 하나님께서 지속적으로 간섭하실 것을 말씀하시는 것입니다. 하나님께서 한 사람을 어떻게 변화시키며 인도해 가실 것인지를 분명히 보여 주고 있습니다. 한 개인의 영적 변화는 기적을 경험하는 순간입니다. 하나님께서 그 사람에게 직접 역사하시고 개입하실 때 일어납니다. 믿음을 가진 사람들은 이미 하나님께서 행하신 기적을 체험한 사람들이라는 사실을 깨달아야 합니다. 아직도 기적이 일어날 것을 기다리는 이들이 있다면 오히려 이미 경험한 기적을 감사하는 것으로 시작해야 합니다. 기적은 그 한 순간으로 끝나지 않습니다. 우리의 신앙이 성장하는 것 자체가 기적의 연속입니다. 예수 그리스도를 보지 않고도 믿고 따르고 순종할 수 있는 것도 그러한 증거입니다. 우리 스스로 할 수 있거나 스스로 이룰 수 있는 것이 아닙니다. 하나님께서 하나님의 능력과 사랑과 은혜로 우리를 변화시키고 계시기에 가능한 것입니다. 우리 안에 계신 성령님께서 지금도 우리를 하나님의 방법으로 변화시켜 가고 계십니다. 하나님의 방법을 받아들이고 순종하는 모습이 필요한 이유입니다. 우리를 온전한 그리스도의 형상으로 변화시키실 하나님을 찬송을 담아 기대하며 말입니다.

훈련과 회복이라는 필수 과정

우리 사회는 이제 목표와 결과 지향적인 데서 벗어나 점점 더 과정의 소중함을 깨달아가고 있는 것 같습니다. 한때는 복음을 전하는 것도 전도라는 행동과 결과에 초점을 두었습니다. 이제는 인생 전반에 걸쳐 그리스도인의 향기를 뿜어내며 주변인들을 신앙 여정에 동참시키는 것에 대한 소중함을 말하는 세상으로 바뀌고 있습니다. 실은 그 모습이 제자화의 참 모습입니다. 그것이 하나님께서 선택하신 방법이기 때문입니다. 하나님께서는 하나님의 사람을 훈련하시며 동시에 훈련된 그 사람을 통해 일하기를 원하십니다.

베드로가 등장하는 사건들마다 예수님께서 그를 향해 주신 말씀과 가르침을 발견합니다. 순간순간이 훈련의 시간이기도 합니다. 베드로의 질문에 대한 답을 통해 부드럽게 깨달음을 주시기도 합니다. "몇 번이나 용서하여 주리이까 일곱 번까지 하오리이까"(마 18:21)라는 베드로의 질문을 향해 "일곱 번을 일흔 번까지라도 할지니라"(마 18:22)고 답하십니다. 용서에는 한계가 없다는 교훈을 가르쳐 주시는 것입니다. 부드럽게 그리고 차분하게 가르치며 훈련시키시는 예수님의 모습을 그려 볼 수 있습니다. 그러나 항상 그런 것은 아닙니다. 때로는 매우 가혹할 정도의 질책도 아끼지 않으십니다. 예를 들어 예수님의 가르침과 하나님

4장 예수님의 헤드헌팅 스타일

의 뜻을 충분히 이해하지 못하고 인간적 반응을 하는 베드로를 향해 "사탄아 내 뒤로 물러가라"(마 16:23)는 충격적인 평가를 하십니다. 물론 베드로가 사탄이라고 말씀하시는 것은 아닙니다. 사탄의 뜻에 합한 언어와 행동을 하고 있기에 사탄이라고 부르신 것입니다.

그러나 다른 어떤 것보다도 베드로의 가슴에 영원히 새겨진 가르침이 있습니다. 마가의 다락방에서 있었던 최후의 만찬장에서 예수님이 그에게 하신 예언적 가르침입니다. 하나님이 그를 향해 얼마나 세심하게 준비하셨는가를 알 수 있습니다. 최후의 만찬이 끝난 후 예수님께서는 폭탄선언을 하십니다. "오늘 밤에 너희가 다 나를 버리리라"(마 26:31). 3년 동안 모든 것을 버리고 그를 좇았던 이들을 향해 던지는 예수님의 끔찍한 예견이었습니다. 베드로는 동의할 수 없었습니다. 자기는 결코 그러지 않을 것이라는 자신이 있었습니다. "모두 주를 버릴지라도 나는 결코 버리지 않겠나이다"(마 26:33)라고 단언합니다. 그러나 예수님은 좀 더 구체적으로 말씀하십니다. "오늘 밤 닭 울기 전에 네가 세 번 나를 부인하리라"(마 26:34). 베드로는 그 말씀을 수긍할 수 없었습니다. "내가 주와 함께 죽을지언정 주를 부인하지 않겠나이다"(35절)라고 부인합니다. 다시 한 번 예수님을 향한 자신의 결단과 충성을 강조했습니다.

그러나 베드로가 자신 있게 얘기한 것처럼 행동하지 못했다는 것을 우리는 압니다. 예수님의 예언대로 베드로는 예수님을 세 번 부인합니다. 마태복음 26장 67절 이후를 보면 단순하게 부인한 정도가 아니었음을 알 수 있습니다. 첫 번째 부인할 때는 "네가 무슨 말을 하는지 모르겠다"고 말합니다. 상대방의 말을 부정하는 정도였습니다. 두 번째는 더 강하게 부인합니다. "나는 그 사람을 알지 못한다"는 지식적 부인으로 이어집니다. 마지막 세 번째로 부인할 때는 가장 적극적인 '저주의 부인'이었습니다. "그가 저주하며 맹세하여 이르되 나는 그 사람을 알지 못하노라"(74절). 그 직후에 들려오는 닭 울음소리에 예수님의 말씀을 떠올린 베드로는 통한의 통곡을 합니다. 베드로와 수탉이 예술 작품에 함께 등장하는 이유이기도 합니다. 이 통곡과 회개는 그를 변화의 사람으로 만드는 전환점이 됩니다.

    누구나 말씀에 불순종할 수 있습니다. 실수를 하거나 잘못을 저지를 수도 있습니다. 중요한 것은 성령님께서 깨닫게 하시고 말씀이 양심을 찌를 때, 바로 믿음으로 반응하고 회개해야 한다는 것입니다. 변화가 있어야 하나님께서 쓰시는 사람이 될 수 있기 때문입니다. 베드로는 엄청난 실수를 했음에도 불구하고 궁극적으로 교회 설립의 토대가 되고 교회의 기둥이 되었습니다. 하나님께서 그를 훈련하고 변화시키실 때 믿음으로 적극적으로 반응했기 때문입니다.

    사도 베드로와 관련된 기록들을 보며 발견할 수 있는 또 한 가지 특이한 사실은 '3'이라는 숫자와 많이 연결되었다는 것입니다. '3'이라는 숫자는 마치 의도된 훈련의 도구인 양 실수와 잘못, 죄에서 그를 회복시키시는 전 과정 속에 등장합니다. 요한복음 21장에서 예수님은 베드로를 향해 "네가 나를 사랑하느냐"라고 세 번 질문하십니다. 어떤 이들은 여기서 '사랑한다'라는 단어로 두 종류(아가파오와 필레오)가 쓰였다는 것에 초점을 맞춥니다. 하지만 1세기에 이미 두 단어 간 뉘앙스의 차이는 사라지고 있는 상황이었습니다. 더욱 더 중요한 사실은 요한복음에서 두 단어가 구별 없이 사용되고 있다는 점입니다. 우리를 향한 하나님의 사랑에 두 단어가 구별 없이 사용됩니다. 단어에서 무언가 의미를 찾으려는 것은 헛된 것임을 보여 줍니다. 요한은 17절에 베드로가 근심했다고 말합니다. 예수님이 두 단어를 통해 '사랑한다'는 의미를 물어보셔서가 아닙니다. 오히려 세 번이나 동일한 질문을 하고 계시는 예수님의 마음을 읽어 부담을 느꼈기 때문이었습니다.

　세 번이나 질문하신 예수님의 의도는 어디에 있었을까 생각해 봅니다. 성경에서 '3'은 하늘의 숫자라는 사실은 제쳐두고 베드로가 세 번이나 예수님을 부인했다는 사실과 연결시켜야 합니다. 세 번이나 예수님을 부인한 베드로를 온전히 회복시키시고 그가 지고 있던 실수와 죄책감의 부담을 완전히 떨쳐버리게 하시려는 의도이지 않았을까요? 또한 "내 어린 양을 먹이라 또는 치라"는 메시지를 베드로 가슴 깊이 새겨 넣기 위함이었습니다. 새롭게 시작하는 (신약)교회라는 새로운 공동체의 리더가 될 베드로를 내다보시고 그를 온전히 회복시키실 뿐 아니라 그가 평생 수행해야 할 가장 중요한 사명을 마음속 깊이 각인시킨 것입니다.

　하나님께서는 모든 믿는 이들에게 동일하게 역사하십니다. 하나님은 직접 우리 한 사람 한 사람 가운데 역사하시어 세밀하게 인도하시며 당신의 방법으로 훈련시키시고 우리를 성장시키십니다. 하나님께서는 하나님의 나라를 확장하시되 친히 택하시고 훈련하신 사람들을 통하여 일하기를 원하시기 때문입니다. 지금 우리도 하나님의 그 '섭리의 장중'에 있습니다. 우리를 통해 하나님의 뜻을 이 땅 위에 이루어가십니다.

CHAPTER 05 믿음 = 합리적 사고+알파(α)
(1:43~44; 6:5~7; 14:8)

가끔 이름 때문에 곤란한 일을 겪는 경우가 있습니다. '신상 털기'라는 이름 하에 인터넷 상에서 이루어지는 인신공격성의 까발리기로 동명이인이 어려움을 당한 사건이 일어나기도 합니다. 당하는 사람은 기가 막힐 노릇입니다.

다이너마이트를 발명한 알프레드 노벨(1833~1896)도 이름 때문에 엄청난 충격을 받은 사건이 있었습니다. 1888년의 어느 한 아침에 그는 파리에서 발행되는 신문을 읽다가 소스라치게 놀랐습니다. "죽음의 상인, 사망"이라는 제목의 "그 어느 때보다도 빨리 사람 죽이는 방법을 개발한 알프레드 노벨이 죽었다."는 기사 때문이었습니다. 부고의 실제 주인공은 그의 형인 루드비히 노벨이었는

데 말입니다. 형과 동생의 이름에 대한 착각으로 인한 이 사건은 노벨의 삶을 완전히 바꾸어 버립니다. 신문사의 성급한 판단으로 일어난 사건이지만 노벨이 죽음 후에 남게 될 자신의 인생에 대한 평가를 미리 보았기 때문입니다. 이 일을 계기로 그는 7년에 걸쳐 유언장을 다시 작성하게 되었다고 합니다. 1896년, 그가 사망한 후 유언장이 세상에 공개되었을 때 가족과 친척뿐만 아니라 일반인들도 깜짝 놀랐다고 합니다. 세금과 친지에게 물려준 일부를 뺀 유산의 90%를 노벨상을 위해 쓰기로 명시했기 때문입니다. 한 기자의 어이없는 실수로 일어난 사건은 그에게 인생의 전환점이 되었던 것입니다. 실제 죽음을 맞이했을 때 그의 이름 앞에는 다이너마이트를 발명한 '죽음의 상인'이 아니라 노벨상을 탄생시킨 '평화의 후원자'라는 호칭이 남게 되었습니다. 이름으로 인한 실수가 그에겐 결국 행운이 된 것입니다.

예수님의 열두 제자 중에도 흔한 이름을 가진 한 사람이 있습니다. 흔한 이름 때문에 기독교 역사 속에서 혼동을 일으키기도 합니다. 그가 바로 사도 '빌립'입니다. 많은 사람들에겐 사도였던 빌립보다는 집사였던 빌립이 친숙하게 느껴집니다. 빌립 집사는 사도행전 8장의 주인공으로 사마리아에서의 성공적 사역에 더해 에티오피아 내시에게 복음을 전하기도 합니다. 그뿐 아니라 교회사에서 가장 유명한 인물인 사도 바울이 가이사랴에 있을 때 그의 집에 머뭅니다(행 21). 빌립 집사는 선교 사업에 위대한 공적을 남긴 인물이었습니다. 사도 빌립에 비해 성경에 더 많이 소개되었기에 더 잘 알려진 것은 어찌 보면 당연합니다.

이러한 이유에선지 초대교회의 신뢰할 만한 권위자들까지도 동명이인인 이 두 사람을 혼동하는 경우가 많았습니다. 터툴리안은 사도행전 8장의 빌립을 사도 빌립이라고 생각하고 있으며, 유세비우스는 사도행전 21장에서 사도 바울이

가이사랴에 머문 집을 사도 빌립의 집이라고 말하고 있습니다. 사도행전 6장 5절에서 그는 집사 중의 한 사람으로 소개되었음에도 말입니다. 만약 이 빌립이 집사가 아니라 사도였다면 그의 사마리아 사역을 검증하기 위해 다른 사도인 베드로와 요한이 그곳을 방문할 필요가 없었을 것입니다(행 8:14~17).

사도 빌립에 관한 소개는 집사 빌립에 비해 매우 제한적입니다. 공관복음에서는 그의 이름이 언급되는 것 이외에는 다른 정보를 찾아볼 수 없습니다. 요한복음만이 그의 인물됨과 성품을 알 수 있는 구절들을 소개하고 있습니다. 먼저 '빌립'이라는 이름은 '말을 사랑하는 자'라는 의미를 지니고 있습니다. 빌립은 알렉산더 대왕의 아버지의 이름일 뿐 아니라 북부 관할을 책임진 분봉 왕의 이름이었을 정도로 그 당시 선호되었던 이름이었습니다. 안드레나 베드로와 같이 벳세다 지방 출신이라고 한 것을 통해(요 1:44) 다른 대부분의 사도들과 마찬가지로 그가 어부였을 것이라고 추측해 볼 수 있습니다.

요한복음에 의하면 빌립은 예수님으로부터 "나를 따라 오너라(Follow me)"(요 1:43)는 도전의 말에 가장 먼저 반응한 사람입니다. 단순하게 그분을 따르기 시작한 빌립은 요한복음에 네 번 더 등장합니다. 그의 이름이 언급될 때마다 중요한 교훈들도 접하게 됩니다.

개인적 기질과 전도와의 관계

사도 빌립은 그의 오랜 친구인 사도 베드로와는

매우 대조적인 성격을 지닌 사람이었습니다. 베드로가 전형적인 갈릴리 사람으로 급하고 감성적이었다면, 빌립은 신중하고 조심스러운 성격의 소유자였습니다. 그렇지만 단순한 면을 지니기도 했기에 예수님께서 "나를 따르라"(1:43)고 초대하셨을 때 단순하게 응합니다. 그렇다고 하여 감정적인 성급한 결단은 아니었음을 다음에 그가 한 행동을 통해 알 수 있습니다.

예수님의 제자가 된 빌립은 자신의 친구인 나다나엘을 찾아갑니다. 그에게 자신이 만난 예수님을 소개하기 위해서였습니다. 빌립이 나다나엘에게 한 말을 보면 그가 예수님을 따르기로 한 것이 결코 감정적이며 일순간적인 판단이 아님을 알 수 있습니다. "모세가 율법에 기록하였고 여러 선지자가 기록한 그이를 우리가 만났으니 요셉의 아들 나사렛 예수니라"(45절). 예수님이 누구신가를 너무나 정확히 꿰뚫고 있습니다. 빌립은 평상시에 구약을 읽으며 오시기로 한 메시야에 대한 기대를 가지고 있었기에 그런 판단을 내릴 수 있었습니다. 더 나아가 그의 표현은 지혜가 담긴 말이었습니다. 자신의 친구 나다나엘이 가장 관심을 갖고 있는 면을 부각시켜 예수님을 소개하였던 것입니다. 두 사람의 친분이 꽤 두터웠음을 나타냅니다. 나다나엘은 빌립의 말을 듣고 의혹을 제기합니다. 과연 나사렛에서 무슨 좋은 인물이 나겠느냐는 말은 나사렛을 업신여기는 그 당시 분위기를 잘 반영합니다. 이 말을 들은 빌립은 어떤 변명도 하지 않습니다. 왜 자신이 그런 판단을 했는지 장황한 변명이나 방어도 없습니다. 단순히 "와서 보라"(요 1:43~46)고 답합니다.

나다나엘의 말에는 '예루살렘이야말로 메시야가 출현할 더 합리적인 고향이 아니냐'는 암시가 담겨 있었습니다. 그럴듯한 지적이었습니다. 그러나 빌립은 이에 대해 적극적으로 대응하기보다 신중하고 조심스런 태도로 답변합니다.

나다나엘을 너무나 잘 알고 있었기에 가능한 것이었습니다. 그에게 논리적으로 예수님을 소개한다는 것은 쉽지 않았습니다. 오히려 그분의 인격에 의존하는 것이 훨씬 더 현명한 것이었습니다. 그가 선택한 "와서 보라"(46절) 속에 그의 지혜가 담겨 있습니다. 이 말은 나다나엘의 마음을 움직여 결국 나다나엘은 예수님을 만나러 갑니다. 나다나엘이 빌립을 좇아 예수님을 만나기로 하는 데는 빌립에 대한 평상시의 신뢰가 있었을 것입니다. 때로는 '선포된 진리'보다 평상시 만들어진 '증거된 진리'가 중요한 역할을 한다는 것을 잘 보여 줍니다. 빌립은 예수의 열 두 제자 명단에서 다섯 번째에 등장합니다. 그가 전도한 나다나엘은 여섯 번째입니다. 훗날 둘씩 짝을 지어 전도자로 파송될 때 그는 자연스럽게 나다나엘과 짝이 되었을 것입니다.

구체적인 전도의 방법을 말할 때 적극적이며 공격적인 전도가 부각되는 게 사실입니다. 이런 훈련을 하다 보면 소극적이거나 내성적인 사람들은 전도에 참여하는 것을 매우 부담스러워 합니다. 하지만 빌립을 통해 성격의 유형과 전도는 전혀 관계가 없다는 사실을 볼 수 있습니다. 자신의 성격에 맞게 전도 방법을 연구하고 개발하며 실천할 수 있다는 것입니다. 중요한 것은 전도를 향한 열망이며 태도입니다. 빌립은 소극적인 성격의 사람도 자신에게 맞는 방법으로 얼마든지 전도할 수 있다는 것을 보여 줍니다. 누구든 자신에 맞는 전도의 삶을 살아가야 하며, '삶을 통한 전도'(Lifestyle Evangelism)를 실천해야 합니다. 세상에서 점점 더 '삶이 배어있는 전도'(Presence Evangelism)가 받쳐 주지 않는 '선포하는 전도'(Proclamation Evangelism)는 설 자리가 좁아지고 있기 때문입니다.

믿음과 합리성의 관계

이성에 근거한 합리성과 믿음과의 적절한 관계를 설명하기란 그리 쉬운 일이 아닙니다. 수없이 경험하는 선택의 기로에 섰을 때, 이성적으로 따져서 도저히 이해가 되는 않는 요구를 맹목적 믿음, 미신이라 치부해야 할 것인지 아니면, 잠시 이성의 역할을 정지시키고 믿음의 발을 내디뎌야 할 것인지 어려운 상황일수록 절실해지는 질문입니다. 이렇게 하라 저렇게 하라 조언하기조차 어렵습니다. 합리성과 믿음 사이에서 균형 잡힌 시각을 유지해야 하는 이유입니다.

역사적으로 보면 두 개의 태도가 경쟁을 벌여왔습니다. 흑백논리 같이 서로 간에 극단적인 대조를 보였습니다. 하나는 '오직 믿음으로만'의 원칙을 내세우며 교회에서는 이성이 필요 없다고 주장하는 태도이고, 다른 하나는 합리적인 이성은 신앙 생활에 필수적이라는 입장입니다.

전자는 2세기 말에서 3세기 초 카르타고에서 활동한 신학자 터툴리안(Tertullian)의 전통에 서있다고 말할 수 있습니다. 터툴리안의 "아테네가 예루살렘과 무슨 상관이 있는가?", "아카데미(철학 학교)가 교회와 무슨 상관이 있단 말인가?"라는 질문에 그의 입장이 잘 나타나 있습니다. 신앙의 영역과 이성의 영역은 철저히 구분되어야 한다는 것입니다. 심지어 그는 "나는 불합리하기 때문에 믿는다."고 주장하면서 합리성의 가치를 폄하하기까지 했습니다. 예를 들어, 그는 "예수 그리스도의 동정녀 탄생, 부활, 재림 같은 신앙의 문제에 대해 절대 이성의 잣대를 들이대서는 안 되고 오직 믿음으로 받아들여야 한다."고 주장합니다. 수사학과 철학의 최고 단계를 공부한 사람이 이런 주장을 했기에 그의 영향력으로 이단에 대항하고 기독교 신앙을 수호할 수 있었습니다. 그는 믿음을 인정하지 않는 이성의 오류와 한계를 철저히 강조했습니다. 합리성의 기준은 자신의 믿음을 설득력 있게 설명하는 데 필요한 것이었습니다. 비록 신앙 생활에는 전혀 도움이 되지 않는다고 할지라도 합리성의 기준에 따라 믿고 생활하였던 것입니다.

후자는 13세기 토마스 아퀴나스의 전통에 서있다고 말할 수 있습니다. 토마스 아퀴나스는 스콜라 신학의 대가(大家)로 "이성과 신앙은 절대 서로 대립하지 않는다."고 믿었습니다. "인간은 원죄를 범한 타락한 존재이지만, 그렇다고 올바른 것을 추구하는 선한 이성을 완전히 잃어버린 것은 아니며, 그렇기 때문에 인간은 이성을 이용하여 나름대로 선한 경지에 도달할 수 있고 하나님이 존재하는 것도 알 수 있다."는 주장을 폈습니다. 이성에 기반을 둔 합리적 사고가 인간 생활에 필수적인 요소일 뿐 아니라 신앙 생활에서도 절대 무시할 수 없다는 생각이었습니다. 단지 한 가지 주의해야 할 점은, 이성의 가치를 인정하는 나머지 이것을 너무 과대평가하는 오류를 범하지 말아야 한다는 것입니다. 신앙이 설명할 수 있는 대상과 이성이 설명할 수 있는 대상이 상당 부분 겹치나, 이성이 설명할 수 없는 신앙의 범위가 분명히 존재하기 때문이었습니다. 자연스럽게 토마스 아퀴나스는 세상 학문, 특히 철학을 신학의 예비단계 또는 시녀(侍女)로 보았습니다. 세상 학문에 정통하는 것이 신앙 생활에 많은 도움이 된다고 주장했습니다.

극단적 입장이라고 말을 했지만 가까이 들여다보면 두 입장이 생각보다 가깝다는 것을 발견할 수 있습니다. 믿음과 이성의 영역의 크기에 대해 서로 다른 이해를 가지고 있을 뿐입니다. 11세기 말의 신학자 안셀름(Anselm)은 '중도적 입장'을 가진 사람이었습니다. '이해를 추구하는 믿음'을 주장했습니다. 그는 신앙에 관계된 사항을 알기 위해서는 먼저 믿음이 있어야 한다고 말합니다. 그 다음에 이성의 역할이 중요해집니다. 믿음으로 받아들인 그것을 이성적으로 이해하려는 노력이 필요하다는 말입니다. 결과적으로 기본적인 믿음 없이 이성의 잣대로 신앙을 평가하는 것은 처음부터 길을 잘못 들어서는 것이라고 할 수 있습니다. 이뿐 아니라 어떤 것을 믿음으로 받아들인 후 그 자체로 만족하여 더 이상 합리적인 이해를 시도하지 않는 것 또한 잘못을 범하는 것입니다. 따라서 안셀름이 주장하는 바른 신앙의 자세는 우선 하나님의 말씀을 믿음으로 받아들이고 그 다음에 우리가 믿는 바를 합리적으로 이해하려고 노력하는 것입니다.

그렇다면 합리성의 추구가 신앙 생활에 방해가 될까요? 꼭 그렇지만은 않습니다. 신앙은 비이성(非理性)이 아니라 초이성(超理性)이기 때문입니다. 믿음은 이성이 설명할 수 없는 것까지 설명할 수 있는, 이성의 상위 개념입니다. 따라서 신앙의 문제에 있어서 어떤 것이 합리적으로 이해되지 않을 때 진솔한 평가를 해 보아야 합니다. 그것이 인간적인 욕심에서 나온 비이성적인 것이기 때문인지, 아니면 우리의 이성의 한계를 뛰어넘는 하나님의 역사 때문에 그런지를 말입니다. 전자에겐 '합리적 이성'이 필요하다면 후자에겐 '믿음'이 필요할 것입니다. 이성과 믿음 사이에서 적절한 균형적 사고가 필요합니다. 믿음이 남용과 오용 그리고 왜곡의 대상이었기에 균형적 사고는 더욱 절실합니다. 그러나 우리가 잊지 말아야 하는 것은 "믿음이 없이는 하나님을 기쁘시게 하지 못하나니"(히 11:6)라는 말씀입니다. 궁극적으로 '믿음'이 중요하다는 것입니다.

믿음이란 합리성 그 이상

사도 빌립에게 발견할 수 있는 특징 중의 하나가 합리적 사고입니다. 요한복음 6장에 기록된 오병이어 기적 사건에 등장하는 그의 모습에서 이를 엿볼 수 있습니다. 수많은 사람들이 그분의 말씀을 듣기 위해 예수님을 쫓아다니던 상황에서 식사 시간을 맞습니다. 예수님은 제자들을 향해 "우리가 어디서 떡을 사서 이 사람들에게 먹게 할 것인가"라는 질문을 하십니다. 빌립은 마치 마음속에 계산을 하고 있었던 이처럼 답합니다. "각 사람으로 조금씩 받게 할지라도 이백 데나리온의 떡이 부족하리이다"(요 6:7). 간단하게 요기를 해결하려 해도 엄청난 비용이 들 것이라는 대답이었습니다. 그의 대답은 빌립이 열두 제자들의 식사 공급을 책임지고 있었던 것이 아닌가 하는 생각이 들게 합니다. 식사 담당이었기에 식사 문제가 생길 때마다 이곳에서처럼(6절) 예수님께서는 빌립에게 물으셨을 것입니다. 그 질문에 빌립이 그렇게 빨리 주저하지 않고 대답할 수 있었던 것은 그의 머릿속에 이미 '어떻게 하면 이 군중들을 먹일까' 하는 계산이 끝나 있었기에 가능한 것이었습니다.

나중에 다락방에 등장하는 빌립의 모습에서도 유사한 특징을 찾아 볼 수 있습니다. 요한복음 14장에서 예수님은 제자들에게 하나님 아버지에 대한 것과 당신이 왜 아버지 곁으로 가시려 하는지를 설명해 주십니다. 주님이 어디로 가시는지 모르겠다며 의심 섞인 눈빛으로 질문하는 도마를 향해 예수님은 "너희가 나를 알았더라면 내 아버지도 알았으리로다 이제부터는 너희가 그를 알았고 또 보았느니라"(7절)라고 말씀하십니다. 예수님의 그러한 말씀에 대한 빌립의 반응은 합리성 그 자체라 할 정도로 단순 명확합니다. "주여 아버지를 우리에게 보여 주옵소서 그리하면 족하겠나이다"(8절). 이미 하나님 아버지를 보았다고 말씀하시는 예수님을 향해 그분을 보여 달라는 부탁을 하고 있는 것입니다.

빌립의 이러한 요청은 예수님께서 그때까지 아무에게도 가르치시지 않은 자신의 정체성의 공개로 이어집니다. 소위 신학자들이 말하는 기독론(Christology)의 핵심입니다. "나를 본 자는 아버지를 보았거늘 어찌하여 아버지를 보이라 하느냐"(9절). 빌립에게는 믿는 것이 곧 보는 것이었습니다. 그래서 의심을 억제하지 못하고 예수 앞에 터뜨렸던 것입니다. 한마디로 그의 사고의 틀은 기계적, 산술적, 방법론적이었으며 실질적이었다고 말할 수 있습니다. 빌립의 계산은 믿음을 배제한 산술적 계산이었습니다.

오병이어의 기적을 통해 나타나는 하나님의 진리는 분명합니다. 우리의 치밀한 계산에다 '하나님의 능력'을 가산하는 지혜를 터득해야 한다는 것입니다. 치밀한 계산이 중요하지 않다는 것이 아닙니다. 거기에 머물러서는 안 된다는 것입니다. 그리고 더불어 알아야 하는 사실은 우리의 계산으로 작은 것일지라도 주님의 손에 잡히면 절대 작은 것이 아니라는 것입니다. 인간의 평범한 요소들이 하나님의 특별한 능력과 만날 때 놀라운 일이 일어날 수 있습니다. 하나님의 초월(super)과 우리의 자연(natural)이 만나면 '초자연적인'(supernatural) 결과를 낳습니다. 기독교의 믿음은 하나님 속성과 연결되어 있습니다. A. W. 토저(Tozer)의 말을 떠올리길 원합니다. "하나님 하면 어떤 생각이 떠오르는가라는 질문에 대한 답을 들어 보면 그 사람의 영적 미래를 확실히 가늠할 수 있다." 합리성이나 질서는 하나님의 속성의 일부입니다. 하지만, 하나님의 방법은 합리성을 초월하는 초자연적 경지까지도 포함하고 있음을 잊어서는 안 됩니다. 사도 빌립의 모습을 보며 지나친 합리주의적 신앙 생활에 대한 경종을 들어야 합니다.

네트워크의 파워

소셜 네트워크가 어느 때보다도 관심과 주목의 대상이 되고 있습니다. 소셜 네트워크란 개인 또는 집단이 하나의 노드(node)가 되어 각 노드들 간의 상호 의존적 타이(tie, 유대)에 의해 만들어지는 사회적 관계 구조를 말합니다. 하버드대 의대 교수인 니콜라스 크리스태키스와 캘리포니아주립대학(UCSD) 심리학 교수인 제임스 파울러는 『행복은 전염된다(connected)』라는 책에서 수학적으로 네트워크를 분석한 결과를 내 놓았습니다. 많은 흥미로운 결과가 제시되었으나 그 중 특별히 우리 모두가 얼마나 가까운 사이이며 서로 얼마나 많은 영향을 주고받으며 사는가를 볼 수 있었습니다. 한마디로 말해 우리는 6단계만 거치면 모든 사람과 연결돼 있고, 3단계까지 영향을 미칠 수 있다고 합니다. 이것을 다르게 표현하면 이론상 각자는 지구상의 모든 사람에게 절반쯤 도달할 수 있는 능력이 있다는 것입니다. 3단계 영향력의 수학적 분석에 따르면 직접 연결된 사람(1단계 거리에 있는)이 행복할 경우 당사자가 행복할 확률은 약 15% 더 높아진다고 합니다. 행복의 확산은 여기서 끝나지 않습니다. 2단계 거리에 있는 사람(친구의 친구)에 대한 행복 확산 효과는 10%이고, 3단계 거리에 있는 사람(친구의 친구의 친구)에 대한 행복 확산 효과는 약 6%라고 합니다. 4단계에서는 그 효과가 거의 사라지기에 3단계 영향력이라고 말합니다.

그뿐 아닙니다. 우리가 네트워킹을 통해 다른 이들과 연결될수록 행복이 증가한다는 사실 또한 발견했습니다. 행복한 친구가 한 명 추가될 때마다 그 사람이 행복해질 확률은 약 9%씩 증가하나, 불행한 친구가 한 명 추가될 때마다 행복해질 확률은 약 7%씩 감소한다고 합니다. 이런 평균적인 확률은 새로 만난 사람과 친구가 되는 것이 유익하다는 것을 말해 줍니다. 자신의 감정적 행복을 위해서는 행복한 친구를 더 많이 가지는 것이 중요하다는 것입니다.

사도 빌립을 다루며 생각해 볼 수 있는 영역이 그의 네트워킹 능력입니다. 요한복음에서 빌립이 또 다시 등장하는 곳은 예수님의 생애 마지막 부분과 관련이 있습니다. 12장을 보면 어떤 헬라 사람들이 예루살렘에 와서 빌립에게 예수님을 만나고 싶다는 요구를 합니다. 성경은 그 요청을 받은 빌립이 그들을 안드레에게 인도한 후 두 사람이 함께 그들을 예수님께로 데리고 갔다고 기록하고 있습니다.

이들을 대하시며 예수님은 "인자가 영광을 얻을 때가 왔도다"(23절)라고 말씀하십니다. 그들의 등장이 자신이 이제 십자가의 죽음을 향한 마지막 단계로 진입하는 사인임을 선언하시듯 응답하십니다. 그것과 더불어 "자기의 생명을 사랑하는 자는 잃어버릴 것이요 이 세상에서 자기의 생명을 미워하는 자는 영생하도록 보전하리라"(25절)는 귀중한 교훈이 더해집니다. 한 전승에 의하면 예수님이 이 말씀을 마치 빌립을 향해 하신 것인 양, 빌립은 리디아, 아시아, 파르티아, 골 등 여러 지방에서 선교했고 가는 곳마다 큰 빛이 되었으며 히에라볼리에서 순교하였다고 합니다.

빌립의 이런 모습에서 다음과 같은 교훈을 얻을 수 있습니다. "과거를 개미사회라고 한다면, 지금은 거미사회다."라는 말이 있습니다. 또한 성공을 하려면 우리말로 '끈' 즉 네트워킹이 중요하다고 말합니다. 헬라 사람들이 빌립을 찾아온 것은 단순히 빌립의 이름이 헬라 이름들 가운데 아주 흔한 이름이었기 때문이라는 것 이상의 의미가 있습니다. 다른 사도들도 헬라 이름을 가지고 있었기 때문입니다. 오히려 빌립이 지닌 다양한 인적 네트워킹의 열매라고 보는 것이 적절할 것입니다. 빌립은 적극적이라기보다는 신중하고, 말하기보다는 들어 주는 형이며, 감정적이기보다는 이성적이며 합리적인 성향이었기에 이런 연결이 가능했을 것입니다.

네트워크의 중요성은 단순히 자신의 분야나 지역, 나라에 국한된 것이 아닙니다. 다양한 분야와 다양한 인종까지 포함하는 다양성이 네트워크의 파워로 인정됩니다. 그것을 위해 우리 각자에게 열린 마음이 절대적으로 필요합니다. 하나님께서는 다양한 모습으로 우리들의 네트워크를 넓힐 수 있는 기회를 주십니다. 그때마다 그러한 기회를 극대화하려는 우리의 자세와 노력이 필요합니다.

CHAPTER 06 준비가 기회를 만날 때
(1:45~51)

헬라어를 모르는 사람들일지라도 '유레카'(eureka)라는 표현을 들어본 적이 있을 것입니다. '찾았다, 발견했다'라는 의미를 지닌 유레카는 아르키메데스(Archimedes BC 287~212)라는 수학자 때문에 유명해진 단어입니다.

그가 알렉산드리아에서 유학한 후 시칠리아 섬으로 돌아 왔을 때였습니다. 그곳의 왕인 히에론은 순금의 왕관을 만들 것을 결심하고 대장장이에게 순금을 주고 금관을 만들 것을 명하였습니다. 그런데 왕관이 완성된 후 이상한 소문이 나돌기 시작합니다. 금 세공사가 왕에게 받은 금을 전부 사용하지 않고 그 일부를 가로챈 후 은을 섞어 왕관을 만들었다는 것이었습니다. 소문을 들은 히에론

왕은 매우 불쾌하게 생각하여 아르키메데스를 부릅니다. 그리고 아름다운 금관을 손상시키지 말고 금의 함량을 알아내라고 명령합니다. 아르키메데스의 고민이 시작되는 순간이었습니다.

아르키메데스는 깨어있는 내내 그 숙제를 해결하려 고심했습니다. 목욕하는 순간까지 말입니다. 그가 목욕을 하려고 물이 가득 찬 욕조에 들어가자 물이 넘쳤습니다. 그때 넘치는 물을 보며 문득 떠오른 생각이 있었습니다. 욕조에 몸을 담근 부피와 같은 양만큼의 물이 넘친다는 사실이었습니다. 현상의 근본 원리가 떠오르는 그 순간 그는 정신 없이 벌떡 일어나 벌거벗은 채로 "유레카! 유레카!"라고 소리치면서 집으로 달려갔다고 합니다. 집으로 돌아온 아르키메데스는 저울의 한 쪽 접시 위에는 왕관을 놓고 또 다른 접시 위에는 똑같은 무게의 금을 얹어놓은 다음 이것을 그대로 물 속으로 집어넣었습니다. 그러자 왕관을 담은 접시가 위로 떠올랐고 그래서 왕관 속에 금보다 밀도(밀도=질량/부피)가 작은 다른 물질이 들어있다는 것을 알게 되었다고 합니다. 즉 위조된 왕관에는 은이 섞여 있어 같은 무게의 순금보다도 부피가 크고 따라서 그만큼 부력(浮力)도 커진다는 것입니다. 아르키메데스의 원리(부력의 원리)의 탄생이야기입니다.

여기서 우리는 중요한 교훈 한 가지를 발견할 수 있습니다. 과연 그가 목욕 즐기기에만 집중했다면 그러한 원리를 발견할 수 있었을까 하는 것입니다. 무엇이든 우리가 원하는 것을 얻기 위해서는 철저한 준비와 강한 집중력을 발휘해야 한다는 것입니다. 그럴 때 준비가 기회를 잡아 원하는 것을 얻을 수 있습니다.

요한복음 1장의 끝부분에 등장하는 나다나엘이라는 인물이 이런 경우에 해당합니다. 그는 갈릴리 사람이었습니다(요 21:2). '하나님께서 주신다' 또는 '하나님이 주셨다'라는 이름의 의미를 지닌 신앙의 사람이었습니다. 신약에서 메시야의 도래를 기다리며 살던 시므온(눅 2:25~35)과 같은 소수의 그룹에 속한 이였을 수도 있습니다. 그의 깊은 성경 지식과 경건한 기도가 그런 추측을 하게 만듭니다.

한 가지 흥미로운 것은 그의 이름이 요한복음에만 나온다는 사실입니다. 공관복음에 나오는 열 두 제자의 목록에 그의 이름이 없기에 열 두 제자가 아닌 예수님의 또 다른 제자들 중 한 사람으로 여겨버릴 수 있습니다. 그러나 성경의 모든 기록들을 살펴 볼 때 나다나엘은 공관복음에 나오는 '바돌로매'라는 제자와 동일한 인물이라고 보는 것이 타당합니다. 우선 공관복음에 나오는 '바돌로매'라는 이름은 '돌매(Tolmai) 또는 탈매(Talmai)의 아들'이라는 의미로 받아들일 수 있습니다. 공관복음에서는 아버지의 이름을 통해 소개되었지만 요한복음에서는 나다나엘이라는 그의 본명으로 소개되었다는 것입니다. 그리고 사복음서에서 그는 빌립과 특별한 연관을 가진 자로 소개됩니다. 요한복음 1장은 빌립이 "나를 따르라"(43절)는 예수님의 초청을 받고 제자가 된 후 나다나엘을 찾아가 예수님을 소개했다고 말하고 있습니다(45절). 그 둘 사이의 친분이 두터웠을 것으로 생각해 볼 수 있는 부분입니다. 공관복음에서는 바돌로매가 빌립 다음으로 이름이 나오며 둘을 예외 없이 짝(pair)으로 소개합니다(마 10:3; 막 3:18; 눅 6:14). 나다나엘과 바돌로매가 동일한 사람이라는 결론을 내리는 것에 결코 무리가 없다는 것을 보여 줍니다.

말씀 묵상의 중요성

빌립이 나다나엘을 찾아가서 예수님을 소개하는 내용과 안드레가 베드로에게 예수님에 대해 전하는 말을 비교해 보면 흥미롭습니다. "우리가 메시야를 만났다"(요 1:41)라는 안드레의 간략한 표현에 비해 빌립은 "모세가 율법에 기록하였고 여러 선지자가 기록한 그이를 우리가 만났으니 요셉의 아들 나사렛 예수니라"(45절)라고 장황하게 말합니다. 빌립은 구약을 언급할 뿐 아니라 예수 그리스도 아버지의 이름과 고향을 말하고 있습니다. 이에 대해 나다나엘은 "나사렛에서 무슨 선한 것이 날 수 있느냐"(46절)고 반응합니다. 그러나 어쨌든 "와서 보라"(46절)고 초청하는 빌립의 말에 나다나엘은 예수님께 나아가게 됩니다.

이들의 대화 속에서 몇 가지 흥미로운 사실을 발견할 수 있습니다. 먼저 나다나엘이 '성경을 연구하며 깊이 묵상하는 사람이었을 것이다.'라는 가능성입니다. 성경에 관심이 많고 그 속에 담긴 내용을 잘 알고 있지 않았다면, 빌립이 구약을 언급하며 예수님을 소개하지 않았을 것입니다. 그뿐 아닙니다. 나다나엘의 응답 속에서도 그 증거를 찾을 수 있습니다. 그의 답변은 구약을 잘 아는 사람의 답변이었습니다. 만약 빌립이 나사렛이 아니라 베들레헴이라고 했다면 미가서의 예언(5:2)과 연결해 나다나엘은 빌립의 말을 순순히 받아들였을 수도 있습니다. 물론 요한복음의 저자는 이곳에서 어느 정도의 아이러니를 표현하고자 한 것일 수도 있습니다. 왜냐하면 예수님은 실제로 베들레헴에서 탄생하셨으나 나사렛 사람으로 알려져 있다는 사실을 우리는 이미 알고 있기 때문입니다.

더 나아가 나다나엘은 자신의 성경 해석적인 아집과 편견에 사로잡힌 사람이 아니었음을 알 수 있습니다. 그 당시의 분위기는 요한복음 7장 41절~42절에 잘 나와 있습니다. "그리스도가 어찌 갈릴리에서 나오겠느냐 성경에 이르기를 그리스도는 다윗의 씨로 또 다윗이 살던 마을 베들레헴에서 나오리라 하지 아니하였느냐?" 성경을 잘 안다는 사람들 사이에 존재하던 견해를 잘 보여 주고 있습니다. 나다나엘도 그런 생각에서 처음에는 빌립의 말을 그리 신뢰하지 않았을 것입니다. 우리가 주목해야 할 사실은 그럼에도 불구하고 빌립이 "와서 보라"고 초대했을 때 나다나엘이 그를 좇아갔다는 사실입니다. 나다나엘은 성경을 잘 아는 사람이었습니다. 그렇다고 할지라도 자신이 갖고 있는 지식 때문에 편견과 오만에 찬 사람은 아니었습니다. 자신의 분명한 뜻은 중요합니다. 그러나 벽창호는 곤란합니다. 열린 마음으로 친구 빌립의 초청에 응했기에, 나다나엘은 예수님을 만나게 됩니다.

믿는 이들이 성경을 잘 아는 것은 중요하며 꼭 필요합니다. 그 속에 삶의 지혜와 원칙이 담겨 있으며 인생의 목적과 소망, 위로와 사랑, 치료가 들어 있기 때문입니다. 그것과 더불어 기억해야 할 것은 성경에 대한 이해가 깊어졌다고 해서 편견과 오만에 사로잡히면 안 된다는 사실입니다. 자신이 알고 있거나 이해하고 있는 것이 잘못되었을 수 있다는 가능성을 열어 두어야 합니다. 열린 마음을 지니고 진리를 추구하는 나다나엘과 같은 자세가 우리에게도 필요합니다.

성경 묵상의 자세

믿는 이들에게 성경의 중요성은 아무리 강조해도 지나치지 않을 것입니다. 시편 기자도 "복 있는 사람은…… 오직 여호와의 율법을 즐거워하여 그의 율법을 주야로 묵상하는도다"(시 1:1~2)라고 말합니다. 그런데 정작 성경을 공부하라고 권하면 어렵다는 말을 많이 듣습니다. 물론 성경이 쉬운 책은 아닙니다. 쉬워서 읽는 책이 아니라 중요하기에 읽어야 하는 책이라면 태도가 달라져야 합니다. 묵상을 한다는 의미가 무엇이며 묵상을 위해 필요한 것이 무엇인가라는 질문에 대한 답을 찾아보아야 합니다.

이것을 이해하기 위해 옛 선조들 또는 소위 천재들의 독서법에서 찾아봅니다. 이지성은 『리딩으로 리드하라』에서 인문서적을 향한 과거의 독서법을 정리해 보여줍니다. 핵심을 다섯 가지 정도로 요약할 수 있습니다. 첫째, 무시무시하다고 할 정도의 열정과 집중이 필요합니다. 마치 세종대왕의 집현전 학사들을 향한 당부에 담겨 있듯 말입니다. "우리 모두 목숨을 버릴 각오로 독서하고 공부하자. 조상을 위해, 부모를 위해, 후손을 위해 여기서 일하다가 같이 죽자." 또는 성호 이익이 "사랑하는 어머님과 오랫동안 이별했다가 다시 만난 것처럼 독서하라. 아픈 자신의 치료법을 묻는 사람처럼 질문하고 토론하라."고 말한 것처럼 말입니다. 이들의 독서를 향한 자세는 '읽었다'라기보다는 '먹어 치웠다'라고 표현할 수 있을 것입니다. 열정과 집중력의 중요성입니다.

둘째, 반복해서 읽는 것의 중요성입니다. 반복독서는 천재들의 독서에서 공통적으로 나타나는 특징이자 천재들이 가장 강조한 독서법이었습니다. 공자가 '주역'의 이치를 깨치기 위해 얼마나 열심히 반복해서 읽었던지 죽간을 묶은 가죽 끈이 세 번이나 떨어졌다 해서 알려진 위편삼절(韋編三絕)이라는 표현에 담겨 있듯 말입니다. 세종대왕의 인문고전 독서법은 '백독백습' 즉, 100번 읽고 100번 필사하는 것이었다고 합니다. 사실 '백독백습'은 조선의 기본적인 인문고전 독서법이

었다고 합니다.

　셋째, 사랑하는 사람을 향해 연애편지를 쓰듯 필사하는 것입니다. 천재들이 가장 선호한 필사 방식은 원전을 처음부터 끝까지 한 글자도 남김없이 그대로 베껴 쓰는 것이었습니다. 물론 그들은 번역서가 아닌 원전을 베껴 썼습니다. 그리고 읽다가 자신이 읽은 부분 중 중요하다고 생각하는 부분만 필사하는 방식도 선호했습니다. 중요한 부분을 뽑아서 옮겨 적은 뒤 이를 주제별로 분류, 편집해서 책으로 만든 초서를 만들기도 합니다.

　넷째, 암기하는 것입니다. 외우는 것이야 말로 진정한 필사라 할 수 있습니다. 종이 위에 베껴 쓰는 것이 아니라 영혼 속에 새겨 넣는 것이기 때문입니다. 영혼을 뒤흔드는 문장들을 마음속에 새기는 것이야 말로 최고의 필사의 행위입니다. 조선의 천재들이 인문고전을 암송했다고 합니다.

　마지막으로 통할 때까지 사색하는 것이었습니다. 중국 춘추시대 제나라 제상인 관중의 말 속에 사색의 힘이 담겨 있습니다. "생각하고 생각하고 또 생각하라. 그러면 귀신도 통할 것이다. 그러나 이는 귀신의 힘이 아니라 정신의 극치다." 여기서부터 일반인들과 천재들이 달라진다고 합니다. 공자는 『논어』에서 "배우기만 하고 생각하지 않으면 얻는 것이 없고, 생각하고 배우지 않으면 위태롭다."라고 했으며, 맹자는 "마음의 기능은 생각하는 것이다. 생각하면 얻는 것이 있지만 그렇지 않으면 얻는 것이 없다."라고 말합니다. 퇴계 이황은 "낮에 읽은 것은 반드시 밤에 깊이 사색해야 한다."라고 사색의 중요성을 말합니다. 영국의 정치철학자 에드먼드 버크는 "사색 없는 독서는 전혀 씹지 않고 삼키기만 하는 식사와 다를 바 없다."고 했으며, 앨빈 토플러는 "내 통찰력의 근원은 끊임없는 독서와 사색입니다."고 말하고 있습니다. 이들이 말하는 사색이 시편 기자가 말하는 묵상에 비교할 단어일 것입니다. 사색이나 묵상은 단순히 한 구절을 놓고 그 의미를 떠올려보는 정도를 말하는 것이 아닙니다.

뇌 연구를 하는 이들은 독서, 암송, 사색이 가져오는 많은 유익을 발견하고 있습니다. 인간의 뇌는 무엇인가를 읽고 쓰고 암송할 때 가장 활발하게 활동한다고 합니다. 읽고 쓰고 암송하는 뇌를 기능성 MRI를 통해서 보면 그렇지 않은 뇌와 차이가 확연합니다. 인간을 인간답게 만들어주는 대뇌 신피질의 활동이 급격하게 증가하고 전두엽이 발달합니다. 이 부분의 뇌는 특별히 근육 같아서 쓰면 쓸수록 발달한다고 합니다. 또한 인간이 깊은 사색에 잠길 때 뇌에서는 전혀 다른 뇌파가 나온다는 사실도 알아냈습니다. 베스트셀러는 물론이고 신문 사설을 읽고 필사하고 암송하고 사색할 때도 뇌의 활동이 활발해지고 특별한 뇌파가 나옵니다. 독서는 독서 자체로 유익이 엄청납니다.

인문고전을 향한 자세도 그러한데 단순히 보아도 고전 중의 고전인 성경을 향한 우리의 자세는 어떠해야 할까요? 백독백습까지는 못하더라도 집중해서 반복하여 읽으며, 암송하고 묵상한다면 어떤 결과를 얻게 될 것인가를 상상해 봅니다. 히브리서 4장 12절은 성경 말씀이 가지고 있는 내적 능력을 지적합니다. "하나님의 말씀은 살아 있고 활력이 있어 좌우에 날 선 어떤 검보다도 예리하여 혼과 영과 및 관절과 골수를 찔러 쪼개기까지 하며 또 마음의 생각과 뜻을 판단하나니." 내적 능력을 경험할 뿐 아니라 하나님의 고치심과 보호하심을 경험할 수 있습니다. "그(하나님)가 그의 말씀을 보내어 그들을 고치시고 위험한 지경에서 건지시는도다"(시 107:20). 실제로 성경을 필사하며 병 고침을 얻은 이들이 주위에 적지 않게 있는 것을 봅니다. 우리 믿는 이들에게 주어진 도전입니다.

말씀이 반영된 삶

나다나엘은 단순히 성경을 알고만 있는 사람이 아니었습니다. 성경 말씀을 붙잡고 행함으로 변화를 경험하는 사람이었습니다. 나다나엘이 빌립의 초청으로 예수님을 찾아가자 예수님께서는 말씀하십니다. "이는 참 이스라엘 사람이라 그 속에 간사한 것이 없도다"(47절). 예수님의 평가는 나다나엘이 어떤 사람인가를 잘 보여줍니다. 이 말씀은 구약과 연결해 생각해 보아야 하는 말씀입니다. 그 중에서도 '이스라엘'이라는 단어와 '간사하다'라는 단어는 야곱이라는 구약의 한 인물과 밀접한 관계가 있습니다. 창세기 27장 36절을 보면 야곱의 형인 에서가 동생에게 속임을 당한 후에 불만을 토로합니다. "에서가 가로되 그의 이름을 야곱이라 함이 합당치 아니하니이까 그가 나를 속임이 이것이 두 번째이니다 전에는 나의 장자의 명분을 빼앗고 이제는 내 복을 빼앗았나이다……" '간사한 자, 속이는 자'라는 의미를 지닌 야곱이라는 이름과 그의 행동을 연결시키고 있습니다. 다르게 표현하자면 야곱은 자신의 이름값을 하는 사람이었습니다.

그러나 야곱은 얍복 강가에서 환도 뼈가 위골될 때까지 포기하지 않고 천사와 씨름을 합니다(창 32:22~26). 그 결과로 새로운 이름인 이스라엘을 얻습니다. 새로운 정체성을 부여 받게 되는 순간입니다(창 32:28). 이 사건 이후로 이스라엘이라는 말은 야곱의 후손들을 일컫는 단어가 됩니다.

예수님께서는 나다나엘을 향해 유대인들이 서로를 지칭하며 불렀던 '이스라엘'을 그대로 사용하시지 않습니다. 그 앞에 '참'이라는 단어를 덧붙이십니다. 그리하여 나다나엘이 야곱의 후손으로서 그 속에 '간사함'이 없는 '특별한 이스라엘 사람'이라고 나타내십니다. 시편 32편 2절의 "마음에 간사가 없고 여호와께 정죄를 당치 않는 자는 복이 있도다"라는 말씀과 같이 나다나엘이 복된 자라는 것을 말씀하시는 것입니다.

더 나아가 이스라엘의 어원과 연결하여 생각해 볼 수 있습니다. '하나님을 보는 자'라는 의미에서 성자 하나님이신 예수 그리스도를 그가 보게 될 것을 의미하고 있습니다. 또한 그분의 제자가 될 것에 대한 예언적 의미도 포함되어 있습니다.

다른 어느 때보다도 21세기를 살아가는 모든 믿는 이들에게 필요한 것은 '언행일치'입니다. 더 정확히 표현하자면 믿는다고 고백하는 대로 행하는 것의 중요성입니다. 나다나엘은 바로 그런 사람이었습니다. 하나님의 말씀을 잘 알았을 뿐 아니라 말씀을 반영한 삶을 사는 이였습니다. 우리도 나다나엘처럼 열매 맺는 삶을 살아야 하며, 우리의 신앙고백과 일치하는 삶을 살아야 합니다.

성경이 담고 있는 능력

성경은 사람을 변화시키며 완성시킵니다. 성경 말씀의 귀함을 경험한 이들은 이구동성으로 성경에 쏟는 시간이 얼마나 가치 있는가를 말합니다. 서울 종로에 있는 YMCA 빌딩을 세울 수 있도록 헌금한 '백화점 왕' 존 워너메이커는 "지금까지 투자한 것 중에서 가장 성공적인 것은 무엇인가?"라는 한 기자의 질문에 거침없이 다음과 같이 답했다고 합니다. "내가 열 두 살 때 최고의 투자를 한 적이 있지요. 그때 나는 2달러 75센트를 주고 성경 한 권을 샀습니다. 이것이 가장 위대한 투자였어요. 왜냐하면 이 성경이 오늘의 나를 만들었으니까요."

용기가 필요할 때 성경 말씀이 큰 역할을 하기도 합니다. 아이젠하워 장군이 노르망디 상륙작전을 개시하는 새벽에 읽은 구절이 스가랴 4장 6절이었다고 합니다. 히틀러와 롬멜의 군대를 상대해야 했던 그에게 "이는 힘으로 되지 아니하며 능력으로 되지 아니하고 오직 나의 영으로 되느니라"는 그 말씀은 깊은 감명과 함께 확신을 주었다고 합니다.

성경에 시간을 투자하면 무엇을 하든 커다란 차이를 만듭니다. 아프리카 대륙의 짐바브웨에 '에코넷 와이얼리스'(Econet Wireless)라는 이동통신 회사가 있습니다. 짐바브웨뿐 아니라 아프리카 전역으로 야심차게 이동통신사업을 펼쳐가고 있는 회사입니다. 그 회사의 설립자며 회장인 스트라이브 마시이바(Strive Masiyiwa)와 진행된 CNN 인터뷰를 본 적이 있습니다. 그는 길거리에 버려진 아이들을 30명씩이나 자기 집에서 키운다고 합니다. 인터뷰를 진행하는 사람이 그러한 모습을 지적하며 그가 혹시 이상주의자가 아닌가라는 질문을 합니다. 그러나 마이시바는 조금도 주저 없이 자신은 '현실주의자'라고 말합니다. 이상주의자는 말하는 것에 머물지만 자신은 행동으로 그것을 실천한다는 것이지요. 그의 이러한 생각과 사업 방향성을 포함한 모든 지혜를 어떻게 얻느냐는 질문에 마이시바의 답은 간략했습니다. "성경으로부터 얻습니다." 인터뷰가 이어집니다. "흐음, 성경이라구요! 당신과 같이 바쁜 사람이 성경 읽을 시간이 있나요? 하루에 성경을 얼마나 읽으시는데요? 한 시간이라도 읽을 시간이 있나요?" 특별히 마지막 질문은 그래도 뭔가를 얻으려면 하루에 그 정도는 투자해야 하지 않는가라는 뉘앙스에 그런데 당신과 같이 바쁜 사람이 그 정도까지 투자할 수 있는가라는 의도가 담겨 있었습니다. 그 다음 그의 답이 참 인상적이었습니다. "최소한 두 시간입니다." 그는 사업을 향한 영감, 결정 등이 그 시간에서 나온다고 합니다.

성경이 개인뿐 아니라 민족 전체에도 중대한 영향을 끼치고 있다는 것은 익히 알려진 사실입니다. 유대인들의 경우입니다. 유대인의 숫자는 세계 인구의 0.25%(약 1천 5백만 명)로 그리 많지 않습니다. 그런데 노벨상 수상자의 25%를 배출하고, 다이아몬드 시장의 98%를 장악하며, 1인당 과학 논문 수와 특허 건수에서 세계 1위를 달립니다. 그 힘이 어디서 나오는가라는 질문에 '돈, 교육, 결속력'의 3대 요소를 들곤 합니다. 그 중에서도 제일 중요한 것이 '교육'입니다. 그들의 교육은 한 마디로 신명기에 나오는 쉐마 교육이라고 말할 수 있습니다. 신명기 6장 6~9절에서 말하듯 말씀을 마음에 새기기 위해 부지런히 가르치는 것이 교육의 핵심입니다. 유대인들은 일찍부터 이 쉐마 본문을 아침, 저녁으로 암송하는 의식을 확립했습니다. 신명기에서는 말씀을 미간에 붙이고, 손목에 매고, 문설주에도 '메주자'(mezuzah: 문설주에 붙일 수 있도록 성경구절을 하나 적어 넣어둔 작은 양철 통)라는 작은 통을 만들어 넣게 하였습니다. 각각 '인간의 지성과 사고', '행동방식' 그리고 '삶의 양식'을 상징하는 것들입니다. 하나님의 말씀을 사회적인 지침으로 삼으라는 뜻입니다. 지금도 유대인들은 경문(테필린, Tefilin)이라는 것을 차고 다닙니다. 중요한 율법 내용을 작은 양피지에 작은 글씨로 적어 두 개의 용기에 넣어서 이마와 왼팔 또는 오른팔 상단에 부착하여 가죽 끈으로 고정시킨 것이지요. 말씀을 향한 그들의 집착을 보여줍니다.

말씀의 이러한 놀라운 영향력 때문인지 역사적으로 말씀에 대한 지속적인 도전이 끊이지 않았습니다. 성경을 이 세상에서 없애 버리려는 시도까지 있었습니다. 악의 세력뿐 아니라 무신론자들도 성경에 대한 거부가 강합니다. 한 예로 볼테르라는 무신론자의 이야기는 유명합니다. 프랑스 사상가이며 작가인 그는 생전에 한 가지 사실에 대한 확신으로 그것에 대해 호언장담하며 다녔습니다. 50년 안에 기독교를 모조리 없애 버리고 100년 안에 지구상에 있는 모든 성경을 불태워버리겠다는 확신이었습니다. 자신만만하던 그는 결국 아편중독으로 삶의 최후를 맞게 됩니다. 그러나 죽음이 가까움을 경험하며 "하나님께서 자비를 베푸시어 제 모든 죄를 사하여 주시옵소서. 혹여 제가 교회를 모욕한 적이 있다면, 하나님과 교회에 용서를 비나이다."라는 기도를 하기도 했으나 결국은 저주하며 죽었습니다. 그리고 그의 죽음 후 아이러니한 사건이 일어납니다. 그의 집이 스위스 성서공회에 판매되어 모든 방이란 방에 천장 높이로 성경이 쌓인 창고로 변한 것입니다. 100년 안에 성경을 없애겠다고 했던 그의 말은 온데간데없어졌습니다. 오히려 오늘날까지 성경은 가장 많은 사람들에게 읽혀지고 있는 베스트셀러가 되었습니다. 앞으로도 이러한 도전은 없어지지 않을 것입니다. 그러나 어떠한 도전 앞에서도 지난 2,000년 동안 그러했듯 조금도 그 위상이 흔들리지 않을 것입니다.

분주할수록 필요한 기도

말씀에 바로 서있던 나다나엘은 예수님으로부터 '참 이스라엘 사람'이라는 평가를 듣습니다. 그 말씀에 대해 나다나엘은 "어떻게 나를 아시나이까?"라고 질문합니다. 그에 대한 예수님의 평가가 정곡을 찔렀기에 나온 반응이었습니다. 예수님은 "빌립이 너를 부르기 전에 네가 무화과나무 아래 있을 때에 보았노라"(48절)라고 응답하십니다. 이 말씀을 이해하기 위해서는 그 당시 팔레스타인 지역의 상황을 생각해 보아야 합니다. 일반적으로 그 당시 사람들은 키가 5미터 정도 자라고, 가지는 8미터 정도 뻗는 무화과나무를 가옥 입구에 심었습니다. 우리에겐 시골 마당에 감나무가 있듯이 말입니다. 팔레스타인의 태양으로부터 벗어나 조용한 기도와 명상을 하기에 무화과나무의 그늘은 최적이었습니다. 예수님께서 나다나엘에게 하신 말씀의 참 뜻은 그가 무화과나무 밑에서 기도하며 조용히 명상에 잠겼을 때 보았다는 것이었습니다. 예수 그리스도의 초자연적인 능력과 나다나엘의 경건성을 보여 주는 부분입니다.

나다나엘은 예수님이 어떤 분이신지를 깨닫습니다. "당신은 하나님의 아들이시요 당신은 이스라엘의 임금이로소이다"(49절)라는 그의 고백에 그의 깨달음이 담겨 있습니다. 신뢰하던 친구인 빌립의 증거에다 자신이 직접 목격한 예수님의 모습으로 그에게 있던 의심이 사라져 버립니다. 성경 속에서 마지막 때에 오신다던 메시야를 알아본 것입니다. 물론 나다나엘의 고백은 요한복음 다른 곳에서 나오는 것처럼 그의 지식을 초월한 고백을 담고 있습니다(요 11:50). 그는 당시 유대인들이 이해하고 있는 메시야라는 고백을 하고 있었던 것입니다. 십자가 사건 이전에 예수님을 향해 한 모든 사람들의 고백은 다 같을 것입니다. 십자가 사건 이후에서야 메시야의 의미를 온전히 알 수 있기에 그렇습니다. 모든 것을 분명히 알고 있는 우리들은 그의 고백 그대로를 받아들일 수 있습니다. 예수 그리스도는 단순히 메시야가 아니라 성부 하나님과 형이상학적인 관계를 가지고 있는(요 1:1~4) 삼위일체의 한 분 이시라는 사실입니다.

예수님께서는 이러한 고백을 하는 나다나엘을 향하여 말씀하십니다. "내가 너를 무화과나무 아래서 보았다 하므로 믿느냐 이보다 더 큰일을 보리라 또 이르시되 진실로 진실로 너희에게 이르노니 하늘이 열리고 하나님의 사자들이 인자 위에 오르락내리락하는 것을 보리라 하시니라"(50~51절). 창세기 28장에 나오는, 벧엘에서 야곱이 꾼 꿈과 연결되어 있는 말씀입니다. 야곱의 꿈속에서 천사들이 하늘로 향한 사다리를 오르락내리락한 것처럼 나다나엘이 예수 그리스도 위에 하나님의 영광이 오르락내리락하는 것을 볼 것이라고 예언하시는 것입니다. 제자가 된 나다니엘은 나중에 십자가상에서 예수님의 죽음과 부활을 통해 영광을 목도하게 됩니다.

나다나엘은 너무도 분주하고 얄팍함으로 깊이를 가린 사람들이 범람하는 세상을 살아가고 있는 우리 모두에게 자신들의 삶을 돌아보게 해 줍니다. 하나님의 말씀과 우리가 올리는 기도에 일치하는 삶을 사는 것이 중요함을 다시금 부각시켜 주고 있습니다. 우리도 각자의 무화과나무는 어디이며 거기서 우린 무엇을 하고 있는지를 자문해 보아야 합니다. 나의 기도처는 어디인가? 그리고 나의 말씀 사랑은 어떠한가를 돌아보며 말입니다.

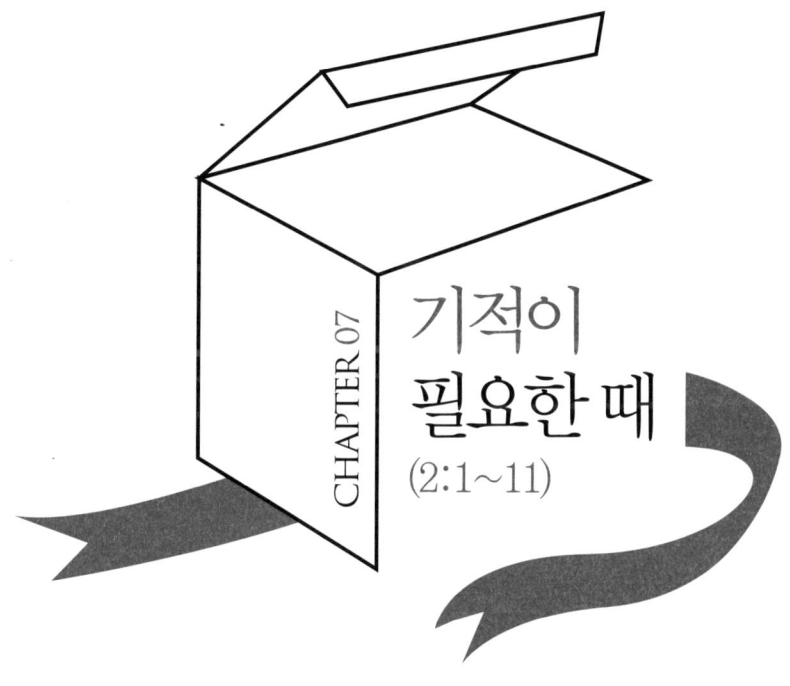

CHAPTER 07 기적이 필요한 때 (2:1~11)

요즈음 '기적'이란 단어의 의미가 '싸구려'로 전락되어 버린 듯합니다. 스포츠에서 약체인 팀이 강팀을 이겼을 때도 기적이라고 하고, '기적의 다이어트'와 같은 과장 광고도 있습니다. 심지어 기적을 '일궈냈다'는 말까지 있습니다. 이들이 말하는 기적이란 통계적 승률을 벗어난 사건이나, 어려운 일을 해냈다는 의미입니다. 기적이라는 말의 본래 의미와는 거리가 먼 표현들입니다. '기적'의 사전적 의미는 '자연의 법칙을 벗어난 일이 일어난 경우'를 가리키는 것이며, 또 C.S. 루이스(C.S. Lewis)의 표현을 빌리자면 '초자연적인 힘이 자연에 간섭하는 것'이기 때문입니다. 앞에서 언급했듯 하나님의 '직접적 간섭'이라는 좁은 의미에서 기적을 말하고 있는 것입니다.

C.S. 루이스는 『기적(Miracles)』이라는 자신의 저서에서 선입견 또는 선제적 이해가 기적을 인정하느냐 인정하지 못하느냐에 영향을 줄 수밖에 없음을 지적합니다. "기적이라 불리는 모든 사건은 보고, 듣고, 만지고, 냄새 맡고, 맛보는 우리 감각에 맨 마지막으로 호소하는 사건이다. 우리 감각은 100% 정확하지 않다. 뭔가 예사롭지 않은 일이 일어나면 우리는 곧잘 우리가 착각에 빠졌다고 말하기도 한다. 초자연적인 것을 배제하는 철학을 가졌다면 언제나 그렇게 말 할 것이다. 우리가 경험에서 무엇을 배우느냐는 우리가 어떤 철학을 가지고 있느냐에 달렸다. 따라서 우리가 철학적 문제를 최대한 확실하게 정하기 전까지는 경험에 의존하는 것은 무의미하다."

정리해 보자면, 기적에 관한 토론은 초자연적인 것이 어떤 형태로든 존재하리라는 가능성을 고려할 것인가, 않을 것인가에 관한 것이 됩니다. 기적은 초자연적인 것이기에 자연의 법칙 안에 속한 것이 아닙니다. 오히려 그것을 뛰어넘어 일어나는 것입니다. 자연계를 탐색하는 과학자를 포함해, 자연계는 일정한 법칙에 따라 움직인다고 보는 사람들도 기적 자체를 모순점으로 볼 필요가 없습니다. 기적을 인정하는 것은 어떤 철학을 가지고 있느냐에 따라 결정되는 것이기 때문입니다.

하지만 기적을 다루며 우리 모두가 기억해야 할 중요한 사실이 있습니다. 성경 속에 기록된 모든 기적은 꼭 필요한 이유가 있을 때 일어났다는 것입니다. C.S. 루이스는 이러한 사실을 정확하게 지적합니다. "하나님은 기적을 후추통에서 후추 뿌리듯이 마구 뿌려대지 않는다. 기적은 꼭 필요한 경우에만 일어난다. 그것은 역사의 거대한 중심축에서 나타난다. 정치적 또는 사회적 역사의 중심축이.아니라 인간이 이해할 수 없는 영적 역사의 중심축이다. 당신의 삶이 그 거대한 중심축과 가깝지 않다면 어떻게 기적을 목격하길 바랄 수 있는가?" 물론 어느 때가 필요한 때인가는 정확히 설명할 수 없습니다. 많은 것이 그렇듯 기적은 일어난 후에야 설명할 수 있는 종류에 속하기 때문입니다.

성경 속에는 수 많은 기적들이 기록되어 있습니다. 요한복음에만도 예수님께서 행하신 일곱 개의 기적들이 기록되어 있습니다. 일곱 개 기적 모두를 살펴보면 서로 다른 영역에서 일어난 것을 발견할 수 있습니다. 여기서 다루고자 하는, 2장의 물을 포도주로 바꾸시는 '질'(quality)의 영역, 4장에서의 왕의 신하의 아들을 고치시는 '거리'(distance)의 영역, 5장의 베데스다에서 38년 된 병자를 고치시는 '시간'(time)의 영역, 6장의 '오병이어'라는 '양'(quantity)의 영역, 6장 후반부에 나오는 바다 위를 걸으신 '자연'(nature)의 영역, 9장의 날 때부터 시각장애인의 눈을 고치신 '운명'(destiny)의 영역, 마지막으로 11장의 나사로를 죽음에서 살리시는 '죽음'(death)의 영역이 그것입니다. 일곱 가지 기적 모두가 서로 다른 영역에서 일어났다는 것은 예수님의 권세의 포괄성을 의도하는 듯합니다. 그리고 이러한 사건을 단순히 '기적'이라고 부르기보다는 '표적'(헬라어로 세메이온)이라는 단어를 사용하고 있습니다. 표적이라는 표현을 통해 기적 자체에 관심을 두는 것을 경계하고, 그 사건이 지니고 있는 의미를 생각해 보도록 하려는 의도가 담겨 있습니다.

모든 표적에는 예외 없이 기독론적(예수 그리스도는 누구신가와 연결됨)의 의미와 중요성이 담겨 있습니다. 요한은 요한복음의 가장 끝 부분에서 말하고 있듯(21:25) 예수님께서 수많은 기적을 행하셨음에도 불구하고 위에서 언급한 일곱 개만을 골라 기록했습니다. 성경에서 7이라는 숫자는 3이라는 하늘을 상징하는 숫자에 4라는 땅을 상징하는 숫자의 합으로 '완전함 또는 온전함'을 상징합니다. 요한복음에서도 7은 여러 곳에서 중요한 역할을 합니다. "나는……이다." (I am…sayings)라는 예수님의 말씀도 일곱 개이며, 첫 번째 표적도 세례 요한의 등장 이후 7일째 되는 날에 일어납니다. 예수님과 그분의 오심에서 '완성'이라는 의미를 강조하고자 하는 것입니다.

    요한복음의 첫 번째 표적을 대하며 우리 모두가 전제적으로 믿어야 하는 사실은 기적이 이 시대에도 일어날 수 있으며, 일어나고 있다는 것입니다. 그러한 경험이 우리의 것이 되기 위해 다음의 요소들이 필요합니다.

필요를 알리는 요청의 중요성

저자가 기록한 첫 번째 표적은 세례 요한과 그의 사역을 소개한 후로부터(19절) 7일째 일어납니다. 1장 19절이 첫날이라면 29절은 두 번째 날의 시작을 나타냅니다. 35절은 셋째 날임을 분명히 하고 있으며, 39절에서의 시간이 이미 오후 4시였기에 41절의 '먼저'는 다음날의 먼저라는 의미입니다. 그래서 41절은 넷째 날이 되며, 43절은 다섯째 날이 됩니다. 2장 1절에서 말하는 '사흘째'라는 표현은 시작과 끝 날을 모두 포함하기에 실제로 이틀의 차이가 있습니다. 바로 일곱째 날이 된다는 것을 말합니다. 예수님의 사역 시작 일곱째 날이 되는 바로 그날 첫 번째 표적이 일어납니다.

    당시에는 결혼을 하면 일주일 동안 잔치를 하는 풍습이 있었습니다. 결혼을 축하하며 기뻐하는 축제의 시간이었습니다. '체면 문화'가 지배하는 당시 상황에서 잔치 중 포도주가 떨어진다는 것은 잔치의 주인공들을 당황케 만드는 사건이었습니다. 그 상황에서 예수님의 어머니인 마리아는 예수님에게 도움을 청합니다. 그녀가 예수님을 향해 어떤 이해와 기대를 가지고 이러한 요청을 했는지는 정확히 알 수 없습니다. 7장 5절에서 최소한 예수님의 형제들은 예수님을 향한 믿음이 없다는 것이 분명히 드러나나 모친인 마리아의 경우는 성경에 구체적으로 언급되지 않아 간접적 추론 정도만 존재하기에 정확하게 알 수 없습니다. 그러나 마리아가 예수님을 잉태하기 전, 천사가 찾아와 그녀에게 한 말과 그녀가 예수님 성장기의 비범함을 보아온 사실은 예수님에 대한 그녀의 이해가 다른 누구보다 컸을 것이라 짐작 가능케 합니다. 최소한 요셉이 일찍 세상을 떠나 집의 가장 역할을 하고 있는 듬직한 장남을 향해 도움을 요청하는 것은 지극히 당연한 선택일 것입니다. 이러한 요청과 연결하여 우리가 간과해서는 안 될 중요한 사실은 예수님이 의도적으로 마리아를 '외면'하셨음에도 그녀는 포기하지 않았다는 것입니다.

　예수님께서 마리아의 요청에 응답하시며 "여자여"(4절)라는 표현을 사용합니다. 이 단어는 존중의 의도가 담긴 단어와는 거리가 멉니다. 오히려 '중립적인' 표현으로 유대적 문화 속에서 둘 사이의 '간격'을 의도하고 있습니다. 한마디로 말하자면 예수님은 이런 문제가 나와 무슨 관련이 있냐고 묻는 것입니다. 물론 이 표현은 장남으로서가 아닌 '메시야의 사역과 무슨 상관이 있느냐?'라는 관점에서 보아야 합니다. 예수님은 인간의 요구나 조언으로부터 자유롭고 오직 보내신 이의 뜻을 구하며 사시는 분이기에 그러한 답을 하신 것입니다(5:30; 8:29). 그렇다고 어머니를 향한 무감각이나 무정함을 포함하고 있지는 않았습니다. 이 사실은 복음서의 끝 부분에 나오는 사도 요한에게 마리아를 부탁하는 모습을 통해 분명하게 알 수 있습니다(19:25~27). 오히려 예수님의 중립적 접근은 마리아 또한 다른 모든 이와 동일하게 약속된 메시야인 자신을 통해서만 구원을 얻을 수 있기에 그런 것입니다.

그분은 오히려 '자신의 때' 즉, 자신의 시간이 오지 않았다고 답을 합니다. 철저히 모든 것을 하나님의 구속사적 관점으로 보고 있음을 알 수 있습니다. 여기서 말하는 '시간'은 '십자가의 시간'입니다. 그 시간은 '예수님이 이 땅에 오신 사역의 완성의 시간'이며, 그로 인해 '영광을 받으실 시간'이기도 합니다. 그러기에 요한복음 내내 지속적으로 '시간'(헬라어로 호라)이 오지 않았다고 하시다가, 12장 23절에 가서야 '그 시간이 왔다'고 말씀하시는 것을 볼 수 있습니다(7:30; 8:20; 12:23, 27; 13:1; 17:1).

예수님의 의도적인 거리 두기나 그 당시 온전히 이해하기 힘든 답변에도 불구하고 마리아는 포기하지 않습니다. 이러한 마리아의 시각은 우리에게 중요한 가르침을 주고 있습니다. 기적에 대한 회의론이 가득한 세상에 살고 있는 우리의 반응에 대한 것입니다. 17세기 자연주의 철학자인 스피노자의 "자연 법칙은 신의 뜻이므로, 자연의 질서를 침해하는 것은 신의 자기모순을 뜻한다. 그러기에 기적은 일어날 수 없다."는 주장에서부터 최근에는 『만들어진 신』의 저자인 리처드 도킨스의 "하나님이 존재하지 않는다는 전제에서 기적이란 존재하지 않는다."는 주장까지 우리는 기적에 대한 회의로 가득한 세상에 살고 있습니다. 앞에서 이미 언급했듯 C.S. 루이스는 결국 모든 것이 어떠한 믿음에서 시작하느냐에 달려 있다는 것을 분명히 지적하고 있습니다. 그는 모든 기적 중의 가장 중심이 되는 기적은 '성육신'이라고 주장합니다. 다른 모든 기적은 '성육신'을 위한 준비였거나, 그것으로 인해 일어났다는 것입니다. 다시 말해 기적 중의 기적인 '성육신'이 일어났다는 것을 믿는다면 다른 기적은 상대적으로 쉽게 믿을 수 있다는 것입니다. 모든 것이 믿음의 문제임을 다시 한 번 깨닫습니다. 마리아의 모습을 통해 배울 수 있는 것은 우리가 기적을 원한다면 그것을 '믿고, 구하는' 모습이 있어야 한다는 것입니다.

말씀 순종의 중요성

하인들을 향해 명령하는 모습에서 마리아의 포기하지 않는 믿음을 볼 수 있습니다. "너희에게 무슨 말씀을 하시든지 그대로 하라"(5절). 이제 예수님께서 상황에 개입하여 문제를 해결하시기 시작합니다. 여기에서 예수님께서 하인들에게 하신 명령을 자세히 살펴볼 필요가 있습니다. 예수님은 먼저 우물에서 물을 퍼서 유대인의 정결 예식에 따라 돌 항아리 아귀까지 물을 채우게 합니다. 그냥 지나쳐서는 안 되는 사실 한 가지는 항아리의 숫자가 여섯이라는 것입니다. 이것은 그 다음에 나오는 명령과 연관하여 좀 더 자세히 생각해 보아야 합니다.

8절에 쓰인 "이제는 떠서"라는 부분에서부터 정확한 이해가 필요합니다. '어디서 뜨라고 말씀하시는가'라는 질문입니다. 물을 이미 가득 채운 항아리로부터 떴느냐 아니면 우물에서 떴느냐는 것입니다. '떠서'(헬라어로 안트레오)라는 단어는 주로 우물에서 물을 퍼낼 때 쓰는 단어입니다. 그렇다면 위에서 본 '여섯'이라는 숫자와 연결해 볼 때 다음과 같이 자연스러운 결론이 납니다. '6'이라는 숫자

128 page　　완전 소중한 선물

속에 담겨 있는 상징적 표현인 '불완전함'에 '아귀까지 가득 채웠다'는 상징적 행동이 더해져 유대적 사고 및 시대의 종결의 의미를 담고 있다는 것입니다. 이 다음에 우물에서 물을 떠 연회장에 가져다 두었을 때 물이 포도주로 바뀌었음을 볼 수 있습니다. 구약의 말씀을 보면 포도주는 메시야의 도래와 깊은 연관이 있습니다(호 14:7, 암 9:13~14). 기독론 및 구속사적으로 이 표적을 생각해 보자면 고린도후서 5장 17절의 "옛 것이 가고 새것이 왔다"는 말씀과 같이 새로운 시대의 도래를 상징적으로 보여주고 있는 것입니다.

이 말씀을 우리에게 적용해 봅시다. '포도주를 기대하고 있는 연회장에 우물에서 물을 떠서 가져다 주라'는 어처구니없는 예수님의 명령과 이에 대한 하인들의 순종을 눈여겨 보아야 합니다. 물론 그들은 하인이기에 명령에 단순히 순종했다고 볼 수 있습니다. 그러나 '겉으로 보기에 비이성적인 명령에 어떻게 반응해야 하는가?'라는 질문을 할 수 있습니다. 다르게 표현하자면 크리스천들이 자주 질문하게 되는 '믿음과 합리적 사고'에 대한 것입니다. 그리고 신앙의 '초이성적' 특성과 함께 순종의 중요성을 다시금 떠올려 봅니다.

이 물음에 답하기 전에 세상의 변화를 먼저 직시하는 것이 중요합니다. 21세기를 주도하는 문화 및 이념적 흐름이 변하고 있습니다. 데카르트로부터 시작되어 계몽주의와 이성주의를 중심으로 서구의 사상계를 주도했던 이성의 지배와 모더니즘의 시대가 종식되고 혁명적 운동인 포스트모더니즘이 현대인들의 사상을 장악하고 있습니다. 한마디로 말해 이성이 해체되고 있는 상황입니다. 이러한 상황에서 크리스천들이 나아갈 방향이 불분명합니다. 방향을 정하는 데 있어 이성과 연관된 몇 가지 사실을 분명히 인지해야 합니다.

무엇보다 인간은 하나님의 형상으로 창조되었으며, 이성은 인간의 일부로 결코 부정되거나 해체될 수 없다는 사실입니다. 성경의 '이성 없는 짐승'(벧전 2:12)이라는 표현은 인간과 동물의 차이는 이성의 존재 여부이며, 따라서 이성은 인간의 특성적 실재임을 보여주고 있습니다. 그러나 이 이성 자체가 죄로 인해 타락되어 있다는 상황을 직시하지 않는다면 모더니즘이 그랬던 것처럼 다시금 하나님이 이성의 시녀로 빠져 버릴 수밖에 없습니다.

그렇다면 어떻게 이성과 신앙의 균형을 찾을 것인가가 중요한 질문이 됩니다. 헤르만 바빙크라는 신학자의 말이 이 질문에 대한 답을 찾아가는 데 있어 적절합니다. 그가 말한 대로 비록 이성이 인간의 실재하는 기관이지만 신앙은 '이성 자체의 성향과 기질' 또는 이성으로 진리를 전달해 주는 '길'(via)과 같은 것입니다. 그러기에 거듭남을 통해 이루어지는 이성의 구속을 통해 죄가 제거되고 정상적이며 건강한 이성이 회복되는 것입니다. 신앙이 뿌리를 내리고 그 안에서 성장하며 우리의 이성적 판단 자체도 변화를 경험하게 된다는 것입니다. 결국 우리에게는 좌로나 우로 치우치지 않고, 섰다고 생각하면 넘어질까를 두려워하며 순간순간 겸손하게 성숙해 가는 믿음이 필요합니다.

기적이 축복이 되는 삶

이야기를 들여다보면 하인들은 분명히 표적(기적)을 경험했습니다. 하지만 그들이 예수님을 믿었다는 표현을 찾아 볼 수 없습니다. 기적을 보았음에도 예수님을 믿지 않았다면 왜일까를 생각해 봅니다. 지금도 유사한 일들이 일어날 수 있기 때문입니다. 정답은 누구나 눈앞의 기적은 볼 수는 있지만, 기적 뒤에 존재하는 영광은 보지 못할 수 있다는 것 입니다. 하인들과 같이 기적 자체에만 초점을 맞추는 사람이 여기에 해당합니다. 교회에 출석하는 사람들 중에서도 기적을 구하며 그것을 위해 신앙 생활을 하는 이들이 적지 않습니다. 물론 기적이 신앙을 향한 중요한 요소가 될 수도 있습니다. 예수님께서도 그 기적조차 무시하거나 보지 못하는 자들을 향해 "나를 믿지 못할지라도 기적이라도 믿으라"(10:38)고 말씀하시기도 했습니다.

우리는 이와 연결하여 요한복음에서 의도적으로 선택한 '표적'이라는 단어의 의미를 잘 생각해 보아야 합니다. 앞서 설명한 것처럼 기적 자체에 지나친 의미를 부여하는 것을 의도적으로 피하고 있는 것입니다. 마태복음 24장 24절에서도 지적하듯 거짓 그리스도와 거짓 선지자들도 큰 표적과 기사를 행할 수 있습니다. 그러기에 기적 자체가 아니라 기적을 행하는 사람들이 하나님의 말씀으로 평가되어야 합니다. 그래서 예수님께서는 기적만을 보며 따르는 사람들(진정한 믿음에는 도달하지 못한 상황)을 신뢰하지 않으십니다. 요한복음에 나오는 예수님의 가르침과 같이 기적이 때로는 사람들을 믿음으로(진정으로 표적을 이해한 경우, 2:11, 23; 4:50, 53; 5:9; 6:14, 21; 9:11, 17, 33, 38; 11:27, 45; 12:11) 이끄는 경우도 있지만 때로는 불신으로 이끌 수 있습니다(5:18; 6:66; 9:16, 24, 29; 11:53). 기적 자체가 믿음의 긍정적 결과를 보증하지 않는 것입니다.

결국 우리가 하나님의 간섭인 기적을 경험하느냐 그렇지 않느냐 보다 더욱 더 중요한 것이 있습니다. 표적 자체가 무엇을 지시하고(pointer), 가리키고(indicator), 계시하고 있는가(revelation) 라는 질문입니다. 다르게 표현하자면 기적적 사건들이란 하나님 안에 있는 믿음의 상황(context) 내에서 표적의 역할에 지나지 않는다는 것입니다. 모든 기적은 궁극적으로 '예수님이 누구신가?'라는 질문에 연결되어 있습니다. 하나님의 구속사를 이해하며 믿게 만들고자 하는 의도가 담겨 있기에 그렇습니다. 이 시대에도 하나님께서 원하시는 것은 동일합니다. 하나님은 우리가 예수님을 더욱 깊이 알아가면서 각자를 향해 기대하시는 역할을 감당하기 원하십니다. 그러기에 우리의 기적을 향한 믿음과 기대의 프레임을 바꾸는 것이 중요합니다. 기적은 일어났으며, 지금도 일어나고 있으며, 앞으로도 일어날 것입니다. 그러한 믿음과 경험을 통해 예수님을 더욱 깊이 경험하고, 더욱 가깝게 교제하며 살 수 있게 되기를 소원합니다. 제자들이 표적을 통해 나타난 영광을 보고 예수님을 믿었던 것처럼(11절) 우리 모두에게도 주님을 온전히 믿고 신뢰하며 사는 역사가 지속적으로 일어나기를 간절히 기도합니다.

CHAPTER 08 통(通)하는 삶의 비결
(3:1~16)

얼마 전 한 유명 경제연구소에서 한국 사회의 '소통의 부재로 인한 경제적 손실'을 추산해서 발표한 적이 있습니다. 우리나라의 경우 다른 OECD 국가들의 평균보다 높은 갈등 수준으로 인해 GDP의 27%를 비용으로 지불하고 있다는 것이었습니다. 우리 GDP가 1조 달러 근방이라고 한다면 300조 원에 가까운 엄청난 비용이 사회적 갈등으로 지불되고 있다는 놀라운 결과입니다. 반면 사회갈등지수가 10% 하락할 경우 1인당 GDP가 7.1% 증가하는 효과가 발생한다고 합니다. 소통이 왜 중요한가를 보여줍니다.

경제적 측면뿐만 아닙니다. 개인적으로 가장 가깝다는 가족 간에도 소통의 문제들이 드러나고 있습니다. 어버이날 발표된 한 조사 결과가 슬픈 현실을 잘 보여 줍니다. 설문조사에서 자녀들에게 어떤 말을 들었을 때 부모들은 가슴이 아픈지 물었습니다. 가장 많이 나온 답은 '엄마랑 또는 아빠랑 말이 잘 통하지 않는다.'는 말이었습니다.

부부 갈등과 이혼 사유의 1위를 차지하는 '성격 차이'도 결국은 소통이 되지 않는다는 것을 말합니다. 허준의 동의보감에 나오는 '통즉불통(通卽不痛) 불통즉통(不通卽痛)'이라는 말을 떠올려봅니다. 무엇이든 통(通)하지 않으면 통(痛)하게 됩니다. 흘러야 할 것이 제대로 흐르지 못하면 어떤 부분이 막히게 되고 그곳에서 통증이 유발되는 것입니다. 소통의 부재는 개인을 뛰어넘어 사회 전체를 아프고 멍들게 만들기에 소통의 비결을 배우고 실천하며 사는 것은 중요합니다.

소통의 가장 적절한 모델로 이 세상에 오신 예수 그리스도를 생각해 볼 수 있습니다. 하나님이심에도 불구하고 인간의 모습으로 오신 것 자체가 큰 의미에서 '소통'이기에 예수님을 통해 소통의 소중함과 그 원리를 발견할 수 있습니다. 물론 예수 그리스도가 인간이 되지 않고, 하나님으로서 존재하셔도 인간과의 소통은 가능하였을 것이라고 말할 수 있을 것입니다. 그러나 '같은 눈높이'로 다가와 소통하는 것과 소위 '갑과 을의 관계' 하에서 소통하는 것은 확연히 다를 수밖에 없습니다. 후자의 상황에서 소통은 '명령'이며 심지어 '최후통첩'으로 다가올 수 있기 때문입니다.

예수 그리스도께서 선택하신 소통의 방법은 달랐습니다. '을'이라고 할 수 있는 인간들에게 '을'의 모습으로 오셨던 것입니다. 그것이 진정한 눈높이를 맞추시는 모습입니다. 그럴 때 진정한 공감이 이루어지며 소통이 가능하게 됩니다. 그러한 모습 자체가 그분의 마음을 드러내며 그분이 어떤 분인가를 나타냅니다. 인간의 "연약함을 체휼하지 않는 자가 아니다(즉, 우리를 향한 진정한 동정심을 가지신 분이다)"(히 4:15)라고 성경에서 확신하는 이유입니다.

우리와 통하시기 위해 인간의 모습으로 오신 예수님과 하나님과의 통함에 관심을 갖고 있는 '니고데모'의 만남과 대화가 요한복음에 나옵니다. 두 사람의 만남 속에서 소통의 중요한 원리를 발견해 봅니다.

거듭남이 필요한 우리

그 당시 존경 받는 종교 지도자였으며 바리새인들의 리더 중 한 사람이었던 니고데모가 예수님을 만나러 옵니다. 이 만남에서 우리는 두 가지 소중한 교훈을 발견합니다. 먼저, 진솔한 회의(懷疑)와 그것을 해결하기 위한 질문은 그 사람이 얼마나 건강한가를 보여준다는 사실입니다. 니고데모는 그런 부류에 속한 사람이었습니다. 물론 그가 예수님에게 던진 개인적 평가가 담긴 질문을 보면 예수님을 메시야나 선지자로 인정하는 것은 아니었습니다. 그는 예수님을 향하여 다음과 같이 말을 합니다. "랍비여 우리가 당신은 하나님께로부터 오신 선생인 줄 아나이다 하나님이 함께 하시지 아니하시면 당신이 행하시는 이 표적을 아무도 할 수 없음이니이다"(2절). 여기에는 '그렇지 않나요?'라는 여운을 남김으로 예수님으로부터 확실한 답을 얻고 싶어하는 그의 의도가 담겨 있습니다. 그는 예수님을 하나님의 능력이 부여된 선생으로 단순히 평가하고 있습니다. 한마디로 말해 '표적의 의미를 파악하지 못한 자'(2:23~25)들 중의 한 사람

136 page   완전 소중한 선물

이었던 것입니다. 그가 밤에 찾아온 것에도 그러한 의미가 담겨 있습니다. 물론 남의 눈을 피하기 위해서였을 것입니다. 그러나 저자 요한은 그런 단순한 의미 이상을 발견합니다. 그가 '영적인 어두움' 속에 있다는 사실입니다. 이러한 이해는 요한복음 내에서 밤은 매우 부정적인 의미를 지니고 있다는 사실이 뒷받침합니다(9:4; 11:10; 13:30). 그런 의미가 없었다면 그가 찾아온 시간을 언급할 필요가 없을 것입니다.

결론부터 말하자면 그는 질문에 대한 답을 얻은 후 더 이상 예수님을 '밤에 찾아왔던 사람'으로 남아 있지 않게 됩니다. 예수님과의 만남 이후에 나오는 부분들에서(7:45~52; 19:38~42) 발견하듯 그는 변화된 존재가 됩니다. 더 이상 두려움을 지니지 않고 자신이 믿는 것을 용기 있게 변호하며 행동하는 사람으로 나타납니다.

니고데모를 보며 진리를 찾고자 하는 마음이 얼마나 중요한지 생각해 봅니다. 이 시대는 진리를 찾지 않고 그냥 느낌 가는 대로 사는 시대입니다. 진리에 관심이 없다는 것은 결국 무엇이 거짓인지도 모르며 진리에 관심 없이 살아가는 것을 말합니다. 이런 면에서 폴 틸리히(Paul J. Tilich)의 "의심은 믿음의 반대가 아니다. 그것은 믿음을 구성하는 한 요소다."라는 표현은 곱씹어 볼 가치가 있다고 생각합니다.

니고데모의 '평가'에 대해 예수님께서는 다음과 같이 말씀하십니다. 하나님과의 소통을 원하는 모든 이들에게 필요한 중요한 가르침이 담겨 있습니다. 3절을 보면 "네가 역시 고수라서 그런지 답을 아는구나."라고 말씀하시지 않습니다. 오히려 "다시 태어나야 한다. 그래야 하나님의 나라를 볼 수 있게 된다."고 엉뚱하게 느껴질 수 있는 답을 주십니다. 이것이 동문서답으로 보이는 이유는 예수님의 답이 니고데모의 질문에 대한 단순한 답이 아니었기 때문이었습니다. 오히려 그가 '밤에 찾아온 것으로 알 수 있는 근본적 고민'에 대한 답을 하신 것입니다. 한마디로 그가 가지고 있는 고민을 해결할 수 있는 패스워드는 '거듭남'이라고 말씀하고 계시는 것입니다.

우리 성경에서 '다시'라고 해석된 헬라어 단어는 아노센(anothen)입니다. 이 단어는 '다시'라는 의미도 있지만 그와 함께 '위로부터'라는 의미도 있습니다. 요한복음의 다른 곳에서는 후자의 의미를 담아 사용하고 있습니다(참고: 3:31 '위로부터 오시는 이'; 19:11, 23 등). 니고데모가 어머니 뱃속에 다시 들어가야 하는가라고 질문한 것을 보면 두 개의 의미를 다 의도하고 있는 듯 합니다. 우리는 '다시' 태어나야 하며, 그것은 '위로부터' 태어남을 의미한다고 이해할 수 있습니다(3절과 7절 모두에서 가능한 해석임). 1장 13절에서도 분명히 하듯 '하나님께로서 난 자'들이 되어야 하는 것입니다. 그렇다면 '거듭남, 위로부터 다시 태어남'의 의미는 무엇일까요? 왜 그것이 필요한 것일까요?

나와 하나님의 관계

진정한 '인간성 회복'이라는 면에서 위 질문에 대한 답을 찾아봅니다. '마틴 부버'라는 오스트리아 출신의 유대 신학자이며 철학자가 다룬 인간 실존에 관한 본질적인 문제를 함께 생각해 봅시다. 그의 이론에는 경건한 삶을 좇는 하시딕파 유대인이었던 할아버지의 영향이 담겨 있습니다. 그는 인간 실존에 관한 본질적인 문제를 '나와 너'의 관계성의 문제로 인식합니다. 이것을 반영하여 "모든 참된 삶은 만남이다(all actual life is encounter)."라는 유명한 명제를 남겼습니다. 만남의 질은 '에로스' 즉, 사랑의 양상에 의해서 결정된다고 말합니다. 그가 말하는 에로스란 사랑하는 남자와 여자 사이의 관계를 일컫는 일반적 의미의 '에로스'(성애)입니다. 에로스는 특징이 있습니다. 무엇보다 그 저항할 수 없는 강렬한 힘과 몰아의 황홀함입니다. 사랑하려고 노력해서 이루어지는 그런 사랑이 아니라, 오히려 사랑하지 않으려고 아무리 애써도 그 속으로 빠져들어 갈 수밖에 없는 그런 사랑을 말합니다.

    마틴 부버는 두 종류의 에로스에 관하여 언급합니다. '독백의 에로스'와 '대화의 에로스'입니다. 독백의 에로스는 내가 '너'를 소유하는 것에 집착하는 사랑의 방식을 의미합니다. 만약 누군가가 여자 친구를 여럿 유지하며 '어장 관리'라는 말을 한다면 전자에 해당할 것입니다. 스토커들도 독백의 에로스 쪽에 가까울 것입니다. 이와는 달리 대화의 에로스는 항상 '너'를 '나'라는 존재 앞에 현존하는 자로 의식할 뿐 아니라, 서로의 인격을 나눔으로써 서로에게 힘과 기쁨이 되는 사랑의 방식을 말합니다. 많은 신학자들이 남자와 여자가 몸과 마음에서 하나를 이루는 결혼 관계가 이 대화적인 에로스의 가장 전형적인 예라고 말합니다. 그와 더불어 더욱더 심오한 사실과 연결을 시킵니다. 결혼 관계가 성부-성자-성령 삼위 하나님 사이의 대화적 에로스를 반영하는 거울과 같다는 것입니다. "사람이 하나님의 형상으로 지어졌다"는 말씀에는 인간은 삼위일체 하나님의 대화적인 사랑의 관계성을 흉내 내며 살도록 만들어진 존재라는 뜻이 담겨 있다는 주장입니다.

    사랑하는 남녀가 대화적인 에로스 안에 있을 때, '너'라는 존재는 '나'라는 존재 속에 있게 되고, 또 '나'라는 존재는 '너'라는 존재 속에 있게 됩니다. '너와 나'는 하나가 되는 것입니다. 이렇게 서로가 서로 안에서 현존하는 것, 즉 사랑의 최고봉을 경험하게 됩니다. 하와를 처음 만났을 때 아담의 입으로부터 터져 나온 고백인 "이는 내 뼈 중에 뼈요 살 중의 살이로다"(창 2:23)를 이해하게 됩니다. 저항할 수 없이 솟구쳐 오르는 환희 속에서 외치는 '너는 나의 정수'라는 뜻입니다.

또한 인간의 참된 삶이 만남에 있다는 것을 의미합니다. '당신'이라 부르는 2인칭적 존재와의 만남이 우리 삶의 엑기스이며 가장 중요한 것입니다. 우리의 생의 여정은 그 만남에로의 발걸음입니다. 막 태어난 아이를 생각해 봅니다. 그 아이에게 태어난 시간이나 장소나 계절과 같은 것은 중요한 것이 아닙니다. 집에서 산파의 도움으로 태어났건 산부인과에서 의사의 도움으로 태어났건 그것도 중요하지 않습니다. 그런 것들은 '그것' 즉, 3인칭에 해당되는 것들이기 때문입니다. 이 아기에게 비교할 수 없이 중요한 것은 눈앞에 있는 '당신' 즉, 엄마가 누구인가 입니다. 그 '당신'을 만나는 것으로 진정한 삶이 출발하게 됩니다. '당신'이라는 존재와의 만남은 끝이 아니라 시작에 불과합니다.

아이는 자라면서 또 다른 당신들을 만납니다. 친구들, 연인, 그리고 배우자를 만납니다. 그러나 어쩐 일인지 인생행로에서 만나는 그런 2인칭들은 '영원한 당신'이 아닙니다. 소중하지만 언젠가는 헤어질 수밖에 없는 잠정적 당신이요, 불완전한 당신일 뿐입니다. 그뿐 아니라 이러한 2인칭들이 항상 나에게 행복을 제공하지도 못합니다. 때로는 그들 때문에 상처 받고 가슴 아파하기도 합니다. 그럼에도 불구하고 여전히 우리는 '너'없는 삶을 견디지 못합니다. 왜냐하면 마틴 부버가 간파한대로 원래 '나' 그 자체란 없는 것이며, '나'는 '너'로 인하여 비로소 '나'가 될 수 있기 때문입니다. 이러한 사실을 실감나게 보여주는 영화가 있습니다. 톰 행크스가 주연한 캐스트 어웨이(Cast Away)라는 영화입니다. 영화 속에서 가슴에 와 닿은 장면이 있습니다. 무인도에 고립된 주인공이 외로움을 이겨내기 위해 찌그러진 배구공 하나에 취한 행동이었습니다. 그는 그 공에 사람 얼굴을 그려 넣고는 '너'라고 부르며 대화를 나누기 시작합니다. '너'가 없는 순간 나는 '나'로 존재할 수 없다는 사실을 깨닫게 만듭니다. 비록 찌그러진 공과 같은 존재라 할지라도 '너'가 있어야 나는 '나'로서 살 수 있게 되는 것입니다.

그렇다면 이렇게 끊임없이, '너'를 동경하고 '너'와 얽혀 흘러가는 우리의 인생 여정이 암시하는 것은 무엇일까요? 그것은 우리에겐 언제나 반드시 만나야 할 '진정한 당신, 영원한 당신'이 있음을 보여주고 있는 것은 아닐까요? 칼 융이라는 심리학자가 말하는 그림자로 가득한 세상에서 그 그림자의 참 존재가 어딘가에 실재한다는 것을 말하고 있지 않을까요? 다르게 말하자면 인생행로에서 만나고 헤어지는 '너'들은 사실은 언젠가 어디선가 만나야 할 '진정한 당신, 영원한 당신'의 모형들이요, 그림자들이요, 창문들인 셈이라는 것입니다. 그 사실을 알고 있는 시편기자가 하나님을 찾아 헤매고 있듯이 말입니다. "하나님이여 사슴이 시냇물을 찾기에 갈급함 같이 내 영혼이 주를 찾기에 갈급하나이다 내 영혼이 하나님 곧 살아 계시는 하나님을 갈망하나니 내가 어느 때에 나아가서 하나님의 얼굴을 뵈올까"(시 42:1~2).

우리 모두도 예외 없이, 의식하건 의식하지 못하건 "내가 어느 때에 영원한 '당신'의 얼굴을 뵈올까?" 신음하며 두리번거리며 살고 있는 존재입니다.

아기가 태어나 처음 눈을 떠 마주 보게 되는 '너'가 엄마라면, 첫 인간 아담이 눈을 떠 처음 마주 바라본 당신은 바로 하나님이었습니다. 하나님이 아담과 마주 보며 그의 코에 생기를 불어넣으셨다는 것은 하나님과 우리는 원래 서로 마주 보는 사이, 즉 대화적인 관계였음을 말해 줍니다. 하나님은 식물이나 동물을 향해서는 결코 '너'라고 부르시는 일이 없습니다. 인간만이 하나님께서 '너'라고 부르며 말을 건네시는 유일한 존재입니다. 그리고 하나님께서 그렇게 '너'라고 불러 주심으로 나는 비로소 진정한 '나'가 되는 것입니다.

실제로 성경을 보면 하나님과 그의 백성 사이의 관계가 사랑하는 부부 혹은 연인 사이로 묘사되어 있는 것을 발견하게 됩니다. 성경의 마지막 부분에 나오는 천국 성도들이 '신랑을 위해 단장한 신부'와 같다는 말은 하나님과 우리가 바로 이런 대화적인 에로스의 관계 속에 있게 될 것이라는 의미입니다. 낙원에서 그리고 천국에서 '나'는 찬란한 빛 가운데 계신 '너' 즉 '찬란한 당신'과 결합하게 되는 것입니다. 그것이 최고의 축복입니다. 모든 축복과 행복의 완성체입니다. 왜냐하면 그것이 인간의 창조 때의 모습이었고 창조의 의도였습니다. 하나님의 형상을 닮아 창조된 인간은 하나님과 교제하며 살도록 만들어졌던 것입니다. 그런데 하나님과 나의 근원적 결합은 나의 죄 때문에 깨어지고 말았습니다. 깨어진 모습 속에는 파스칼이 말하듯 하나님만이 채울 수 있는 '하나님 공간'이 남게 되었습니다. 인간의 영혼 속에 생긴 진공입니다. 그리고 그 진공의 상처는 '나는 누구이며, 왜 나 자신인가?', '나는 어디로부터 와서 어디로 가는 무엇인가?'라는 고통스러운 실존적 질문을 계속해서 발생시킵니다. 그러면서 '당신'이라는 2인칭적 존재를 끊임없이 동경하며 안절부절못하게 만듭니다. 어거스틴이 회심한 후 방황하던 자신의 지난날들을 돌아보면 고백했던 그대로 말입니다. "당신은 우리를 당신을 향하여 살도록 창조하셨기에, 우리 마음이 당신 안에서 쉴 때까지는 안절부절못하였나이다." 하나님과 통하기 위한 끝없는 인간의 시도에 대한 설명입니다. 하나님과의 진정한 만남이 있을 때, 다른 모든 만남들이 드디어 제자리를 차지하기 시작합니다. 하나님과 통할 때 다른 이들과의 건강한 소통이 가능하게 되는 것입니다. 우리의 존재 의미는 살아 계신 하나님과 올바르고 정돈된 관계를 누리는 데서, 무엇보다 하나님의 감당치 못할 사랑을 받는 데서 나옵니다.

영적 출생이라는 거듭남

예수님은 니고데모도 하나님과의 참된 만남을 원한다는 것을 알고 계셨기에 '다시 또는 위로부터의 태어남'이 필요하다고 말씀하셨습니다. 그 답은 유대인의 관원인 니고데모에게는 매우 자존심 상하는 불쾌한 것일 수도 있었습니다. 그러나 그는 부정적이며 반발적인 대응보다는 오히려 지극히 순수하게 "늙으면 어떻게 날 수 있는가?"라는 질문을 합니다. 이는 예수님의 말씀을 문자적으로 이해했다는 것을 보여줍니다. 예수님은 "물과 성령으로 태어나야 한다"(5절)고 답하시며, '육과 성령'의 대조(6절)를 통해 '다시 그리고 위로부터' 태어난다는 말씀의 의미를 설명합니다. 종교적 열심과 거듭남은 동일한 것이 아니며, 신학적인 가르침을 통해서가 아니라 오직 하나님으로부터 즉, 위로부터 나는 것이라는 사실을 분명히 하시고 있는 것입니다. 좀 더 적나라하게 표현하자면 '돼지는 돼지를 낳고, 벌레는 벌레를 낳듯' 하나의 종은 같은 종을 낳을 수 밖에 없습니다. 자기중심적인 인간이 스스로의 노력을 통해 하나님의 생명과 이어질 수 없다는 것입니다.

예수님의 말씀에서 놓쳐서는 안 되는 두 가지 사실이 있습니다. 첫째, 예수님은 '다시 그리고 위로부터' 태어남을 '물과 성령으로 남'이라는 단어로 바꾸셨습니다. 과연 '물과 성령으로 남'의 의미가 무엇일까요? 물의 의미로 '교회에서의 세례', '요한의 세례' 혹은 모세오경 등 다양한 주장이 존재합니다. 레온 모리스(Leon Morris)라는 학자는 '물과 영적 정자(精子)'라는 표현으로 육적인 개념과 영적인 개념을 대조하기도 합니다.

그러나 가장 적절한 해석을 발견하기 위해서는 예수님께서 니고데모에게 이스라엘의 선생 즉, 구약의 전문가로서 이미 구약에 분명히 가르치고 있는 말씀을 모르냐고 지적하신 것을 염두에 두어야 합니다. 구약에서는 물과 성령이 같은 문맥 하에서 발견되며 그때마다 비유적으로 새로워지고 깨끗해지는 것을 표현하고 있습니다. 이에 관해 에스겔 36장 25~27절의 말씀은 중요하고도 종말적 약속이 담긴 부분입니다. "맑은 물을 너희에게 뿌려서 너희로 정결하게 하되 곧 너희 모든 더러운 것에서와 모든 우상 숭배에서 너희를 정결하게 할 것이며 또 새 영을 너희 속에 두고 새 마음을 너희에게 주되 너희 육신에서 굳은 마음을 제거하고 부드러운 마음을 줄 것이며 또 내 영을 너희 속에 두어 너희로 내 율례를 행하게 하리니 너희가 내 규례를 지켜 행할지라." 여기에서 물은 불순물로부터 깨끗하게 하는 것이며 영은 마음을 정결케 함으로 하나님을 온전히 따르게 만드는 것입니다. 결국 물과 성령으로 난다는 것은 하나님의 속성인 영을 부어 깨끗하고 새롭게 하심이며, 바로 구약에서 약속하신 종말적 정결과 새롭게 하심을 경험하는 것입니다. 결과적으로 '물 즉, 성령으로 남'이라고 해석하는 것이 구약과 연결해 볼 때 가장 적절한 해석이라고 할 수 있습니다.

둘째, 그렇게 새롭게 탄생한 사람들에게는 차이가 있다고 말씀하십니다. 이것을 설명하기 위해 예수님은 바람의 비유를 사용합니다. 우리 언어에서는 '영'

과 바람이 완전히 다른 뜻의 단어이기에 예수님이 바람의 비유를 사용했던 것을 그냥 지나칠 수 있을 것입니다. 그러나 히브리어나 헬라어 모두 한 단어(히브리어에서는 루아, 헬라어로는 [프]누마)가 바람과 영의 의미를 동시에 지니고 있습니다. 바람을 성령의 역사와 연결을 시키시는 예수님의 의도를 볼 수 있습니다. 일종의 언어유희인 것입니다. 바람과 성령의 공통점은 둘 다 존재는 볼 수 없으나 그 효력은 볼 수 있다는 것입니다(8절). 진정한 거듭남이 있는 곳에서는 언제나 그 결과를 볼 수 있습니다.

요한복음 14장 26절에서 분명히 하듯 성령님은 지금 이 순간에도 우리가 하나님 말씀을 깨달아 거듭날 수 있도록 역사하고 계십니다. 그런데 이러한 경험이 자동적으로 누구에게나 일어나는 것은 아닙니다. 그러한 경험이 자신의 것이 되기 위해서 꼭 필요한 것이 있습니다.

믿음으로 경험하는 거듭남

니고데모는 예수님을 향해 "어찌 그러한 일이 있을 수 있나이까?"라고 질문합니다. 그의 질문에는 호기심과 함께 믿지 못하겠다는 '솔직함'이 담겨 있습니다. 예수님께서는 그를 날카롭게 꾸짖으며 말씀하십니다. "이스라엘의 선생으로서 이러한 것들을 알지 못하느냐"(10절). 예수님의 가르침 모두가 구약의 말씀에 근거를 두고 있기에 구약의 선생이라면서 어찌 이해를 못하느냐는 꾸짖음이었습니다. 이 말씀 이후부터 더 이상 니고데모의 질문은 없습니다. 그리고 대화가 아니라 독백의 형식으로 답과 함께 가르침이 주어집니다.

이 꾸짖음과 연결하여 11절을 보면 증거를 받아들이지 않는 이들의 문제가 '지적인 영역'에 속한 것이 아님을 분명히 알 수 있습니다. 이해하지 못함이 아니라 믿지 못하기에 비난을 받는 것이 타당하다는 것입니다. 실제로 모든 지식은 믿느냐 믿지 못하느냐로 시작한다고 말할 수 있습니다. 1+1=2라는 사실을 믿는 것을 시작으로 산수를 배우고 마침내 고차원의 수학까지 배울 수 있는 것입니다.

이해하고 믿기보다는(understand to believe) 이해를 위한 믿음(believe to understand)이 있어야 한다는 것은 하나님을 알아가는 과정에도 예외가 아닙니다. 영원히 신앙의 초보자로 머무는 것과 성장하는 것의 차이는 믿느냐 안 믿느냐의 차이라고 할 수 있습니다. 그러기에 "내가 땅의 일을 말하여도 너희가 믿지 아니하거든 하물며 하늘의 일을 말하면 어떻게 믿겠느냐"(12절)는 말씀이 지당합니다. 초보적 단계에서부터 휘청거리며 거부한다면 그 이상의 것을 설명한들 무슨 소용이 있겠는가라는 논리입니다. 천국에 대한 기본적 지식도 없는 이들을 향해 온전히 완성된 천국의 모습을 설명한다면 무슨 소용이 있을 것인가라는 의미입니다.

그렇다고 하여 아무것이나 믿으라는 것은 결코 아닙니다. 구약에서부터 예언되었을 뿐 아니라 그를 믿는 자마다 구원을 얻게 하시기 위해(15절) 십자가에 돌아가신 예수 그리스도를 믿으라는 것입니다. 십자가의 예수 그리스도에는 자신을 거부한 세상이라는, 사랑 받을 자격이 없는 대상을 향한 하나님의 사랑이 담겨 있습니다(16절). 차별 없이, 얼마나 커다란 죄가 있든 관계없이, 누구나 새로운 시작을 경험할 수 있는 기회가 주어졌다는 것을 의미합니다. 하나님의 사랑의 기회는 차별 없이 주어졌습니다. 이것은 하나님이 어떤 분인가를 잘 보여줍니다.

당시 유대인들에게 모든 이들을 향한 차별 없는 하나님의 사랑은 받아들일 수 없는 것이었습니다. 그들에게는 도저히 이해할 수 없는 것이었습니다.

그러나 성경은 분명히 말합니다. 구원과 구원을 받는 이들의 자격은 전혀 관계가 없습니다. 마치 모세의 놋 뱀을 쳐다본 자들마다 살았듯(민 21:9) 믿기만 하면 구원을 얻습니다. 민수기 21장 4절 이후에 기록된 말씀을 생각해 봅니다. 이스라엘 백성들이 광야에서 원망하다가 불 뱀에 물려 많이 죽게 됩니다. 모세가 뱀들을 떠나게 해달라고 기도하니 하나님께서 말씀하십니다. "(놋으로) 불 뱀을 만들라 장대 위에 매달아라 물린 자마다 그것을 보면 살리라"(민 21:8). 치료법이 너무 간단해 혼란스러울 정도입니다. 우리는 좀 더 복잡하고 좀 더 정교한 치료법을 기대하며 살아가기 때문입니다. 비록 생활 속에서 유사한 신뢰의 행동을 하고 있음에도 불구하고 말입니다. 전구 스위치의 효과를 믿기에 스위치를 켜고, 문 손잡이의 역할을 믿기에 손잡이를 잡고 돌리며 문을 열고 닫습니다. 보이지는 않지만 당신은 당신이 할 수 없는 어떤 일을 해주는 힘을 믿고 살아갑니다. 예수님께서는 예수님에 대해서도 그런 믿음을 가질 것을 권하시는 것입니다. 그러면 영생을 얻게 된다고 약속하십니다(요 3:15).

'거듭남'이라는 단어는 요한복음에서 처음으로 등장한 단어입니다. '영생'이라는 단어는 '다가오는 시대의 삶'이라는 의미로 부활의 삶을 의미합니다. 그러기에 거듭남은 영생을 의미합니다. 예수님을 믿음으로 거듭나며, 거듭남이란 인간의 마음을 개선하는 것이 아니라 영적 출생입니다. 여기서 말하듯 하나님이 이 땅에 보내신 독생자 곧, 예수 그리스도를 믿으면 영생을 얻는 것입니다(요 1:12). 그럴 때 허물과 죄로 죽었던 자들이(엡 2:1) 새로운 삶을 얻습니다.

조지 휫필드(George Whitefield)라는 영국 출신의 유명한 설교자이자 전도자가 있었습니다. 그에게는 그의 설교를 듣고 감동을 받아 집회 때마다 따라다니며 가방을 들어 주던 청년이 있었다고 합니다. 그런데 그가 매번 똑같은 설교를 하며, 계속 "거듭나야 한다"는 말씀만 하고 있는 것을 발견합니다. 그것도 70번이나 말입니다. 그래서 청년은 그에게 항의조로 질문했다고 합니다. "목사님, 도대체 언제 새로운 설교를 하시겠습니까?" 그러자 조지 휫필드는 이렇게 대답했다고 합니다. "아직 네가 거듭나지 않았기 때문에 그렇단다."

당신에게 예수님은 어떤 분이십니까? 예수님이 우리의 죄를 해결하고 하나님의 자녀로 살 수 있게 하기 위해 오신 분임을 믿습니까? 단순합니다. 믿으면 됩니다. 이 세상에서 가장 귀중한 것이 이처럼 쉽습니다. 그분은 우리에게 풍성한 삶을 주시기 위해 오셨습니다(요 10:10). 우리와 소통하기 위해 오시어 십자가에 돌아가신 그분을 아직도 믿지 못한 분들이 있다면 믿으시길 바랍니다. 모든 문제 해결의 시작이 여기에 있습니다. 그분을 믿음으로 거듭남을 경험하고, 하나님과 소통하는 삶을 살기 시작할 수 있습니다.

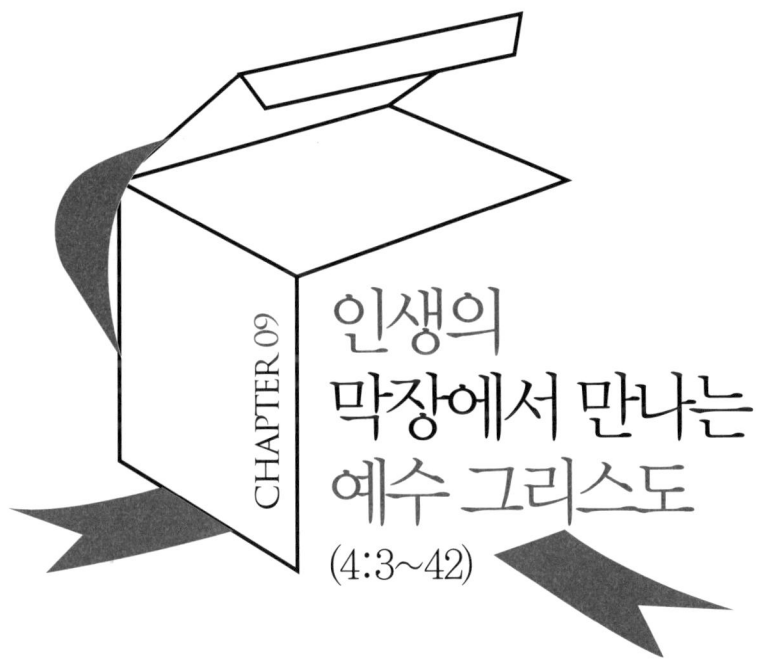

CHAPTER 09 인생의 막장에서 만나는 예수 그리스도 (4:3~42)

우리가 가지고 있는 성경은 각 권마다 장과 절로 나뉘어 있어서 찾거나 읽기가 편리합니다. 그러나 장 절 표기는 성경이 쓰일 때 함께 이뤄진 것이 아닙니다. 성경을 찾아보기 쉽도록 나중에 붙여진 것입니다. 구약의 경우에는 오래 전부터 유대인들이 장과 절을 구별한 증거들이 있습니다. 성경 낭독자가 히브리어 성경을 회중들 앞에서 낭독할 때, 통역자가 아람어로 번역할 수 있도록 본문을 일정하게 끊어서 낭독했습니다. 이것이 나중에 여러 과정을 거쳐 절 구분으로 확정되었다고 여겨지고 있습니다.

신약은 구약과는 다른 장과 절의 구분의 역사를 가지고 있습니다. 신약의 모든 책이 쓰일 당시에는 띄어 쓰기나 부호가 없었습니다. 그러다가 서서히 단어들을 띄어 쓰기 시작했고 부호도 첨가되었습니다. 오늘날과 같은 신약성경의 장 구분은 1205년 스데반 랑톤(Stephen Langton, 1150~1228)이 창안했다고 전해집니다. 그는 파리 대학 교수 출신으로 나중에 영국 캔터베리 대주교가 된 영향력이 있는 사람이었습니다.

신약성경에서 오늘날 우리가 보는 것과 같은 절이 구분된 것은 훨씬 후대인 1500년대 중반의 일입니다. 인쇄업자였던 로베르 에티엔(Robert Etienne, 1503~1559)이 파리에서 그리스어와 라틴어로 된 신약성경을 출판하면서 이미 알려진 스데반 랑톤 대주교의 장 구분을 바탕으로 절을 구분했습니다. 전해지는 말로는 당시 로베르 에티엔은 마차를 타고 리옹에서 파리로 여행하면서 절을 구분했다고 합니다. 그래서 엉뚱한 곳에 절이 나눠진 경우를 향해 어떤 학자는 "이 부분을 작업할 때 길이 좀 험했나 보다."라고 농담을 하기도 합니다.

장과 절의 구분에 대해 언급하는 것은 이유가 있습니다. 무엇보다 장과 절의 분류에는 오류가 있을 수 있다는 사실과 함께 성경을 읽는 데 있어 장과 절의 틀에 갇힐 필요가 없다는 것을 강조하기 위함입니다. 특별히 장의 구분에 구속되기보다는 앞뒤 문맥을 연결하며 성경을 읽을 수 있어야 합니다.

요한복음 3장과 4장의 경우도 연속하여 다루면 별개로 읽는 것보다 유익합니다. 여기에는 여러모로 커다란 대조를 보이는 두 종류의 사람이 등장합니다. 3장의 등장인물이 인생의 정점에 서있는 니고데모라는 관원이었다면, 4장의 인물은 인생의 막장에 도달한 한 여인입니다. 두 사람은 매우 다른 위치에 있었기에 예수님께서 선택하신 소통 접근법도 차이가 납니다. 그러나 결론은 동일합니다. 3장 마지막 절인 36절 말씀의 차별 없는 적용입니다. "아들을 믿는 자에게는 영생이 있고 아들에게 순종하지 아니하는 자는 영생을 보지 못하고 도리어 하나님의 진노가 그 위에 머물러 있느니라." 어떤 위치에 있든 어떤 종류의 사람이든 구원이라는 측면에선 차이가 전혀 없습니다.

차별 없는 예수님의 구원정책

예수님과 이 여인의 만남은 '누가 먼저 접근했느냐?'라는 점부터 니고데모의 경우와는 대조를 보입니다. 니고데모는 직접 예수님을 만나기 위해 찾아왔습니다. 반면에 사마리아 여인의 경우 예수님이 그녀를 만나기 위해 직접 찾아가십니다. 만남의 시간대 또한 다릅니다. 니고데모와의 만남이 밤에 이루어지는 것과 달리 이 여인과의 만남은 대낮, 정확히 말해 정오에 일어납니다. 시간은 다를지라도 두 사람의 동일한 의도를 담고 있는 시간이었습니다. 니고데모에게 밤은 다른 이들의 눈을 피할 수 있는 시간이었고, 사마리아 여인에게는 정오가 혼자 조용히 물을 길어갈 수 있는 시간이었습니다. 인생의 절정에 있던 니고데모는 혹시라도 타격을 입을지 몰라 자신의 명예를 지키기 위해 밤을 택했으며, 사마리아는 동네의 왕따였기에 다른 이들의 수군거림과 빈정거림을 피하기 위해 정오를 택했던 것입니다.

예수님께서는 이 여인을 만나기 위해서 "사마리아를 통행하여야 하겠는지라"(4절)고 하십니다. 성경에 기록되어 있지 않지만 예수님의 제안이 제자들에겐 그리 달갑지만은 않았을 것입니다. 그 시대 유대인들은 사마리아인들과 상종조차 하지 않았습니다. 유대인들이 보기에 그들은 이방인들의 피가 섞인 '더러운 존재'

들이었습니다. 사마리아는 할 수만 있다면 피해서 지나는 지역이었습니다(9절). 그뿐 아니라 지형적인 관점으로 보아도 유대에서 갈릴리로 이동하기 위해서는 요단강의 건너편을 이용하는 것이 수월했습니다(3절). 당연히 모든 유대인들은 갈릴리와 유대를 오갈 때 요단강 건너편을 이용하여 이동했습니다.

예수님에게는 이러한 관습이 아무 거리낌이 되지 않았습니다. 온전한 사람 취급을 받지 못하고 차별대우를 받는 불쌍한 한 여인을 만나고자 오히려 모두가 기피하는 사마리아에 일부러 가신 것입니다. 예수님의 인간 평가 기준을 알 수 있습니다. 우리들은 보잘것없는 기준으로 사람들을 판단하며 차별하나 예수 그리스도는 어느 누구도 차별하지 않고 대하시는 분임을 보여줍니다.

통념을 깨면서까지 찾아가 만난 그 여인의 자세를 보면 배운 자나 못 배운 자 모두 영적인 진리를 받아들이기는 매한가지로 어렵다는 사실을 발견합니다. 여인은 물을 달라는 예수님의 부탁을 향해 '왠 유대인이 사마리아인에게 말을 거는가'라고 응답합니다. 예수님이 '자신이 누구인지 알면 다르게 반응하였을 것'이라고 말하자 그녀는 '물 길을 그릇도 없고 우물도 깊은데 어떻게 생수를 줄 수 있겠냐'며 '당신이 야곱보다 크냐'고 되묻습니다. 3장에서 이미 보았던 니고데모와 같이 예수님의 말씀을 문자적이고 지극히 초보적인 의미로만 이해하는 모습을 보입니다. 여기서 예수님은 '생수'를 은유적으로 사용하고 계십니다. 그녀를 향해 "내가 주는 물을 마시는 자는 영원히 목마르지 아니하리라"(14절)고 말씀하십니다. 그런 예수님의 말씀에 여인은 "그런 물을 내게 주사 목마르지 않고 또 여기 물 길으러 오지도 않게 하옵소서"(15절)라고 응답합니다. 자신을 무시하는 동네 사람들을 되도록 보지 않게 된다는 것은 이 여인에게 엄청나게 기쁜 소식(복음)이었을 것입니다. 물론 이 여인의 이해는 잘못된 것이었습니다. 그러나 예수님께서는 그녀의 이러한 필요를 포함하는 진정한 복음을 전하십니다.

예수님은 차별 없이 모든 이들을 대하시며 필요를 채워주시는 분임을 다시금 알 수 있습니다. 그는 우리들에게도 동일하게 차별 없이 대하시는 분입니다. 한 사람 한 사람을 있는 그대로 사랑하십니다(요 3:16). 우리가 사랑스러워서가 아니라 예수 그리스도가 그런 분이기 때문입니다.

구약을 보면 심지어 악인에게 도덕적인 변화를 명하셔서 살 길로 초청하시는 하나님의 사랑을 발견합니다. "돌이켜라, 돌이켜라, 왜 죽으려고 하느냐? 여호와는 악인의 죽음을 조금도 기뻐하지 않느니라"(겔 18:23, 32; 33:11). 악인일지라도 포기하지 않고 지속적으로 찾으시는 그분의 속성을 향해 어떤 이는 '천국의 사냥개'라는 표현을 쓸 정도입니다. 이 여인을 구원하러 직접 찾아오신 예수님을 보면 김춘수 시인의 '꽃'이라는 시가 떠오릅니다.

내가 그의 이름을 불러 주기 전에는

그는 다만

하나의 몸짓에 지나지 않았다.

내가 그의 이름을 불러 주었을 때

그는 나에게로 와서

꽃이 되었다.

내가 그의 이름을 불러 준 것처럼

나의 이 빛깔과 향기에 알맞는

누가 나의 이름을 불러 다오.
그에게로 가서 나도
그의 꽃이 되고 싶다.

우리들은 모두
무엇이 되고 싶다.
나는 너에게 너는 나에게
잊혀지지 않는 하나의 의미가 되고 싶다.

　예수 그리스도가 우리를 찾아와 이름을 불러줄 때 새로운 삶의 가능성이 시작됩니다. 우리가 그분의 부르심에 응답하며 '나의 주님, 나의 하나님'을 고백할 때 그 가능성은 현실이 됩니다. 그분의 부르심과 구원에로의 초청에는 차별이 없습니다. 그분의 구원정책은 무차별 원칙이 기본입니다.

새로운 시대에 걸맞은 새로운 예배

　영원히 목마르지 않는 물을 달라는 사마리아 여인의 요청에 예수님은 "네 남편을 불러 오라"는 예상치 못한 말씀을 하십니다. 물을 주시는 것과 남편이 무슨 상관이 있는가라고 반문할 수 있습니다. 그러나 예수님은 전혀 상관이 없어 보이는 것으로부터 그 여인의 '목마름 문제'에 접근합니다. 예수님께서는 그 여인의 목마름이 무엇으로부터 연유되었는가를 분명히 알고 계셨기 때문입니다. 복음은 수박 겉핥기가 아닙니다. 메시지(message)는 결코 마사지(massage)가 아닙니다. 하나님을 통한 치유는 일회용 반창고가 아니며 단순히 응급조치에 그치지 않습니다. 근본을 다루며 근본적 변화를 요구합니다. 예수님은 그러기에 본질적인 질문을 통해 여인이 경험하고 있는 목마름의 원인을 밝히십니다. 가지고 있는 모든 상처는 드러나야 치유될 수 있습니다. 목마름의 해결은 그녀가 지닌 문제를 회피하고서는 결코 얻어질 수 없는 것이었습니다.

예수님께서 남편이 없다는 그녀에게 "네가 남편이 없다 하는 말이 옳도다"(17절)라고 하신 것은 그녀에 대해 얼마나 잘 알고 계신지를 보여주신 것입니다. 사마리아 여인은 남편이 다섯이었을 뿐 아니라 지금 함께 하고 있는 남자는 혼인한 관계가 아니었습니다. 우리의 일반적인 이해와는 달리 그녀의 이러한 모습은 그녀 자신이 음란해서가 아닐 가능성이 매우 높습니다. 그 당시 문화는 남자가 여자를 다양한 이유로 버릴 수 있었기 때문입니다. 그런 분위기를 고려해 볼 때 그녀는 다섯 남편들에게 버림 받은 여인이었음을 추측해 볼 수 있습니다. 파헤칠수록 불쌍한 여인입니다.

자신에 관해 속속들이 알고 있는 특별한 능력을 지닌 분임을 알자 일단 이 여인은 예수님을 선지자로 인정하며 평소에 궁금했던 것을 질문하기 시작합니다. 사마리아인들은 아브라함이 약속의 땅에 들어서 단을 쌓은 그곳이 세겜 땅 그리심 산이라는 믿음이 있었습니다(창 12:6~7). 사마리아인들은 약속의 땅에 들어와 축복을 선포한 곳이 그리심 산(신 11:29)이었다는 믿음과 더불어 "오직 너희 하나님 여호와께서 자기 이름을 두시려고 너희 모든 지파 중에서 택하신 곳인 그 거하실 곳으로 찾아 나아가서"(신 12:5)라는 말씀에 근거하여 그리심 산에서 제사를 드리고 있었습니다(실제로 지금도 약 700명 정도 남아있는 사마리아 인들은 그리심 산에서 자신들의 유월절에 양 40마리를 제물로 드리는 제사를 지내고 있습니다). 이스라엘 사람들이 예루살렘 시온 산에 있는 성전에서 예배를 드리는 것과 대조되는 것이었습니다. 이것을 염두에 두고 이 여인은 예수님께 누가 옳은가를 질문했습니다.

 이 질문에 대해 예수님께서는 두 곳 다 모두 유효기간이 지났음을 지적하십니다(21절). 하지만 예루살렘 성전은 최소한 하나님께서 계시하신 것을 좇아 제사하고 있기에(22절) 하나님의 구속사에서 정통 줄기를 좇고 있다고 말씀하십니다. 그리고 "구원이 유대인에게서 남이라"(22절)고 하십니다. 하지만 이제는 다른 시대가 다가왔음을 선언하십니다. 예수 그리스도께서 곧 이루실 십자가 사건을 통해 새로운 시대가 열릴 것이라는 것입니다. 이 새로운 시대에는 예배가 더 이상 어떤 특정한 장소에 국한되지 않습니다. '어디(where)가 옳으냐'의 문제를 뛰어넘어 신령과 진정으로 '어떻게(how) 드리느냐?'가 하나님께서 중요하게 여기시는 요소가 된다는 것입니다(24절).

 우리는 바로 그 새로운 시대에 살고 있습니다. 예수님의 말씀대로 인격적인 하나님을 섬기기 위해서는 첫째, 성경에 '신령'이라 해석되어 있는 '성령 안에서'(in spirit) 예배해야 합니다. 본질적으로 영이신 하나님 중심이 되어야 한다는 것입니다. 그것은 성령님의 역사하심만으로 가능하게 됩니다. 그와 함께 둘째, '진정'이라 해석되어 있는 '진리 안에서'(in truth) 예배해야 합니다. 하나님의 진리 되심과 말씀이 육신이 되신 예수 그리스도에 대한 개인적 지식이 있어야 하고 동시에 예수 그리스도를 닮아가고자 하는 자세로 예배 드려야 한다는 것입니다(23~24절).

사람들은 경건의 모양이나 형식을 갖추는 것에 주안점을 두지만 예수님은 신령과 진리로 예배해야 한다고 말씀하십니다. 결국 참된 예배는 예수 그리스도로부터, 예수 그리스도 안에서, 예수 그리스도를 통해서 드리는 예배입니다. 그런 예배 속에서 우리의 영원한 갈증이 해소되며, 우리의 필요가 채워지며, 우리의 삶에 소망이 생기며, 생기를 공급 받고 살 수 있습니다. 참된 예배를 통해서만 온전한 변화를 경험할 수 있습니다.

변화(Transformation)된 삶으로 이끄는 구원

새로운 시대에 대해 예수님이 말씀하시자 여인은 자신의 메시야에 대한 신앙을 나눕니다. "그가 오시면 모든 것을 우리에게 알려 주시리이다"(25절). 그녀에게는 분명 메시야에 대한 소망이 있었습니다. 이러한 모습을 "심령이 가난한자는 복이 있나니"(마 5:3)라는 말씀과 연결시킬 수 있을 것입니다. 그러한 열망이 있는 여인을 향해 예수님께서는 "내가 그라"(26절) 하며 자신을 드러내십니다. 그동안 자신의 정체를 감추어 왔던 것과는 달리 이 여인에게 자신의 정체를 밝히 드러내시며 매우 예외적으로 행동하십니다. 불쌍한 한 여인을 향한 그분의 사랑과 긍휼을 다시금 발견하게 됩니다.

예수님께서 자신의 정체를 밝히셨을 때 이 여인에게는 커다란 변화가 일어납니다. 이곳에서는 분명하게 말하고 있지 않으나 그녀는 니고데모와의 대화에서 쓰인 표현에서처럼 '하늘로부터 거듭나는' 경험을 합니다. 그 결과 인생의 태도와 목적이 바뀌어 버립니다. 더 이상 그 여인은 다른 이들의 시선을 피해 정오에 우물로 물 길러 온 모습이 아니었습니다. 도리어 다른 이들에게 조금도 주저하지 않고 나아갑니다. 그리고 그들에게 담대하게 전합니다. "내가 행한 모든 일을 내게 말한 사람을 와서 보라 이는 그리스도가 아니냐"(29절) 그녀의 개인적 간증이었습니다. 자신의 경험을 말하며 그 경험에 근거한 결론을 사람들에게 나눕니다. 그리고 자신의 말을 믿지 않더라도 그분을 만나보라고 초청합니다.

핵심은 그녀의 변화에 있습니다. 구원의 증거와 같이 그녀의 삶에는 변화가 일어납니다. 바람이 보이지 않으나 그 존재의 증거가 있듯 성령의 사람이라는 증거가 그녀의 삶의 변화를 통해 드러납니다(요 3:8). 이 여인의 변화는 다시 한 번 구원과 연관된 중요한 사실을 생각하도록 만듭니다. 하나님이 구속할 수 없을 만큼 구제불능의 실수나 죄는 없다는 것입니다. 그 어떤 경우에도 하나님은 우리를 사랑합니다. 동시에 잊지 말아야 할 사실은 사소한 죄도 엄연히 죄라는 것입니다. 오히려 우리가 대수롭지 않게 생각하는 죄가 더 문제가 될 수 있기에 그렇습니다. 우리 인생에서 가장 무서운 죄는 바로 아직 고백하지 않은 죄임을 잊어서는 안 됩니다.

하나님의 초청에 응답하여 예수 그리스도를 영접할 때 모든 것이 달라집니다. 변화를 경험하게 됩니다. 이 여인의 변화를 보며 극적인 변화를 경험한 한 사람이 떠오릅니다. 윌리엄 윌버포스의 삶을 다룬 '어메이징 그레이스'란 영화에 등장하는 존 뉴턴(John Newton)입니다. 그는 노예무역상을 하다가 복음 설교자가 된 사람이었습니다. 대서양을 건너 실어 나른 노예가 2만 명이었다고 말합니다. 악몽을 꿀 때면 여전히 그들의 부르짖음이 들린다고 말하던 그는 인생의 어떤 시점에 이르러 회심을 체험합니다. 그리스도인이 되었고 삶이 완전히 바뀌게 되며, 결국에는 목사가 됩니다. 노년에 그는 이렇게 선언합니다. "내 모습은 이상적이지 않습니다. 얼마나 불완전하고 부족한지요! 내가 원하는 모습도 아닙니다. 나는 악한 것을 혐오하고 선한 것을 붙드는 사람이 되고 싶습니다. 내가 소망하는 모습도 아닙니다. 얼마 후 나는 죽을 몸을 벗고, 모든 죄와 불완전함도 벗어 버릴 것입니다. 나는 이상적인 모습도, 내가 원하는 모습도, 내가 소망하는 모습도 아니지만, 이것만은 분명히 말할 수 있습니다. 지금의 나는 이전의 나와는 다릅니다. 죄와 사탄의 노예였던 그 모습은 아닙니다. 그래서 나는 사도 바울과 더불어 '내가 나 된 것은 하나님의 은혜로 된 것'(고전 15:10)이라고 기쁨으로 인정 할 수 있습니다." 이전과는 다른 변화된 삶으로 이끄는 구원의 능력을 발견할 수 있습니다.

사마리아 여인의 변화된 삶은 변화된 사람의 벤치마킹 대상이 됩니다. 소망을 발견하고 새로운 삶을 전하며 살게 된 사람의 모델이 됩니다. 우리 모두가 좇아야 할 모델로 묘사되고 있습니다. 우리가 경험한 하나님을 다른 이들과 나누며 다른 이들을 하나님께 초대하는, 복음을 나누는 자들이 되어야 할 것을 가르치고 있습니다. 우리에게도 그녀와 같은 변화된 삶이 필요하다는 것입니다. 그러기에 그녀의 적극적 복음 전파의 모습에 연이어 예수님께서는 분명히 하십니다. "나의 양식은 나를 보내신 이의 뜻을 행하며 그의 일을 온전히 이루는 이것이니라"(34절). 이어 "눈을 들어 밭을 보라 희어져 추수하게 되었도다"(35절)라고 말입니다. 하나님의 뜻과 영적 추수의 관계를 분명하게 보여줍니다. 그녀는 추수할 때에 추수하는 자의 모습으로 묘사되어 있습니다. "그 동네 중에 많은 사마리인이 예수를 믿는지라"(39절). 사마리아 여인이 예수님을 만나 변하여 하나님의 백성이 되었듯 주위에 수많은 사람들이 추수의 대상임을 지적하십니다. 예수님을 만나면 사마리아 여인과 같이 추수할 '대상'에서 추수하는 사역에 '동참'하게 된다는 것을 또한 기억해야 합니다. 하나님께서 선택하신 하나님 나라 확장의 방법입니다.

예수님에게는 하나님의 일을 하는 것 자체가 양식이었습니다. 하나님을 발견한 사람들 모두에게 예외 없이 그분의 일을 하는 자체가 양식이어야 합니다. 하나님의 말씀에 순종하여 행동했을 때 추수하는 이들의 수가 배가될 것이며 하나님께서 원하시는 추수를 이룰 수 있습니다. 이를 위해 우리도 그러한 부르심에 응답해야 합니다. 우리가 무슨 일을 하고 있든 상관없습니다. 하나님의 초청에 적극적으로 응답해야 합니다.

CHAPTER 10 기적을 경험하며 사는 삶
(4:43~5:15)

복음을 전하는 것이 힘이 들 때 문득문득 한 생각이 마음을 스칩니다. 예수님께서 멋진 기적을 보여 주시면 손쉽지 않을까라는 생각입니다. 예수님께서 베푸신 기적들이 우리의 눈앞에 일어난다면 과연 어떤 일이 일어날까요? 기적 자체가 갖고 있는 매력 때문에 관심의 수위가 갑자기 증가할 것은 분명합니다. 그런데 그 다음 질문이 중요합니다. '그 관심이 사람들을 그분을 향한 믿음으로 이끌 것인가?'하는 것입니다.

요한복음은 이러한 질문에 대해 분명한 관점을 가르치고 있습니다. 무엇보다도 먼저 기적 자체를 향한 지나친 관심은 위험하다는 것을 확실하게 말합니다. 그래서 기적이라는 단어 대신 '표적'이라는 단어를 사용함으로 기적이 가리키고 있는 중요한 사실을 나타내고자 했습니다. 기적 자체가 믿음으로 이끌지는 않기 때문입니다. 한 예를 들자면 죽은 이가 다시 살아난 기적 중의 기적이 있습니다. 요한복음 11장에 죽은 지 나흘이 지난, 나사로를 살리신 사건이 기록되어 있습니다. 모든 사람들이 죽은 이를 회생시킨 기적을 보고 예수님을 믿었을까요? 항상 그런 것은 아니었습니다. 11장 45~46절에 나와 있습니다. "예수께서 하신 일을 본 많은 유대인이 그를 믿었으나 그 중에 어떤 자는 바리새인들에게 가서 예수께서 하신 일을 알리니라." 기적 자체 보다는 그것이 담고 있는 메시지를 발견한 이들만이 믿음을 가질 수 있다는 것을 알 수 있습니다.

    기적의 유익을 과장하는 것은 문제가 있습니다. 그렇다고 기적을 무시하거나 멸시하는 것 또한 문제입니다. 만약 기적을 경험하게 되면 그것에 근거해서 믿으라고 권하고 있기도 합니다. "내가 행하거든 나를 믿지 아니할지라도 그 일은 믿으라"(10:38), "내가 아버지 안에 거하고 아버지는 내 안에 계신 것을 믿으라 그렇지 못하겠거든 행하는 그 일로 말미암아 나를 믿으라"(14:11).

    요한복음에서 가르치듯 기적에 대한 균형 잡힌 시각을 갖는 것은 중요합니다. 그럴 때만이 4장 44~45절의 말씀 "친히 증언하시기를 선지자가 고향에서는 높임을 받지 못한다 하시고 갈릴리에 이르시매 갈릴리인들이 그를 영접하니 이는 자기들도 명절에 갔다가 예수께서 명절 중 예루살렘에서 하신 모든 일을 보았음이더라"을 이해할 수 있습니다. 이는 예수님께서 사마리아에서의 사역을 마친 후 갈릴리로 돌아가시며 하신 말씀입니다. 갈릴리 지역의 나사렛이 예수님의 고향인데 갈릴리 사람들이 그분을 영접하였다고 나옵니다. 논리가 맞지 않아 보이는 이 장면은 바로 기적에만 지나친 관심을 갖고 있는 갈릴리 사람들을 향한 예수님의 비판이 담겨 있습니다. 바로 앞에 나오는, 그들이 멸시하는 사마리아 사람들과는 다른 모습이었습니다. 그들이 사마리아 여인의 전도와 예수님의 말씀을 통해(4:41) 예수님을 믿은 것과는 대조를 보입니다. 갈릴리인들은 2장 23절에서 말하고 있듯 예수님께서 일으키신 기적 때문에 그분을 영접하는 이들이었습니다. 예수님의 마음은 "너희는 표적과 기사를 보지 못하면 도무지 믿지 아니하니라"(4:48)에서도 다시금 드러납니다.

  기적에 대한 올바른 이해를 갖는 것은 중요합니다. 올바른 이해가 있을 때만이 올바른 관점을 가질 수 있기 때문입니다. 올바른 관점은 모든 것을 제대로 보도록 인도합니다. 19세기 말 심리학자인 조셉 제스트로우의 "인간은 육신의 눈으로 보는 것이 아니라 마음의 눈으로 본다."는 말 속에 그 의미가 담겨 있습니다. 기적을 향해서도 마찬가지입니다. 세상이 갈수록 살기에 어려워진다고 말합니다. 어느 때보다도 기적이 필요한 시대를 살고 있습니다. 기적을 믿지 않는 것도 문제지만, 기적에 대한 잘못된 기대를 가지고 살아가는 것도 문제입니다. 기적에 대한 올바른 패러다임이 결핍되어 있다면 기적이 일어난다 할지라도 믿음으로 이어질 수 없기 때문입니다. 본문 말씀은 절망적인 상황에 처한 사람들이 경험한 두 개의 사건을 통해 '표적'을 경험하려는 우리에게 교훈을 주고 있습니다.

예수님과의 개인적 만남의 중요성

  먼저 사랑하는 아들이 병들어 온갖 수단을 다 써봤으나 차도가 없을 뿐 아니라 죽어가는 왕의 신하의 이야기가 나옵니다. 그때 왕의 신하는 예수

완전 소중한 선물

님께서 유대에서 갈릴리로 오셨다는 소식을 듣고 예수님을 찾아갑니다. 예루살렘에서 하신 일을 들었기 때문에 그분에게 도움을 청하기로 결정한 것입니다.

이 사건에서 우리가 발견해야 하는 중요한 가르침이 있습니다. 아들이 죽을 병에 걸리지 않았다면 이 신하에게는 예수님께서 갈릴리에 오신다는 사실이 전혀 중요하지 않았을 것이며 그분을 찾아갈 이유도, 결국에는 예수님을 만날 수도 없었을 것이라는 것입니다. 불행이 가지고 온 행운이라고 표현할 수 있습니다. C.S. 루이스가 『고통의 문제』라는 자신의 저서에서 말한 한 마디가 떠오릅니다. "하나님은 우리 즐거움에 대고는 속삭이고 우리 양심에 대고는 평범하게 이야기하지만 우리 고통에 대고는 소리를 지른다. 귀먹은 세상을 일깨우는 것은 하나님의 확성기다." 그렇다고 해서 모든 이들이 이러한 선택을 하는 것은 아닙니다. 왕의 신하와 같이 예수님을 찾아가 구하는 선택을 하는 이들에게만 불행한 상황이 축복의 상황으로 바뀔 수 있습니다.

"인생은 환경과 천성의 산물이 아니라, 선택의 산물이다."는 표현을 생각해봅니다. 어떤 행동을 취하기로 선택했느냐가 중요합니다. "믿음은 바라는 것들의 실상이요 보지 못하는 것들의 증거니"(히 11:1)라는 말씀을 기억하며 예수님께 나아가야 합니다. 상황을 뛰어넘는 선택을 해야 합니다. 우리들을 사랑하시며 긍휼을 베풀기 원하시는 분이기에 우리는 그러한 선택을 할 수 있습니다.

연속해서 38년 된 병자를 고치시는 기적이 나옵니다. 예수님을 찾아온 왕의 신하의 경우와는 달리 이 병자의 경우에는 예수님께서 직접 찾아가십니다(마치 3장과 4장 전반부에 기록되어 있는 니고데모와 사마리아의 여인의 대조와 같습니다). 그는 육체의 질병은 물론 상처와 아픔으로 얼룩진 영혼의 병에서 치유 받아야 하는 대상이었습니다.

베데스다 못은 오늘날 간헐천(geyser)처럼 열수의 수증기, 기타 가스를 일정한 간격을 두고 주기적으로 분출하는 온천 같은 곳이었나 봅니다. 베데스다 못에 오는 병든 자들에게 믿음으로 나음을 경험하는 역사가 일어났습니다. 다양한 환자 중에 가장 먼저 못에 들어갈 수 있는 환자는 피부병 환자이고, 다리 저는 사람과 맹인 등이 그 다음 순서였을 것입니다. 때문에 38년 동안 병들어 누워 있어야 하는 이 사람에겐 기회조차 없었음이 너무나도 당연했습니다.

병이 나아 돌아가는 이들을 쳐다보며 부러워할 수밖에 없는 불쌍한 병자를 향해 예수님께서 친히 찾아 오셔서 "네가 낫기를 원하느냐?"고 물으십니다. 이 질문은 어떻게 보면 매우 생뚱맞게 들립니다. 너무나 당연한 질문이기 때문입니다. 하지만 그 질문은 매우 중요한 것이었습니다. 자신이 처한 상황에 대해 아무것도 할 수 없는 자신의 모습을 깨닫는 것이 치유가 일어나기 전에 정말로 필요한 것이기 때문입니다. "나는 누구인가?"라는 자신의 정체성에 관한 질문에 답을 찾는 것이 하나님을 만나기 전에 필요합니다.

또한 그 질문은 나음을 향한 그의 깊은 갈망과도 연관이 있습니다. 마음의 병이 육신으로 이어지기도 하고, 육신의 병이 마음의 병으로 번지는 경우도 있습니다. 그렇기에 육신과 마음이 동시에 치료되는 전인적 접근이 필요한 것입니다. 38년 동안의 고통으로 이 사람은 만성 의욕상실증이라는 마음의 병에 걸려 있었습니다. 기대와 실망의 반복을 경험하다가 이제는 소원조차 없어진 모습에 처해 있습니다. 의욕 상실, 기대 상실, 꿈을 포함한 모든 것이 상실된 절망의 상황이었습니다. 예수님의 질문을 향한 "주여 물이 움직일 때에 나를 못에 넣어 주는 사람이 없어 내가 가는 동안에 다른 사람이 먼저 내려가나이다"(5:7)라는 그의 답에는 자신이 처한 상황과 함께 다른 이들을 향한 원망과 실망이 담겨 있습니다. 이 때문에 '베데스다'는 '은혜 또는 자비의 집'이라는 의미를 지닌 곳이었음에도 불구하고 그에게는 오히려 '절망 또는 잔인의 집'이라는 의미로 다가왔을 것입니다.

이 병자 이야기에는 현대의 기독교인들에게도 동일한 적용을 해 볼 수 있는 중요한 사실이 있습니다. 우리 모두가 교회 생활을 열심히 하고 말씀을 통해 예수님에 대해 들어 왔지만 베데스다에 오신 예수님을 알아보지 못한 채 물이 동하기만 기다리는 병자처럼 영적 소경이요, 영적 절름발이요, 영적 식물인간으로 살아가고 있을 수 있습니다. 기적을 경험한다고 할지라도, 몸이 낫는다고 할지라도 예수님을 만나지 못한다면 영혼은 치유되지 않습니다. 우리 모두는 그분을 만나야 합니다. 그것이 모든 치유와 문제 해결의 실마리가 됩니다. 그분을 찾아가시든지 아니면 지금도 찾아오셔서 당신을 만나기 원하시는 예수님과 개인적으로 만나십시오. 그것이 모든 치유의 시작을 위한 절대적 필요 조건입니다.

말씀에 순종하는 자세의 중요성

예수님은 병에 걸린 아들을 고쳐달라며 찾아온 왕의 신하를 칭찬하시기 보다는 책망하십니다. 물론 그를 향한 책망도 있겠으나 그 당시 사람들에 대한 책망의 의미가 더 컸을 것입니다. 그러기에 '너는'이라는 표현보다 '너희'라는 표현을 쓰셨습니다(4:48). 표적과 기사를 보지 못하면 도무지 믿지 않는 그 지역의 분위기를 책망하신 것입니다. 앞에서 지적하였듯 단순한 기적 자체는 영적으로 위험하기 때문입니다. 왕의 신하도 다른 이들과 마찬가지였을 것입니다. 그의 관심과 지식은 단순히 아들의 병을 고치는 것에 국한되었을 뿐, 그분이 누구신지 모를 뿐 아니라 관심도 없었습니다. 그러한 모습이 예수님의 책망을 받은 이유였습니다.

하지만 왕의 신하의 태도는 일반적인 사람들의 태도와는 차이가 있었습니다. 사람들은 책망을 받으면 크게 두 가지의 반응을 보입니다. 책망을 통해 지혜를 깨닫는 사람이 있는가 하면, 책망으로 인해 기분 나빠하는 사람도 있습니다. 물론 후자가 더욱 더 많다는 것을 우리는 너무나 쉽게 경험합니다. 잠언 9장 8절에는 "거만한 자를 책망하지 말라 그가 너를 미워할까 두려우니라 지혜있는 자를 책망하라 그가 너를 사랑하리라"라고 말합니다. 왕의 신하는 지혜로운 사람에 속했습니다. 예수님의 책망을 기분 나빠하지 않고, 오히려 예수님이 말씀하신 의도가 무엇인지 그 의미를 이해하려고 노력했습니다. 그리고 34km나 떨어진 가버나움으로 와달라고 부탁을 합니다. 그때 예수님께서 '아들이 살 것'이라는 놀라운 말씀을 그에게 하십니다. 예수님의 이러한 말씀에 왕의 신하는 '그 말씀을 믿고' 집으로 갔다고 기록되어 있습니다(50절).

한 마디로 요약하자면 신하는 원래 '표적믿음'을 구했으나, 예수님께서는 '말씀믿음'을 요구하셨습니다. 보통 사람 같으면 불평하거나 실망했을 텐데 그는 말씀을 믿고 돌아갑니다. 표적과 기사를 구하는 사람들을 향한 메시지가 분명합니다. 예수님은 말씀에 대한 믿음이 역사를 이룬다는 것을 보여줍니다. 말씀으로 치료하실 뿐 아니라 원거리 치료가 이루어지며 생명을 살리는 역사가 일어납니다.

38년 된 병자에게는 조금 다른 대응을 하시는 예수님을 발견합니다. 원망과 절망이 담긴 하소연을 하는 그에게 예수님께서는 "자리를 들고 걸으라"고 말씀 하심으로 그를 고치십니다. 전적인 하나님의 은혜로 일어난 사건이었습니다.

예수님은 병자 스스로 능력과 힘을 믿고 결단하고 가라 말씀하십니다. 병자는 그저 예수님의 말씀을 믿고 일어나 자신의 자리를 들고 걸어갑니다. 그는 예수님을 불러보지도 않았습니다. 또 도와달라고 요청해 본 적도 없습니다. 그저 자리를 들고 일어나라는 말씀에 따랐을 뿐입니다. 예수님이 양문 곁에 있는 수많은 병자 중에 무기력하게 누워 있는 이 사람에게 찾아오셔서 말씀으로 고쳐주신 것입니다. 그런 면에서 표적 중의 표적이라고 할 수 있습니다. 바로 예수님이 어떤 분인가를 잘 보여주고 있습니다.

예수님은 우리에게도 그렇게 찾아오실 수 있습니다. 모든 이들에게 관심과 사랑, 놀라운 계획을 가지고 계신 분입니다. 그분을 향한 기대를 갖고 살아야 합니다. 왜냐하면 긍휼과 은혜가 충만하신 분이기 때문입니다. 그리고 그런 분이 말씀한다면 순종해야 합니다. 순종하지 않으면 역사가 일어날 수 없습니다. 요행을 바라지 말고 기도하는 마음으로 적극적으로 행동할 때 능력이 나타납니다. 이곳에 나오는 표현을 이용하자면 바로 '하나님의 말씀에 순종할 때 즉, 말씀이 동할 때' 치유가 일어나는 것입니다.

지속되는 믿음의 선 순환의 중요성

견고한 믿음을 세워가기 위해서 가장 중요한 것이 있다면 그것은 확신일 것입니다. 왕의 신하는 돌아가는 도중에 하인을 만나 아들이 살아났다는 이야기를 듣습니다. 그는 즉시 예수님께서 자신에게 말씀하신 시점을 생각해 봅니다. '믿음의 확인'이라는 중요한 단계입니다. 신하의 확인은 더 커다란 확신으로 나타나 집안 모든 사람이 믿게 되는 역사로 확산됩니다. 믿음의 선 순환을 일으키기 위해서 꼭 필요한 단계입니다.

하나님께 기도 드린 후 사람들이 자신이 기도한 것을 어떻게 추적하는가를 보면 흥미롭습니다. 기도한 후에 응답을 전혀 점검하지 않는 경우가 일반적입니다. 물론 상대적으로 시시한 문제들이라고 여기기에 그럴 수 있을 것입니다. 그러나 응답을 받고 그 순간에 감사하긴 하나, 곧 잊거나 심지어 믿음까지 잃어버리는 안타까운 경우도 보게 됩니다.

여기서 신앙 성장을 위한 중요한 교훈 하나를 발견합니다. 기도한 것은 작은 것이라도 점검하면서 성장해 가야 한다는 것입니다. 다르게 표현하자면 견고한 믿음을 위해 말씀의 능력을 확인하는 작업이 필요하다는 것입니다. 기도했다면 응답을 점검해야 하며('NO'도 응답임을 기억해야 합니다), 감사를 통해 이러한 과정을 순환시켜야 합니다. 그래야 신앙 성장을 향한 선 순환이 비로소 가능하게 됩니다. 기도노트를 준비하여 제목을 적은 후 응답여부를 기록하는 습관이 왜 필요한지를 보여줍니다.

많은 사람들은 오직 육신의 질병이 낫는 데만 관심을 가집니다. 38년 된 병자도 그런 부류에 속해 있던 사람이었습니다. 그러다 보면 기적은 삶의 변화와는 전혀 무관한 채 놀라운 사건으로만 남을 수 있습니다. 예수님은 그런 위험을 간과하지 않고 고침 받은 사람에게 더 이상 죄를 짓지 말라고 말씀하십니다. 이 사람의 고통은 자신의 죄와 연결되어 있었음을 보여 줍니다. 고통의 이유 중 하나를 발견할 수 있는 부분입니다. 물론 모든 것이 죄 때문이지만, 때로는 그 죄의 결과가 특별하게 느껴지는 경우가 있는데 이 부분이 그런 경우에 속한다고 할 수 있습

니다. 중요한 것은 치유의 기적은 삶의 변화로 연결되어야 한다는 것입니다.

하나님의 특별한 간섭이 필요한 이 시대에 왕의 신하를 보며 적극적이고 순종적인 믿음의 소중함을 발견합니다. 믿음의 선 순환을 통해 아름다운 열매를 맺어가는 모델을 발견합니다. 또한 38년 된 병자를 통해서 우리들이 곤경에 처해 있을 때 그대로 버려두지 않으시는 예수님의 속성을 다시금 보게 됩니다.

분명한 것은 바로 우리의 자세입니다. 우리도 예수님의 이름으로 주시고자 하는 하나님의 긍휼과 능력의 역사를 경험하며 살 수 있습니다. 로마서 8장에 그려진 삼위일체 하나님의 '연합작전'을 통해 다시금 마음속에 새겨야 할 확신입니다. 예수 그리스도에 관해서는 "누가 정죄하리요 죽으실 뿐 아니라 다시 살아나신 이는 그리스도 예수시니 그는 하나님 우편에 계신 자요 우리를 위하여 간구하시는 자시니라"(롬 8:34), 성령님은 "이와 같이 성령도 우리의 연약함을 도우시나니 우리는 마땅히 기도할 바를 알지 못하나 오직 성령이 말할 수 없는 탄식으로 우리를 위하여 친히 간구하시느니라"(롬 8:26), 성부 하나님을 향해서는 "자기 아들을 아끼지 아니하시고 우리 모든 사람을 위하여 내주신 이가 어찌 그 아들과 함께 모든 것을 우리에게 주시지 아니하겠느냐"(롬 8:32)라는 표현 안에 우리를 향한 사랑이 담겨 있습니다.

그러기에 믿는 이들 모두는 상황을 뛰어넘어 믿음의 눈으로 담대하게 예수님께 구하고 그분이 이루시는 '표적'을 경험할 수 있습니다. 우리가 원하는 대로 응답을 얻지 못할지라도 다음 약속을 분명히 기억해야 합니다. "우리가 알거니와 하나님을 사랑하는 자 곧 그의 뜻대로 부르심을 입은 자들에게는 모든 것이 합력하여 선을 이루느니라"(롬 8:28). '표적'을 향한 올바른 관점은 그것을 경험할 수 있게 만들 것입니다.

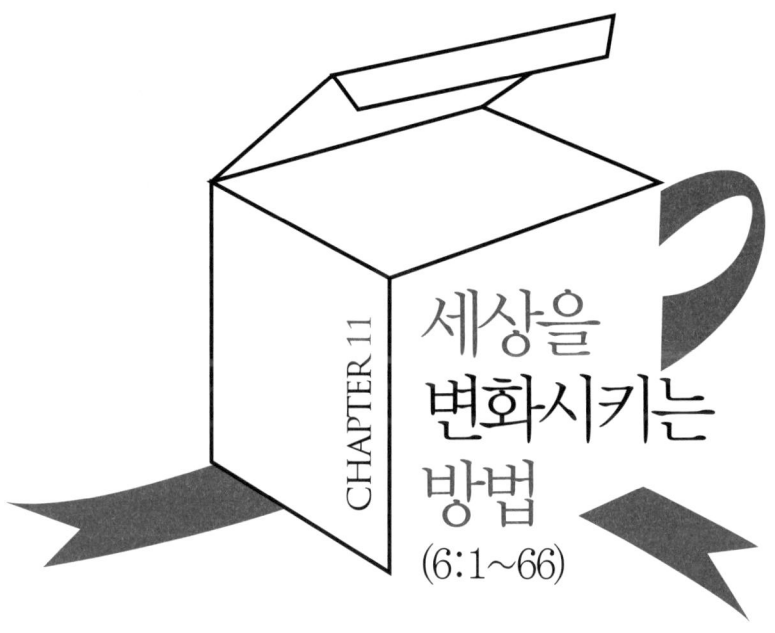

CHAPTER 11
세상을 변화시키는 방법
(6:1~66)

"한국 민족은 진짜 대단하다."

외국 사람이 우리의 경제 성장 및 부흥을 보며 한 말입니다. 30~40년 전까지만 해도 꿈도 꾸지 못했을 상황이 우리의 눈앞에 펼쳐져 있습니다. 외국 팝송을 듣는 것이 멋이었으며, 외국 가수가 방문하면 나라가 들썩거릴 정도로 열광하던 때가 있었는데, 요즘 K-pop 스타들을 향한 외국인들의 열광을 보면 격세지감을 느낍니다.

그뿐만이 아닙니다. 60년대에 어린 시절을 보내본 사람들은 "뛰지 마라! 배 꺼질라."라는 말을 한 번쯤 들어봤을 것입니다. 아까운 양식을 먹은 후 뛰어노는 데 기운 쓰지 말라는 가슴 아픈 뜻이 담긴 말이었습니다. 그 당시는 먹는 것이 귀

했습니다. 그러다 보니 서로에게 가장 자주 하는 인사말이 "진지 드셨습니까?" 또는 "밥 먹었냐?"라는 질문이었습니다. 세 끼 제대로 챙겨 먹는 일이 너무 중요했기 때문이었습니다. 물론 요새는 "언제, 식사 한번 하자."라는 인사가 빈말이 되어버렸지만, 지금도 외국인들은 한국에 오면 "식사를 했느냐."라고 묻는 사람이 너무 많아서 놀란다고 합니다.

먹을 것이 풍족하지 못했던 시절은 이제 지나갔습니다. 지금은 '배를 꺼지게 하려고' 달리는 세상이 되었습니다. 과거 부자의 특징이라 여겼던 '똥배'가 지금은 게으르고 자기 관리를 못하는 사람의 상징이 되었기 때문입니다. '무엇을 먹을까, 무엇을 마실까'라는 표현에 대한 이해도 함께 변했습니다. 과거엔 먹을 것이 없어서 고민하던 것이었다면 지금은 수많은 먹을 것을 놓고 선택하는 모양새가 된 것입니다.

이렇게 '배부른' 상황에서 요한복음 6장 오병이어의 기적을 대하는 것은 배고픈 상황에서 대할 때와 다를 것입니다. 지금 먹을 것에 대한 기적을 말하면 그리 피부에 와 닿지 않을 수도 있습니다. 그러나 전 세계에 '만성기아인구'가 10억 명 가까이 된다는 사실을 생각하며 이 기적을 보면 좀 더 다른 의미로 다가옵니다. 약 70억 세계 인구 중에서 거의 15%가 기아에 시달리고 있는 상황입니다. 비록 모두가 골고루 나눠 먹을 만큼의 식량이 있지만, 그것이 제대로 배분되지 않기 때문에 누구는 넘치고 누구는 모자라는 것입니다.

배고픔이 채워지고도 남은 '풍요함'의 상징이라 할 수 있는 오병이어의 기적은 지금도 필요합니다. 인류 역사에서 이런 소망을 품지 않았던 때는 없을 것입니다. 인간으로서 기본적인 필요도 채우지 못하고 살아가는 사람들은 늘 존재했을 테니 말입니다. 아마도 이런 이유로 오병이어 기적이 유일하게 사복음서 모두에서 다루어지고 있는지도 모릅니다. 모든 기적들 중에서 특별히 귀하게 여기며 전해진 기적이었던 것입니다.

그러나 우리가 잊지 말아야 하는 사실이 있습니다. 오병이어의 기적은 단순한 육적 필요를 채우는 그 이상의 의미를 담고 있다는 것입니다. 요한복음이 '기적'이라는 단어 대신 '표적'이라는 단어를 쓰고 있는 것과 같은 맥락입니다. 요한복음은 단순히 오병이어 기적을 기록함으로 끝내기 보다는 그로부터 놀라운 영적 메시지를 끄집어내고 있습니다. 오병이어 기적은 필요한 영적 메시지를 전하기에 가장 적절하며 피부에 와 닿는 기적이었습니다. 그래서 배고픈 이들이나 그렇지 않은 이들 모두에게 필요한 메시지를 주고 있습니다.

영적인 채움이 필요한 인간들

예수님께서 가장 많이 활동하신 갈릴리 지방에는 다양한 이름으로 불리는 커다란 호수가 있습니다. 구약에서는 호수의 모양을 따라 '수금'(harp)이라는 의미를 가진 긴네렛([Kinnereth], 민 34:11)으로 부르기도 했습니다. 신약에서는 게네사렛(눅 5:1), 디베랴 호수(요 21:1)라고도 불리나, 대부분의 사람들에게는 갈릴리 호수라는 이름이 가장 익숙합니다. 호수와 바다의 구별이 불분명한 히브리어의 특성을 고려한다면 성경에서 어디에서는 호수로 어디에서는 바다로 표현하고 있음을 이해할 수 있습니다. 한 가지 더 언급하면 갈릴리 호수는 세계에서 가장 낮은 곳에 위치한 담수호입니다. 주위가 상대적으로 높고 서쪽은 바다에서 멀지 않으며 동쪽은 건조한 기후를 지닌 지형을 지니고 있어 순간적으로 날씨가 변하기도 하는 특징이 있는 곳입니다. 복음서를 읽다가 만나게 되는 다양하고 예기치 못한 기후와 연관된 사건들이 생길 수 있는 독특한 지형을 지닌 곳입니다. 다양한 사건들을 만들기 위해 준비한 '하나님의 세트장'과 같은 느낌이 들게 하는 곳입니다.

호수의 동쪽에서('갈릴리 바다 건너편', 1절) 이야기는 펼쳐집니다. 예수님의 소문은 갈릴리 지경에 널리 전파되었고, 수많은 사람들이 예수님을 슈퍼스타로 여기며 호수로 몰려옵니다. 부인과 아이들까지 생각하면 족히 2만 명은 모였을 것입니다. 엄청난 인원입니다. 이들의 태반은 형편이 넉넉하지 못했으며, 유대인에게 가장 중요한 명절인 유월절을 신경 쓸 여유조차 없는 이들이었습니다. 예수님이 그들을 향해 하나님 나라의 복음을 전하시는 도중 점심 식사 시간이 되었습니다. 끼니를 때울 준비조차 안 된 그들이 안쓰러워 예수님은 빌립에게 "어디서 떡을 사 먹일 수 있겠느냐?"라고 묻습니다. 왜 그런 질문을 하셨을까요? 예수님께서는 제자들에게 자신이 인간의 영적 필요를 채우시기 위해 이 땅에 오신 것임을 알리려고 시험하신 것이었습니다. 단순한 시험이 아니라 훈련의 목적이 있었습니다. 예수님께서는 빌립이 어떻게 할 것인가를 이미 알고 계셨습니다(6절). 이 질문의 대상으로 빌립이 특별히 선택된 것은 그가 계산을 잘하는 것도 있겠으나, 안드레, 베드로와 함께 근처 동네인 벳새다 사람이었기에 그랬을 것입니다(요 1:44).

빌립의 답은 겉으로 보기에도 부족한 것이었습니다. '어디서'(where)라고 질문했는데 '정확한 계산'으로 답을 합니다. '얼마인가'(How much)라는 질문으로 오해한 것 같습니다. 한 때 인기를 누리던 만화 〈광수생각〉에서 "곤충을 세 부분으로 나누면?"이라는 질문과 함께 답을 적을 세 개의 네모 칸을 주었습니다. 생물학적 정답은 우리가 알 듯 "머리, 가슴, 배"입니다. 그러나 만화에서 어린아이는 "죽, 는, 다"라고 답을 했습니다. 아이들의 재치가 담긴 유머러스한 답입니다. 그것도 답이 된다고 말할 수 있으나 정답은 아닙니다. 마치 빌립의 계산같이 말입니다. 그의 계산 자체는 정확했을 것입니다. 그러나 그의 답은 예수님께서 구하시는 정답이 아니었습니다. 출제자의 의도를 잘못 읽은 것입니다.

무엇보다 거기에는 인생의 가장 중요한 변수인 하나님이 빠져 있습니다. 이성적이고 피상적인 대답만 있고 믿음이 없습니다. 하나님이 완전히 배제된 계산이기에 정답이 될 수 없습니다. 예수님께서 테스트하고자 하셨던 것은 빌립의 산수나 시장경제에 관한 실력이 아니었습니다. 영적 배고픔을 채울 수 있는 분이 예수님이라는 사실을 이해하고 있는가를 물으신 것입니다. 그러나 빌립은 몰려드는 군중의 육적인 필요는 보았지만, 예수님을 알지 못해 죽어가는 그들의 영적 필요는 보지 못했습니다. 그에게 부족한 것은 돈이 아니라 영적 필요를 바라볼 줄 아는 영적 안목이었습니다. 특별히 다른 복음서와 달리 "너희가 먹을 것을 주라"라는 말씀이 빠진 것을 보면 요한복음에서 강조하고 있는 것이 어디에 있는지 엿볼 수 있습니다.

인간은 영적 필요가 채워지지 않으면 만족할 수 없는 존재입니다. 구제와 섬김은 중요합니다. 우리가 가진 것으로 세상의 필요를 채우는 것은 중요합니다. 하지만 그것만으로는 안 됩니다. 영적인 필요를 채우고자 하는 분명한 목적과 의도로 무장되지 않는 한 구제와 섬김은 허공을 치는 것일 수 있음을 분명히 알아야 합니다.

믿음은 모든 것의 기초

빌립이 언급한 이백 데나리온은 육체 노동자 6개월 치에 해당하는 급여로 우리 돈으로 환산해도 적지 않은 액수입니다. 빌립이 숫자에 밝았다면, 안드레는 인간관계의 달인으로 기적에서 중요한 역할을 합니다. 그는 사려 깊은 사람이었습니다. 가난한 아이를 살피는가 하면 그 아이가 가져온 초라한 점심까지도 눈여겨보았으니 말입니다. 앞에서 이미 지적하였듯 이런 그의 특징은 1장에서 베드로를, 12장에서 헬라인을 예수님께 데려오는 것에도 그대로 나타나 있습니다. 그가 가난한 아이의 점심을 무슨 의도로 가져왔는지는 정확히 알 수 없습니다. 하지만 9절 후반부에서 "그러나 그것이 이 많은 사람에게 얼마나 되겠사옵나이까?"라고 언급한 것으로 보아 빌립과 유사한 계산을 했을 것이라는 추측이 가능합니다.

그런데 이것이 예수님의 기적의 시작점이 됩니다. '오병이어의 기적'은 아무것도 없는 데서가 아니라 안드레의 순전한 믿음과 아이의 헌신이 합해서 일어났습니다. 결과적으로 보면 예수님이 빌립에게 문제를 냈는데, 답은 안드레가 찾아낸 것입니다. 안드레는 작은 것에서 큰 것을 볼 수 있는 안목이 있었습니다. 안드레의 믿음이 온전하지 않을지라도 어린아이의 보잘것없는 오병이어를 예수님 앞에 내놓는 믿음이 있었기 때문에 위대한 기적은 가능했습니다.

마더 테레사 수녀에 관한 한 예화가 있습니다. 한 교회에서 예배당을 지으려는데 돈이 부족했습니다. 모두들 고민에 빠졌습니다. 그러자 테레사 수녀가 주머니에서 동전 하나를 꺼내면서 이렇게 말했습니다. "돈은 여기 있습니다." 사람들이 얼마나 웃었겠습니까? 예배당을 짓기 위해서는 엄청난 돈이 필요한데, 동전 하나 꺼내 놓고선 돈이 여기 있다니, 사람들이 어이없다는 듯한 표정으로 그녀를 쳐다보며 "그것은 동전 아닙니까?"하고 물었습니다. 그때 테레사 수녀는 "맞습니다. 이것은 동전 한 닢에 불과합니다. 그러나 여기에 하나님의 생각을 더하면 못할 일이 없습니다."라고 답했다고 합니다.

가난한 아이의 점심이었던 '오병이어'라는 보잘것없는 것에 하나님의 생각을 보태자 5천 명, 아니 2만 명이 배불리 먹고도 열두 광주리가 남는 놀라운 기적이 일어났습니다. 우리가 가진 것이 보잘 것 없다 할지라도 안드레처럼 믿음으로 하나님께 드린다면 놀라운 기적이 일어날 것을 가르쳐줍니다. 중요한 것은 우리의 작은 헌신이 있느냐, 그리고 그 헌신을 드리며 하나님을 향한 믿음의 기대가 있느냐일 것입니다.

빌립처럼 믿음 없이 계산만 빠른 사람은 절망할 수밖에 없습니다. 영적 필요는커녕 육적 필요도 채워지지 않습니다. 그러나 안드레처럼 작은 믿음만 있어도 예수님께서는 우리를 사용하셔서 열두 광주리가 남는 놀라운 기적을 행하실 것입니다. 똑똑함은 믿음이 더해질 때만 충분함으로 다가옵니다. 믿음을 상실한 이성은 비전을 이룰 수 없습니다. 세상의 어려움을 보며 우리 모두 믿음을 기초로 한 섬김에 동참해야 합니다.

진정한 채움을 가능케 하시는 예수님

4절을 보면 유월절이 가까웠다고 말하고 있습니다. 유월절은 애굽의 노예 신세에서 해방된 것을 기념하는 날로 우리의 광복절 이상의 의미

180 page   완전 소중한 선물

가 있는, 유대인들에게는 매우 중요한 명절입니다. 요한복음에서는 오병이어의 기적이 독립과 해방의 의미를 기념하는 유월절을 앞에 두고 일어났다고 말합니다. 단순히 한 끼 식사를 해결하는 것 이상의 의미를 지니고 있음을 의도하고 있는 것입니다.

그런 배경 때문이었는지 예수님을 좇던 무리들은 자신들의 필요를 채워주는 그분을 '왕'으로 만들고 싶어 합니다. 오병이어의 기적을 체험하면서, 육적인 필요를 채워준 그 분이 로마로부터 자신들을 해방시켜 줄 수 있을 것이라고 기대했을 것입니다. 물론 예수님은 그들의 육적인 필요를 채울 수 있을 뿐 아니라 독립과 해방을 만들어내실 능력이 있는 분입니다. 그러나 예수님은 그것에만 담아 놓을 수 없는 분이고 제한될 수도 없는 분이었습니다. 사람들의 그러한 의도를 간파하신 예수님은 산으로 피해 버리십니다. 그들이 깨닫지 못한 가장 중요한 것을 채우기 위해 오신 분이기에 잘못된 기대에 부응하기를 거부하셨던 것입니다.

그 후 예수님은 풍랑의 어려움에 빠진 제자들과의 만남에서 "나다."라고 말씀하십니다. 신적 존재인 동시에 제자들과 친밀한 분임을 나타내시는 특별한 말이었습니다. 그것은 '너희가 알고 있는 나'와는 다른 '스스로 존재하는 나'의 대조를 의도하신 것입니다. 제자들은 "언제(어떻게) 여기 오셨습니까?" 또는 "여기에 얼마나 계셨습니까?"(25절)라고 묻습니다. 그들은 예수님이 배에 오르는 모습을 보지 못했기 때문이었습니다. 백성들을 피해 산으로 올라가신 모습을 마지막으로 보았던 그들에게는 의문거리였습니다. 예수님께서는 "지난 밤에 이곳에 왔다. 바로 위로 걸어왔다."라고 대답하시지 않습니다. 다만 "너희가 나를 찾는 것은 표적을 본 까닭이 아니요 떡을 먹고 배부른 까닭이로다"(26절)라며 그들의 의중의 정곡을 찌르십니다. 제자들은 표적을 넘어 예수님이 하나님의 아들임을 알아보아야 하는 사람들이었기 때문입니다.

　　표적을 보여주셨음에도 불구하고 제자들은 "그럼 표적이 무엇입니까?"(30절)라고 반문합니다. 그리고 모세의 말을 언급하며 '하나님의 떡'과 같은 표적을 요구합니다(31절). 그것은 그들의 조상들이 광야에서 먹은 '만나'라는 것이었습니다. '만나'라는 표현 자체가 지닌 아이러니를 발견할 수 있습니다. 문자적으로 '도대체 이게 뭐지?'라는 의미입니다. 무엇인지는 모르지만 하나님이 보내준 그것을 조상들은 먹었습니다. 제자들은 그것이 무엇인지는 모르지만 그런 것을 먹어야 하지 않는가를 말하고 있습니다. '땅의 떡'이 아닌 '하늘에서 내린 떡'이 필요하다는 것입니다.

　　예수님이 그들을 향해 "하나님의 떡은 하늘에서 내려 세상에 생명을 주는 것이니라"(33절)라고 말씀하십니다. 생명의 떡이라는 말은 좀 더 정확하게 말하면 '양식'이나 '주식'을 의미합니다. 그들이 "이 떡을 항상 우리에게 주시옵소서"(34절)라고 답하는 것이 당연합니다. 주식은 질리지 않습니다. 미국 사람들이 매일 빵을 먹어도 질리지 않듯, 한국 사람은 '밥심'으로 삽니다. 그래서 피자나 고기를 먹고도 서운해하며 밥을 먹습니다. 매일 먹어도 물리지 않는 밥과 같이 예수님과 예수님의 말씀을 매일 먹어야 삽니다. 매일매일 은혜를 바라고 먹어야 살 수 있는 것입니다.

　　예수님께서는 "나는 생명의 떡이니 내게 오는 자는 결코 주리지 아니할 터이요 나를 믿는 자는 영원히 목마르지 아니하리라"(35절)라고 말씀하십니다. 떡 너머에 있는 본질을 지적하시는 말씀입니다. 또한 십자가에서 일어날 대속의 죽음과 그 사실에 대한 믿음을 연결하시기 위해 '내 살과 내 피'라는 표현을 도입하십니다(53~58절). 우리가 아는 성찬과 연결하는 것이 아닙니다. 오히려 그분의 십자가 사건을 통한 구속의 죽음이 담고 있는 의미를 연결하는 것입니다. 예수님의 구속 사역을 믿음으로 예수님을 개인의 주, 개인의 하나님으로 영접하며, 그분을 따르며 사는 것을 의미합니다. "내 살을 먹고 내 피를 마시는 자는 영생을 가졌고 마지막 날에 내가 그를 다시 살리리니 내 살은 참된 양식이요 내 피는 참된 음료로다 내 살을 먹고 내 피를 마시는 자는 내 안에 거하고 나도 그의 안에 거하나니"(54~56절)라고 말씀하십니다. 40절의 "내 아버지의 뜻은 아들을 보고 믿는 자마다 영생을 얻는 이것이니 마지막 날에 내가 이를 다시 살리리라 하시니라"라는 말씀과 비교해 보아야 합니다. 예수님과의 개인적 믿음의 관계를 '피와 살을 먹고 마신다'라는 표현으로 사용하신 것입니다.

그러나 예수님을 따라다녔던 제자들 중에는 육신의 배고픔은 잠시 채웠지만 영적 배고픔과 목마름을 채우지 못한 채 떠난 사람들이 많았습니다(66절). 그들은 겉으로 나타난 것 이상을 보지 못했으며 예수님의 말씀에 담긴 의미를 이해하지 못했습니다. 아니 더욱 정확히 표현하자면 거부했습니다. "이 사람이 어찌 능히 자기 살을 우리에게 주어 먹게 하겠느냐"(52절) 또는 "이 말씀은 어렵도다 누가 들을 수 있느냐"(60절)라고 말하면서 말입니다.

나중에 로마정부가 기독교인들의 성찬 의식을 문자적으로 해석하여 '식인 풍습'(cannibalism)으로 내몰았던 것도 같은 맥락에 있습니다. 이들은 믿음으로 나아갈 때 예수님께서 우리 영혼의 배고픔과 갈증을 영원히 채워 주신다는 오병이어의 기적의 의미를 깨닫지 못한 것입니다. 껍데기만 보고 따라다니다가 진짜를 알려주시니 어렵다고 사라진 것입니다.

이것은 우리에게 중요한 것을 깨닫게 합니다. 인간의 모든 욕망은 물질로 채워지지 않는다는 사실입니다. 오히려 욕망은 영성의 소중함을 가르치는 화살표입니다. 지금 전 세계가 겪는 경제난은 인간의 탐욕 때문이 아닌가 싶습니다. 경제난은 우리에게 참된 양식과 물이 필요하다는 것을 보여줍니다.

믿음의 초기 단계에는 축복이나 이적도 필요합니다. 하지만 예수님을 육신적으로만 알고 영적인 것은 받아들이지 않아 신앙의 초보에만 머무는 것은 문제입니다. 변화를 원한다면 그분의 방법과 생각대로 자신을 변화시켜야 합니다. 그리고 세상을 변화시키고자 한다면 하는 모든 일에 예수 그리스도가 더해져야 합니다. 그분이 온전하게 채워주시는 생명의 떡이기에 그렇습니다.

하나님의 자녀들이 부름 받은 소중한 이유 중의 하나인 선을 행하는 역할(엡 2:10, 딛 2:14)을 수행하기에 가장 적절한 세상이 펼쳐져 있습니다. 오병이어의 교훈을 깨달아 담대하게, 또한 믿음을 담아 넉넉하게 그러나 목적과 수단을 분명히 하며 소명을 감당할 때입니다. 세상은 믿는 이들의 이러한 섬김과 나눔을 통해 변화되어 갈 것입니다.

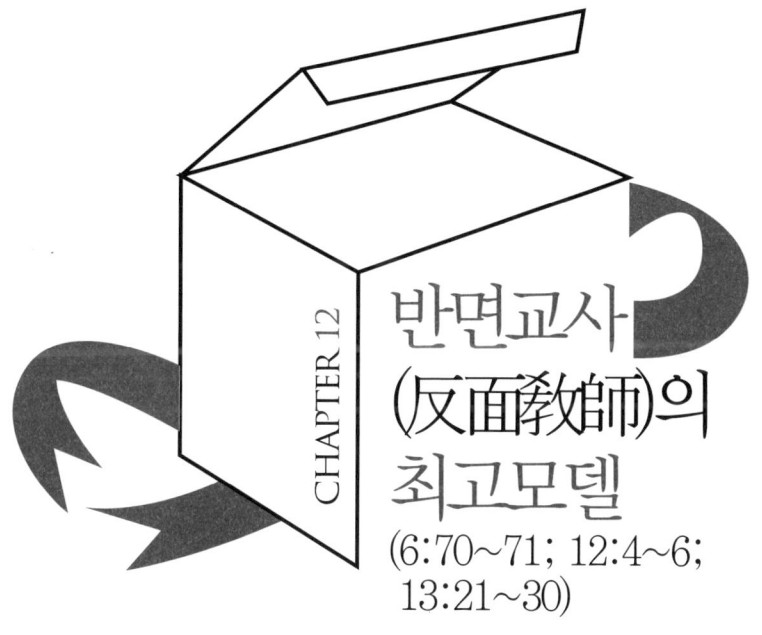

CHAPTER 12 반면교사(反面教師)의 최고모델
(6:70~71; 12:4~6; 13:21~30)

성경에는 좋은 사건들만 가득하지 않습니다. 긍정적인 이야기에 버금가는 만큼 부정적인 이야기도 가득합니다. 성경이 세상사를 기록해 놓은 것이기 때문이 아닐까 생각해 봅니다. 우리가 사는 세상은 결코 질서정연하지 않습니다. 오히려 만화경의 유희같이 톡 칠 때마다 작은 색유리 조각들이 뒤섞여 새로운 문양을 만들어내듯 다양합니다.

성경 속에서 만나는 인물들도 매우 다양합니다. 가룟 유다라는 인물은 극히 부정적인 인물로 낙인 찍힌 사람입니다. 기독교인은 물론 비기독교인들에게조차 가장 부정적인 인물로 알려진 예수님의 제자 중의 한 사람입니다. 그의 이름을 담아 만들어진 부정적 용어들이 많습니다. 예를 들어 위장된 배신자의 우정을 가

리켜 '유다의 키스'라고 부릅니다. 감방에서 죄수를 감시하는 창구를 '유다의 창'이라고 부르기도 합니다. 웹스터 사전에서는 그에 대해 '반역자, 특히 우정을 가장하여 배신한 반역자'라고 정의하고 있으며, 양들을 죽이기 위하여 도살장으로 유인하는 데 사용되는 염소를 '유다 염소'라고 부를 정도입니다. 그만큼 유다라는 이름은 부정적인 것들을 나타내는 데 대표라고 할 수 있습니다.

가롯 유다에 대해서는 성경에 기록된 것 외에 다른 기록이 존재하지 않습니다. 유다 스스로의 고백도 없어서 그의 마음속에 어떠한 생각이 오갔는지 전혀 알 수 없습니다. 오직 우리는 성경 말씀에 근거하여 추측해 볼 수밖에 없습니다. 그의 실패를 살펴보며 왜 그는 그런 삶을 살았는가를 돌아보는 것은 중요합니다. 고사성어 중에 반면교사(反面敎師)라는 표현이 있습니다. 성경 속에 나오는 수많은 부정적 사건들이 지니고 있는 가치를 보게 하는 표현입니다. 가롯 유다의 경우는 그중에서도 최고 모델이라고 할 수 있습니다. 그의 '철저한 추락'의 삶을 들여다보며 가르침을 얻을 수 있기에 그렇습니다.

인생은 선택의 산물

가롯(Iscariot) 유다는 신약성경에서 가장 큰 수수께끼의 인물로 평가됩니다. 어떤 사람들은 가롯이라는 말이 '단도를 가진 자'라는 의미를 지닌 시카리오스(sicarius)에서 나왔다고 생각해 그가 그런 무리들 가운데 한 사람이었다고 보기도 합니다. 이 단어는 사도행전 21장 38절에 사용되었는데, 우리나라에서는 '자객'이라고 번역되어 있습니다. 그 당시 로마의 통치로부터 독립하기 위해 단도를 가지고 저항하는 암살단과 같은 무리의 일부였다는 것입니다.

그러나 이러한 주장은 요한복음에서 두 번에 걸쳐 나오는 "가룟 시몬의 아들 유다"(6:71; 13:26)라는 소개를 보면 문제가 있다는 걸 알 수 있습니다. 가룟이라는 말이 그의 아버지에게도 쓰였습니다. '가룟'이라는 표현이 아버지뿐 아니라 아들에게도 쓰였기에 '지명'으로 보는 것이 더욱 타당하다는 것입니다. 히브리어에서 '사람'이라는 의미를 지닌 단어 '이쉬'(ish)와 지명을 뜻하는 '그리욧'(Kerioth)을 합친 것으로 볼 수 있다는 해석입니다. 그리욧은 헤브론에서 남쪽으로 수 마일 떨어진 곳에 위치해 있습니다.

이런 설명이 맞는다면 예수님의 열두 제자들 중에 가룟 유다만이 갈릴리 지역 출신이 아니라고 할 수 있습니다. 가룟 유다는 처음부터 자기는 권외의 인물이라는 생각을 가지고 있었을 가능성을 보게 하는 부분입니다. 지역감정이 밑바닥에 깔려 있어서 대체로 북쪽 갈릴리 출신들인 다른 제자들과 가룟 유다는 쉽게 어울리지 못했을 수 있습니다. 또한 점차 예수와 격돌하는 일이 많아진 남쪽의 바리새인들과 원래부터 친분이 있었다는 것도 가룟 유다가 쉽게 제자들에게서 이탈할 수 있었던 이유였다고 생각해 볼 수 있습니다. 유대 출신 사람으로 정세 비판에 밝아서 정열적인 갈릴리 출신 사도들보다 냉정한 판단을 하고, 좌절된 야심이 배반하게 된 하나의 배경이 될 수 있습니다.

반면에 그의 이름은 매우 자랑스러운 의미를 담고 있습니다. 유다라고 하는 가문의 이름은 '찬양받는 자'의 의미를 지니고 있습니다. 또한 마게도니아인의 독재에 항거하여 투쟁을 한 유다 마카비우스(Judas Maccabeus)는 유대인 모두에게 존경의 대상이었습니다. 그러기에 예수의 형제 중에도 유다서의 저자인 유다라고 하는 아우가 있었고(마 13:55), 제자들 중에도 "가룟인이 아닌 다른 유다"(요 14:22)가 있었을 정도로 많은 사람들이 선호하는 이름이었습니다.

그러나 오늘날 유다라는 이름은 멸시와 혐오의 동의어가 되어버렸습니다. 어떤 부모도 더 이상 자녀의 이름을 유다라고 짓지 않습니다. 그를 보면서 우리의 인생은 좋은 이름이나 출신 성분에 의해 결정되는 것이 아니라 개인의 선택에 의해 결정된다는 교훈을 얻습니다.

주위를 보면 주어진 상황이나 조건 때문에 비관하며 사는 이들이 적지 않습니다. 때로는 그것을 핑계로 잘못된 선택을 하는 것을 봅니다. 만약 가룟 유다가 자신이 갈릴리 지역 사람이 아니었다는 이유로 매사를 '지역주의'적 관점으로 해석하고 잘못된 선택을 한 것이라면 과연 그것이 누구의 책임인가라는 질문을 해봅니다. 분명한 것은 그에게 주어진 어떤 상황이나 조건도 그의 잘못된 선택을 정당화할 수 없다는 것입니다. 주어진 상황이나 조건이 선택을 결정할 수 없습니다.

에덴동산이라는 완벽한 곳에서도 죄를 선택했던 아담과 하와가 있는가 하면, 유혹과 갈등의 소굴 속에서도 죄를 짓지 않는 이들 또한 있습니다. 상황의 포로나 조건의 시녀로 전락하기보다는 우리 스스로가 인생의 운전대를 잡아야 합니다. 그리고 그러한 것들을 뛰어넘어 올바른 선택을 하여야 합니다. 가룟 유다가 선택한 배반의 행동을 정당화할 수 있는 것은 전혀 없습니다. 따라서 우리는 선택의 중요성을 늘 염두에 두고 순간순간 옳은 선택을 해야 합니다. 작은 선택일지라도 그것들은 마치 퍼즐 조각과 같이 더해져 거대한 인생이라는 그림을 완성시켜가기 때문입니다.

모든 것에 존재하는 하나님의 방법과 때

우리나라의 경제성장을 '압축 성장'이라고 표현합니다. 좀 더 자세히 들여다보면 압축이 단순히 경제의 영역에만 일어난 것은 아니라는 사실을 금방 알게 됩니다. 모든 것이 짧은 시간에 일어났으며, 지금도 그렇게 요구되는 시대에 살고 있습니다. 제한된 시간 내에 많은 것을 처리해야 하는 일들이 수없이 늘어나고 있습니다.

스마트폰이 나오면서 이제는 멀티태스킹(multitasking)이라는 표현까지 더해졌습니다. 짧은 시간에 동시 다발적으로 여러 가지를 할 수 있다는 말입니다. 그러나 연구에 따르면 인간들의 뇌는 그렇게 디자인되어 있지 않다고 합니다. 인간이 멀티태스킹을 한다기보다 멀티하게 노력할 뿐이라고 합니다. 무엇이든 조급한 생각을 가지면 제대로 할 수 없음에도 불구하고 조급성의 포로로 살아가는 것이 인간입니다.

가룟 유다의 배반의 이유 중 하나는 인간의 조급성이었을 것입니다. 많은 것을 희생하며 3년 동안 쫓아다녔지만 자신이 기대하던 것을 발견할 수 없었습니다. 속히 이루어질 것만 같은 로마로부터의 '이스라엘 왕국의 회복'의 기미도 보이지 않습니다. 결국 유다는 예수님을 로마 사람들에게 팔아버리는 선택을 합니다.

유다가 '왜 예수님을 배반했을까?'라는 질문은 역사상 반복된 질문이며 다양한 가설에 의한 답변이 존재합니다. 답변 중에는 3~4세기에 쓰인 '유다복음'이라는 위경(僞經)을 들어 "유다가 예수님의 요구로 배반했다."라는 터무니없는 내용까지 존재합니다. 추론을 할 땐 믿을 만한 증거에 근거해야 하듯 우리의 주

장은 성경에 근거해야 합니다. 성경 속에 나오는 자료에 근거하여 두 가지 가설을 생각해 볼 수 있습니다.

가장 잘 알려진 가설은 그 당시의 정치·사회적 분위기 때문이었다는 것입니다. 가롯 유다가 로마로부터 독립을 원하는 과격파 혁명 세력의 일부이거나 그것에 영향을 받은 사람이었다고 보는 것입니다. 유다의 배신행위가 애초에는 좋은 의도에서 출발한 것이지만, 일이 잘못되는 바람에 돌이킬 수 없는 배신에 이르렀다는 견해입니다. 예수님을 우유부단한 인물로 판단해서 그를 궁지로 몰아 실력을 행사할 수밖에 없는 상황으로 유도했다는 논리적 비약이 깔려 있습니다. 궁지에 몰린 예수님은 결국 초자연적인 권능을 사용하게 될 것이고 자기를 구원할 뿐 아니라 그런 저항이 도화선이 되어 이스라엘의 주권을 회복할 것이 아니냐고 보는 것입니다.

이와는 달리 돈에 대한 탐욕 때문에 물질적 유익을 얻기 위해 예수님을 팔았다는 의견도 있습니다. 유다가 은 30냥에 예수님을 판 것은 그 당시 노예 한 명의 몸값으로 판 것에 불과한 것이었습니다. 역사상 가장 저평가된 한 사람을 팔아넘긴 사건입니다(참고: 출 21:32). 그때 예수님의 목에는 상금이 걸렸을 가능성도 있었기 때문에, 가롯 유다는 그 상금을 얻기 위해 배반했을 가능성도 있습니다(참고: 요 11:57). 그러나 모든 것이 추측입니다.

가롯 유다가 왜 예수님을 배반했는지는 정확히 알 수 없습니다. 성경이 여기에 침묵하기 때문입니다. 단순히 돈을 노렸다고 보기에는 액수가 너무 적어서 오히려 그 이상의 무엇이 있었던 것이 아닌가라고 추측할 뿐입니다. 자신의 기대를 저버리는 예수님에 대한 실망과 좌절이 혼합된 심리 때문이었을 것이라는 게 가장 합당한 설명일 수 있습니다.

분명한 것은 그의 배반 직전에 일어난 사건과 그의 배반이 극적으로 대조되어 있다는 사실입니다. 배반 직전에 있었던 최후의 만찬에서 예수님은 곧 그를 배반할 가룟 유다를 극진히 대접하십니다. 그 당시 풍습으로 손님은 왼팔로 낮은 식탁(침 의자)에 몸을 기대어 오른손으로 음식을 집어 먹었습니다. 보통 식탁은 세 사람이 쓰게 되어 있었고 이때 요한은 예수의 오른편에 앉아 있었습니다. 그것은 요한복음 13장 23절 "그가 사랑하시는 자가 예수의 품에 의지하여 누웠는지라"라는 표현에서 알 수 있습니다. 그리고 가장 귀한 손님은 주인의 왼편에 앉습니다. 그것은 주인이 그 머리를 왼편 사람의 가슴에 기댈 수 있기 때문입니다. 요한복음에는 유다가 특별히 좋은 자리에 앉아 있다는 것을 추측해 볼 수 있는 대목이 나옵니다. "내가 떡 한 조각을 적셔다 주는 자가 그니라 하시고 곧 한 조각을 적셔서 가룟 시몬의 아들 유다에게 주시니"(13:26). 예수님의 그러한 행동은 우정과 존경의 표식이었습니다. 이런 극진한 대접에도 불구하고 그는 예수님을 배반합니다. "가룟 유다가 그 조각을 받고 곧 나가니 밤이러라"(13:30). 요한복음에서는 겟세마네 동산으로 예수님을 붙잡으러 온 자들과 함께 서 있는 것이 유다의 마지막 등장입니다(18:5).

그의 배반은 요한복음에서 분명히 하듯 인간적으로 보더라도 결코 용납될 수 없는 것이었습니다. 예수님이 사랑과 애정을 담아 그에게 건넨 '떡 한 조각'은 받아먹었을지 모르나 그분의 사랑은 받지 않은 것입니다. 13장 30절에서 명시하듯 그의 마음은 '밤'이었습니다. 그는 어둠에 거하고 있는 것입니다(참고: 요 1:5). 예수님의 사랑의 빛이 그에게 비치었으나 그는 깨닫지 못하고 있습니다. 어둠 자체는 실제로 존재하는 실체가 아닙니다. 단순히 빛이 없는 것 즉 빛의 부재에 불과할 뿐입니다. 그의 마음에는 예수님이 들어갈 수 없는 그 무엇인가로 가득했습니다.

    가룟 유다를 보면서 또한 스스로의 계획과 욕심을 추구하며 살 때 돌이킬 수 없는 선택을 할 위험성이 있다는 것을 깨닫습니다. 따라서 우리의 계획이나 욕심, 방법을 따라 살지 말고 주님의 계획과 방법 그리고 주님의 때를 구하며 살아야 합니다.

    인간은 무언가를 절대화시키며 사는 존재입니다. 그것이 종교가 아니라면 결국은 다른 것을 절대화하는 것이 인간입니다. 무엇인가를 절대적으로 중요하다고 여기게 만드는 것은 종교의 역할만이 아닙니다. 때로는 인간의 이념이나 반(反)종교적인 생각이 절대화되곤 합니다. 하나님을 거부한 채 인간 스스로가 지배자의 역할에 서고자 하는 지배욕이 가진 기능입니다. 인류의 역사를 보면 나치당이 그랬고 스탈린주의가 그랬습니다. 역사상 가장 많은 피를 흘린 20세기에 일어난 대부분의 폭력은 명백히 반종교적 운동의 산물이었습니다. '킬링필드'(the Killing Fields)로 유명한 캄보디아의 '크메르 루즈'는 인구의 3분의 1을 공산주의라는 이념에 근거해 살해했습니다.

    가룟 유다의 잘못된 선택을 보며 우리는 세상의 진정한 변화가 어떻게 가능할 것인가를 다시금 생각해 봅니다. 인간의 방법도 아니며 우리의 조급함으로 인한 속도전은 더욱 더 아닙니다. 오직 하나님의 방법인 예수 그리스도를 통해서만 가능합니다. 그것이 하나님의 방법입니다. 그분의 때를 따라 순종하며 따라가야 하는 것이 우리의 역할입니다.

194 page   완전 소중한 선물

끝이 더욱 중요한 삶

가롯 유다가 처음부터 배신자는 아니었습니다. 최소한 복음서를 통해서 볼 때, 겉으로는 가롯 유다도 다른 제자들과 다르지 않았습니다. 만약 다른 제자들이 가롯 유다의 계획이나 행동을 미리 알았다면 가롯 유다를 그냥 두지 않았을 것입니다. 또한 그가 회계를 맡았다는 것은 제자들의 신임을 받았다는 사실을 간접적으로 증명해 주고 있습니다. 특별히 금전 회계에 관해 충분한 지식이 있는 세리 출신 제자 마태를 제쳐 놓고 그런 책임을 맡았다는 것은 그가 상당한 신뢰를 받았음을 보여줍니다.

그러나 시간이 흐르며 그는 변질되었습니다. 그의 결정적인 변심의 계기를 짐작하게 하는 곳이 있습니다. 요한복음 6장을 보면 오병이어 기적 이후 예수님을 좇던 무리 중의 상당수가 자신들이 기대하던 왕이 아니라는 것 때문에 실망하거나, 자신들의 신학적 견해와 다르다는 이유로 예수님의 가르침을 거부하고 떠나게 됩니다. 그 후 67절을 보면 예수님은 열두 제자들을 향해 "너희도 가려느냐?" 하고 물으십니다. 그때 시몬 베드로는 "우리가 뉘게로 가오리이까 우리가 주는 하나님의 거룩하신 자신 줄 믿고 알았삽나이다"라고 답합니다. 그러자 바로 이때 예수님께서 말씀하십니다. "내가 너희 열둘을 택하지 아니하였느냐 그러나 너희 중에 한 사람은 마귀니라 이 말씀은 가롯 시몬의 아들 유다를 가리키심이라"(70절). 제자들은 모르고 있었을지 모르지만 예수님께서는 처음부터 가롯 유다의 배반을 알고 계셨습니다. 또한 이 말씀은 변질되어가고 있는 가롯 유다의 모습을 지적하신 것일 수 있습니다.

요한복음 12장에서 가롯 유다는 마리아가 나드 한 근을 가져다가 예수님의 발에 부을 때 이렇게 말합니다. "이 향유를 어찌하여 삼백 데나리온에 팔아 가난한 자들에게 주지 아니하였느냐"(5절). 이에 대해 저자 요한은 6절에서 "이렇게 말함은 가난한 자들을 생각함이 아니요 저는 도적이라 돈궤를 맡고 거기 넣는 것을 훔쳐 감이러라"라고 평하고 있습니다. 물론 이 사건이 일어난 지 약 70년 후에 기록되었다는 것을 염두에 두어야 할 것입니다. 유다에 대한 부정적 평가가 어느 정도는 과장되었을 가능성을 고려해야 합니다. 분명한 사실은 변질되어가고 있는 가룟 유다의 모습을 엿볼 수 있다는 것입니다. 그가 예수님 외에 다른 것으로 관심이 쏠려 있는 것을 보여줍니다.

결국 가룟 유다는 비참한 최후를 맞게 됩니다. 마태복음 27장의 기록과 사도행전 1장의 기록은 약간의 차이가 있으나 분명한 것은, 유다가 예수님을 배반한 대가로 돈을 받은 것에 대해 자책감에 시달리며 자살이라는 비참한 최후를 택했다는 사실입니다.

고대 사람들은 배반자는 마지막에 공포에 싸이며, 비참해진다고 생각하고 있었습니다. 단테도 배반자의 영은 지옥 맨 아래층인 9층에 간다고 말합니다. 사도행전 1장 25절을 보면 가룟 유다는 "제 곳으로 갔다"라고 기록되어 있습니다. 그런 죽음과 징벌이 당연하다는 평가를 담고 있습니다.

우리 속담에 "시작이 반이다."라는 말이 있습니다. 무엇이든 시작이 어렵지 일단 시작하면 할 수 있다는 생각이 담겨 있습니다. 시작과 시도의 중요성을 담고 있습니다. 그러나 시작만을 강조하고 그때마다 반만을 간다면 결코 우리는 목적지에 도달할 수 없을 것입니다. 소위 말하는 '제논의 역설' 중의 하나입니다. 만일 우리가 현재 있는 곳과 가고자 하는 곳 사이의 거리를 항상 절반씩만 이동한다면 결코 목적지에 도달할 수 없다는 것입니다. 아무리 시도해도 나머지의 반만큼 씩만 간다면 반은 계속 남아있게 된다는 것입니다. 제논의 역설을 여기서 언급하는 이유는 시작도 중요하지만 완성으로 마무리를 지어야 하기 때문입니다.

우리의 속담과 대조를 이루는 중국 속담 하나는 반대에 있는 끝을 중요시 합니다. '행백보자반구십'(行百步者半九十)이라는 말입니다. '백 보를 가고자 의도한 자가 구십 보를 왔을 때 반이 온 것이다.'라는 의미입니다. 그만큼 끝이 중요하다는 이야기입니다. 끝까지 최선을 다해야 하는 것의 중요성을 의도하고 있습니다. 우리 민족에게 부족할 수 있는 요소를 보완해 주는 역할을 하고 있지 않나 생각해 봅니다.

가롯 유다의 삶을 보며 그와는 대조적으로 끝까지 '선한 싸움'을 싸우고 믿음을 지켰다고 고백한 사도 바울의 모습(딤후 4장)이 떠오릅니다. 선한 싸움은 자신과의 싸움입니다. 자신을 다스리는 싸움입니다. 고린도전서 9장 27절에 표현되어 있는 처절한 자신과의 싸움입니다. "내가 내 몸을 쳐 복종하게 함은 (I discipline my body like an athlete, training it to do what it should) 내가 남에게 전파한 후에 자신이 도리어 버림을 당할까 두려워함이로다." 금메달을 목표로 올림픽을 준비하는 경기자의 심정으로 자신을 다스리며, 자신이 해야 할 것만을 하도록 훈련하기에 전념하겠다는 것입니다. 복음을 전하고자 하는 자신의 역할과 연관하여 마치 그렇지 않으면 구원을 잃어버릴 듯한 결연한 자세로 그러한 삶에 임하고 있다는 고백입니다.

자신의 뜻이나 원함을 좇아 살지 않았다는 사도 바울의 고백은 자신의 원함을 좇아 메시야를 팔기까지 배반한 가롯 유다와는 대조를 이룹니다. 우리 모두가 마찬가지여야 합니다. 자신의 뜻이 아닌 하나님의 뜻을 좇아 이 세상에서 끝까지 승리하여 하나님 앞에서 '착하고 충성된 종'이라는 평가를 듣는 삶을 살아야 합니다. 모든 경기가 그렇듯 인생도 평가라는 측면에서 볼 때 마지막 순간이 가장 중요합니다.

CHAPTER 13
기쁨과 행복의 근원 예수 그리스도
(7:37~39; 8:12~20)

　　　　　　　　　　　　　인간은 오래전부터 인간과 다른 동물은 어떻게 다른 존재일까를 고민해 왔습니다. 동물들은 '식욕, 성욕, 편안함'이라는 세 가지 욕구에 의해 움직입니다. 그것만 충족되면 만족합니다. 그런데 인간은 거기에 머물지 않습니다. 그 이상을 추구하는 존재입니다.

　　예를 들어 아리스토텔레스는 인간은 '정치적 동물'이라는 면에서 또한 귀를 흔들지 못하는 면'을 들어 다른 동물들과 다르다고 했습니다. 그 외에도 토마스 윌리스는 인간은 웃는 동물이라는 것을, 벤자민 프랭클린은 도구를 만든다는 점을, 에드먼드 버크는 종교적이라는 면을, 요리사인 제임스 보스웰은 요리를 한다는 것을, 플라톤은 직립보행이 가능함을 지적했습니다. 또한 얼굴의 중간에 눈에

띠게 뾰족하게 코가 튀어나온 특징이 있다든가, 도덕적 결정을 할 수 있거나, 예술적 창조성이 있는 존재라는 주장도 있습니다.

이러한 주장들은 부분부분 모두 맞는 말입니다. 그러나 가장 설득력이 있는 것은 '결코 만족하지 못하는 존재'라는 주장입니다. 인간은 지속적으로 좀 더 나은 것을 추구하고자 합니다. 호랑이와 사자와 같은 맹수도 배가 부르면 사냥을 중지하나 인간은 배가 불러도 그 일을 계속한다는 말에서도 확인할 수 있습니다.

더 나은 것에 대한 갈망 때문인지 인간은 자신의 상황을 그대로 받아들이기보다 해결책을 찾아 끊임없이 헤맵니다. 죽음도 예외가 아닙니다. 인간들 사이에만 영생을 향한 갈망이 있습니다. 그래서 어떤 종교에서도 육체적인 죽음을 영원한 죽음으로 여기지 않습니다.

또한 영원히 살고자 하는 소망이 때로는 신비하고 특별한 무언가를 통해 현실화될 수 있다고 말합니다. 종교 또는 문화마다 알려져 있는 다양한 종류의 생명의 불사약이 그것입니다. 인도에는 감로수(Amrita)가 있고, 그리스에는 신들의 음료라는 암브로시아(Ambrosia)가 있습니다. 도교 문화권인 중국에는 황후의 정원에 심어진 천도 복숭아가 있습니다. 3천 년(6천 년이라는 설도 있음)에 한 번씩 열리는 이 복숭아를 따 먹으면 영원불멸한다고 말합니다. 여신 프리야의 정원에 열리는 불사 혹은 젊어지는 사과가 있는가 하면, 여신 헤라의 정원에서 열린다는 사과(헤스페리데스의 사과)도 있습니다. 심지어 수메르의 길가메시 서사시에서도 바다 속에서 자라는 가시 달린 불사초 이야기가 나옵니다.

우물이나 강 혹은 샘에 젊어지는 마술적 힘이 있다고 믿는 것은 세계적으로 공통된 이야기입니다. 심지어 죽은 사람을 살리거나 죽어가는 사람을 회복시키는 생명의 물에 관한 이야기도 있습니다. 마치 '만국공통어'같은 생명수, 영생, 젊음, 활력에 관한 갈망이 낳은 이야기들은 인간이 처한 현실에 만족하지 않고 그 이상의 것을 끝없이 추구하는 모습을 잘 보여주고 있습니다.

성경 속에서 사용된 은유적 표현들은 인간의 근본적인 갈망을 염두에 두고 쓰인 것들입니다. 은유라는 문학적 기교는 어떤 단어에 문자적으로 지니고 있는 뜻과 저자가 의도하고 있는 내용을 암시적 의미로 연결하는 수사법입니다. 은유를 통해 우리의 생각을 긴장감 속으로 몰아넣고자 하는 것입니다. 그 긴장감은 우리로 하여금 상상하게 만들고 그 은유 속에 참여할 수 있도록 초청하는 역할을 합니다.

성경을 읽어가며 발견하는 많은 은유적 표현들을 볼 때 성경 저자들이 '은유의 대가들'이라는 생각을 하게 됩니다. 본문에서 예수님께서 자신을 '생명수와 빛'이라고 말씀하시는 것도 은유입니다. 이 책의 7장에서 이미 언급한 7개의 'I am'이라는 표현 중에서 둘에 해당합니다. 이것들 모두가 은유적 표현입니다. 각 문화 또는 종교에서 이미 존재하는 친숙한 단어들을 통한 은유로 예수님이 누구신가를 알 수 있습니다.

생명수이신 예수

본문은 '명절 끝날 곧 큰 날'이라는 표현으로 시작하고 있습니다(37절). 요한복음 7장 2절에 나와 있듯 유대인들의 중요한 절기 중의 하나인 초막절(Feast of Tabernacle 또는 Booths)의 마지막 날을 가리킵니다. 초막절은 일주일 동안 계속되는 기념 축제로 이스라엘 사람들이 광야에서 생활했던 역사를 기억하며 감사하는 절기입니다. 마지막 날 아침에는 특별한 의식이 거행되었습니다. 실로암 연못의 물을 길어 제단에 붓는 의식이었습니다. 그들의 조상이 광야 생활을 할 때 하나님께서 반석에서 물을 주셨던 것을 감사함과 동시에 약속의 땅에서 농사짓는 데 부족하지 않도록 비를 내려 달라는 기원을 담고 있었습니다. 세상의 모든 곳이 그러하겠지만 이스라엘과 같이 일 년 강수량이 절대적으로 모자란 곳에 사는 이들에게 비는 생명이었습니다. 그래서 생명수라는 표현이 우리와 같이 상대적으로 물이 풍성한 지역의 사람들과는 달리 좀 더 절실하게 와 닿을 것입니다.

의식에 참여한 모든 이들의 마음속에 생명수에 대한 필요성이 간절한 바로 그때에 예수님께서는 말씀하십니다. "누구든지 목마르거든 내게로 와서 마시라 나를 믿는 자는 성경에 이름과 같이 그 배에서 생수의 강이 흘러나리라"(7:37~38). 이는 마치 시골에서 펌프로 물을 끌어올리던 것을 기억나게 합니다. 예수님을 펌프의 마중물과 같이 이해할 수 있을 것입니다. 예수님을 마시면 그 물이 내 안에 들어와 생수의 강을 불러낸다는 것입니다. 우리 안에 내재되어 있는 영적인 보화들이 예수님을 통해 불려 나옴을 의미하고 있습니다. 아무리 펌프질을 해도 요란한 트림 소리만 내지르는 펌프라고 할지라도 마중물을 부은 후에 펌프질을 시작하면 물을 퍼 올립니다. 우리도 예수님을 통해 생수의 강이 넘쳐나는 경험을 할 수 있게 됩니다.

이 비유에 담긴 정확한 의미는 물론 성령의 축복과 연관되어 있습니다(39절). 예수님을 마신다는 것은 예수님을 개인의 주, 개인의 하나님으로 받아들인다는 것을 의미합니다. 그러면 모든 영적 갈증이 해소됩니다. 그러나 단순히 그것이 전부가 아닙니다. 그분을 영접할 때 성령님이 우리 속에 내재하시기 시작합니다. 그 후에 우리는 성령의 열매와 축복을 경험하는 삶을 살 수 있게 됩니다. 예수님을 통해 경험하는 특별한 은혜가 주어지는 것입니다.

결국 모든 축복과 행복은 그분을 영접함으로 시작됩니다. 그분을 우리의 삶에 받아들이는 순간부터 변화가 시작됩니다. 어떤 삶을 살아왔든, 어떤 상황이었든 전혀 상관없습니다. 예수님은 모든 이들을 차별 없이 받아들이신다고 말씀했습니다. 인생의 정상에 서 있던 니고데모뿐 아니라 인생의 막장을 경험하고 있던 사마리아 여인에게도 동일합니다. 그분을 만나면 새로운 삶을 경험하게 됩니다. 생수의 강, 기쁨의 강이 넘쳐납니다. 회복이 시작되고 원래 하나님께서 의도하신 역할을 감당할 수 있으며, 그분의 특별하고 섬세한 계획을 경험하게 되는 것입니다.

빛이신 예수

명절 마지막 날 저녁에는 '빛의 의식'이 거행됐습니다. 광야에서 생활할 때 불기둥으로 역사하신 하나님을 기념하고자 하는 것이었습니다. 예루살렘 거민 전체가 볼 수 있을 만한 거대한 횃불을 성전 네 귀퉁이에 세워두고 밤새도록 춤을 추며 축제를 마무리했다고 전해집니다. 그런 의식이 예수님 말씀의 배경으로 사용됩니다. "나는 세상의 빛이니 나를 따르는 자는 어둠에 다니지 아니하고 생명의 빛을 얻으리라"(8:12)라고 말씀하십니다.

물론 모든 피조물은 에너지인 빛을 통해서 생명을 얻습니다. 우리가 잘 알 듯 식물은 광합성을 통해 빛 에너지를 자신이 필요한 에너지로 바꿉니다. 식물만 그런 것이 아닙니다. 생태계의 모든 생물들의 먹이 사슬을 보면 빛의 에너지로 살고 있다는 것을 알 수 있습니다. 인간도 햇빛을 볼 때 프로비타민이 비타민으로 바뀝니다.

그러나 빛에는 단순한 에너지 이상의 의미가 담겨 있습니다. 성경에서 말하는 빛이라는 단어에는 다양한 의미가 담겨 있습니다. 무엇보다 '먼저 감추어졌던 것이 드러났다'라는 의미를 지닌 계시의 뜻이 있습니다. 하나님의 뜻이 감추어졌다가 밝혀졌다는 면에서 계시뿐 아니라 무지함과 반대되는 개념인 깨달음을 빛으로 나타내기도 합니다. 또 불의함과 대조되는 의로움과 연결하기도 합니다. 하나님의 말씀이 우리 발의 등이 되며 우리 길의 빛이 된다는 시편 기자의 고백이 이러한 면을 잘 묘사하고 있습니다. 그분을 만나 그분의 말씀대로 살 때 우리는 어두움이라는 무지함과 불의함에 거하지 않게 됩니다.

예수님은 가장 중요한 영적 생명의 빛입니다. 인간의 삶을 지탱해 가는 힘이 예수님으로부터 오는 것입니다. 이러한 의미에서 예수님께서는 "내가 길이요 진리요 생명"(요 14:6)이라고 말씀하십니다. 예수 그리스도만이 진리에 이르고 생명으로 인도하는 유일한 길입니다.

우리에게(for us) 주어지는 유익이라는 측면에 더해 우리를 통해서(through us)라는 의미에서의 빛과의 연관성도 살펴보아야 합니다. 예수를 믿는 이들 모두를 향해 명령하신 "세상을 비추는 빛이 되라"(마 5:16)라는 말씀을 잊어서는 안 됩니다. 이 두 가지를 연결해 보면 예수님께서는 우리가 비추어야 할 빛의 근원이 되심을 알 수 있습니다. 우리는 그것을 비추는 거울과 같은 존재일 뿐입니다.

우리는 스스로 빛을 낼 수 없고 그분으로부터 오는 빛을 반사할 수 있는 존재입니다. 그분을 만날 때만이 우리 존재의 의미가 온전히 드러납니다. "우리는 그의 만드신 바라 그리스도 예수 안에서 선한 일을 위하여 지으심을 받은 자니 이 일은 하나님이 전에 예비하사 우리로 그 가운데서 행하게 하려 하심이니라"(엡 2:10)의 말씀이 가능하게 되는 것입니다. 그분께서 친히 우리로 하여금 온전히 우리 한 사람 한 사람을 하나님께서 의도하신 선한 뜻을 좇아 살게 도와주시는 것입니다. 우리는 그분의 빛을 최대한 효과적으로 반사하는 윤기 나는 거울로 만들기 위해 최선을 다해야 합니다.

유일한 구주이신 예수

예수님께서는 자신을 생명수와 빛에 비유하시며 우리 모두가 그분을 통해 생명을 얻을 뿐 아니라 삶을 풍성히 누리기를 원하십니다. 우리는 그러한 삶을 경험하기 위해서 성령의 축복을 지속적으로 받아야 합니다. 또한 세상에서 우리의 역할을 온전히 감당하기 위해서 한 사람도 예외 없이 예수 그리스도가 필요합니다. 그 은혜는 차별 없이 주어집니다.

현시대에 특별히 필요한 한 가지 사실이 있습니다. 그것은 오직 예수님을 통해서만 하나님의 약속이 가능하다는 것입니다. "다른 이로써는 구원을 얻을 수 없나니 천하 사람 중에 구원을 얻을 만한 다른 이름을 우리에게 주신 일이 없음이라 하였더라"(행 4:12).

모든 것을 상대화시키는 포스트모더니즘의 문화 속에서 '오직 예수'라는 절대적인 복음이 도전을 경험하고 있습니다. 최근에는 반기독교적인 정서가 형성되는가 싶더니 우리나라에서도 이슬람교의 부상이 감지되고 있습니다. 이것을 방증하듯 '신의 길, 인간의 길'이라는 한 방송국의 프로그램은 예수 그리스도에 대해 오해를 불러일으키기도 했습니다. 그 방송을 통해 비쳐지는 기독교는 세계 각지에서 발생하는 분쟁이나 갈등의 주범이고 이것은 기독교가 예수의 가르침을 잘못 깨닫고 있기 때문으로 느끼게 만들었습니다. 더 나아가 '역사적 예수'라는 미명하에 극단적 견해를 가지고 있는 일부 학자들을 등장시켜 교회가 가지고 있는 예수님에 대한 전통적 이해를 부정하기도 합니다.

또한 유대교에서 기독교와 이슬람으로 연결되는 고리를 지적하면서 마치 이슬람이 가장 최근(그러기에 가장 믿을 만하다고 주장하는) 계시라고 격상시키는 느낌을 받게 만들었습니다. 이 일은 베스트셀러가 되었던 댄 브라운의 『다빈치 코드』와 함께 매우 편파적이며 비이성적인 리처드 도킨스의 『만들어진 신』과 같은 책들을 넘어선 시도입니다. 이런 것들을 보면서 우리 모두가 다시금 분명히 알아야 할 사실은 역사적으로 '예수님과 기독교에 대한 도전이 부재했던 적은 없었다.'라는 것입니다. 세상의 끝 날까지 도전이 있을 것이며 그러한 도전의 정도는 더욱 심각해질 것입니다.

이 중에서 이슬람과 연관해 한 가지 분명한 사실이 있습니다. 적지 않은 사람들이 이슬람교가 말하고 있는 '알라'는 성경의 하나님과 동일하다고 생각합니다. 그러나 자세히 들여다보면 '눈에는 눈, 이에는 이'라는 원리하에 보복하고 심판하며 특히 은혜라는 개념이 없는 알라는 분명 성경 속의 우리 하나님과는 전혀 다른 존재입니다. 이슬람교에만 국한된 것이 아닙니다. 다른 종교에서 하나님을 언급한다고 해도 우리가 믿는 하나님이 아닙니다. 예수님께서 친히 말씀하셨던 한 가지 기준이 있습니다. "나를 알았더라면 내 아버지도 알았으리라"(8:19). 예수님이 하나님의 아들이라는 것을 부인하는 시도 자체가 같은 하나님이 아니라는 증거가 됩니다. 하나님 아버지를 알기 위해서는 예수님을 보고 알아야 합니다. 그렇기 때문에 예수님께서는 "나를 본 자는 아버지를 보았거늘"(요 14:9)이라고 말씀하십니다.

현재의 반기독교적인 상황을 배경으로 본문의 말씀을 다시 생각해 봅니다. 지난 2천 년 동안 불변했던 진리 중의 진리는 '인간이 지식과 논리를 가진다 할지라도 그것을 통해서는 그분을 알 수 없다.'라는 것입니다. 요한복음 7장을 보면 예수님의 말씀에 부정적인 반응을 보이는 사람들이 있습니다. 이들의 문제점은 그들이 가지고 있는 고정관념이었습니다. 그들이 가지고 있는 지식과 논리의 틀 아래에서는 예수님의 말씀을 이해하는 데 지속적으로 한계에 부딪힙니다(27, 35, 40~42절). 그것이 그들의 영적 패러다임의 한계이며 현주소입니다. 영안이 뜨여야 비로소 이해할 수 있게 되는 것입니다.

요한은 이와 대조가 되는 사람들을 향해 '이해하더라'가 아니라 '믿더라'(31절)라는 표현을 쓰고 있습니다. 믿음의 패러다임으로 변화한 후에 이해가 시작됩니다. 알고 믿는 것이 아니라 믿고 이해하기 시작하면 비로소 알 수 있게 되는 것입니다. 실제로 학문의 영역뿐 아니라 이 세상의 모든 것들이 그렇습니다. 알고 믿기보다는 가장 기초가 되는 사실을 받아들인 후에 비로소 알게 되며 더 많은 것을 이해하게 됩니다.

우리는 예수님의 말씀을 일단 믿어보겠다는 태도를 지닌 후에야 그분을 알게 됩니다. 그분을 통해 생명을 얻게 되며, 풍성한 삶을 경험하게 됩니다. 그분

외에는 그러한 삶을 얻을 다른 길이 없습니다. 예수님은 생명수요, 빛으로 우리에게 오신 분입니다. 성경에서는 "네가 만일 네 입으로 예수를 주로 시인하며 또 하나님께서 그를 죽은 자 가운데서 살리신 것을 네 마음에 믿으면 구원을 받으리라"(롬 10:9)라고 말씀하십니다.

　믿음이 우리를 살립니다. 자신이 지닌 패러다임으로 예수님과 그분이 행하신 기적을 부정적이고 비판적인 시각으로 대하는 이들을 향해 "너희가 맹인이 되었더라면 죄가 없으려니와 본다고 하니 너희 죄가 그대로 있느니라"(요 9:41)라고 말씀하십니다. 우리의 부족함을 인정하고 그분의 긍휼과 자비를 구하며 나아갈 때 고침이 있으며 풍성함을 경험할 수 있습니다. 생명수와 빛이 의도하고 있는 놀라운 삶이 그분을 믿고 따르는 모든 이들에게 선택으로 주어져 있습니다.

CHAPTER 14 행복 인생 내비게이션 예수 그리스도
(10:7~18)

　　　　　　　　　　　　　　　　세상의 관심과 트렌드를 알아보는
한 방법은 신간 서적들을 살펴보는 것입니다. '어느 영역의 책들이 가장 많이 나
오는가, 독자들이 어떤 책에 관심을 갖는가?' 등이 중요한 요소들입니다. 언제부
턴가 리더십이나 그와 관련된 자기계발서가 범람하고 판매 순위에서도 상위권을
차지하고 있습니다. 리더십에 대한 이런 열렬한 관심은 지금 세상이 리더십의 문
제를 경험하고 있으며 그에 대한 적절한 답을 찾고 있다는 방증입니다.

　　우리는 패러다임이 변화하는 시기에 살고 있습니다. 산업사회에서 지식사
회로 변화됨에 따라 새로운 사회에 걸맞은 리더십의 모델을 찾고 있는 것입니다.
멘토링(mentoring)이라는 개념이나 코칭(coaching) 등은 같은 맥락에서 부상하

는 단어들입니다. 전통적 리더십과 권위가 더 이상 받아들여지지 않기에 나타나는 현상이라는 지적도 맞습니다. 지금은 '섬김의 리더십'이 새롭게 각광 받고 있습니다. 이와는 대조적 개념이 '제왕적 리더십'이나 '헤드십'(Headship)입니다. 리더십에 대한 이런 관심은 자신이 추구하는 모습을 찾는 것일 수도 있고, 자신이 따르고자 하는 대상이나 생각을 찾고 있다고 말할 수도 있을 것입니다.

혹자는 '오늘 어떤 사람을 만나며, 어떤 책을 읽는가?'가 5년 후의 자신의 모습을 결정한다고 합니다. 만나는 사람들과의 교제 속에서 주고받는 영향력이 있기 때문입니다. 유유상종이라는 말이 있는 이유일 것입니다. 우리가 읽는 책도 마찬가지입니다. 책에 담겨 있는 내용들이 우리의 생각에 영향을 줍니다. 사람들뿐 아니라 책과도 대화하기 때문입니다. 책을 읽을 때 일어나는 대화를 통해 생각이 바뀌게 됩니다. 생각의 변화는 거기에 머무르지 않습니다. 생각의 변화가 자기 자신에 대한 믿음을 변화시키며, 자기 자신에 대한 믿음의 변화가 미래에 대한 기대의 변화를 유도하며, 기대의 변화가 삶의 태도의 변화를 일으키며, 태도의 변화는 행동의 변화를 일으키고, 행동의 변화는 실력의 변화를, 그리고 마침내 실력의 변화가 인생의 변화를 일으키는 것입니다. 한마디로 말하자면 생각이 바뀌면 모든 것이 바뀝니다. 물론 모든 단계가 자동적으로 이루어지는 것은 아닙니다. 그러나 일단 생각이 변화하지 않으면 모든 변화가 불가능합니다. 그래서 생각에 영향을 주는 만남이나 독서가 중요한 것입니다.

세상을 살아가는 데 있어서 어떤 이를 따르고, 배우며 살 것인가는 중요한 문제입니다. 더불어 인생의 방향성과 의미를 어떻게 찾을 것인지, 무엇에 의지하며 인생을 살아갈 것인지를 정하는 것도 중요합니다. 다르게 표현하자면 인생을 여정이라고 봤을 때 현재 위치 및 목적지를 보여주며 인생을 인도할 영적 내비게

이션을 제대로 고르는 것이 중요하다는 것입니다. 예수 그리스도는 최고의 인생 내비게이션으로 우리에게 다가오십니다. 그분이 말씀하시듯 '길이요, 진리요 생명'되시는 분입니다. 예수 그리스도 외에 다른 내비게이션을 쫓아가고 있다면 그분을 다시 한 번 신중히 고려해 봐야 합니다.

우리의 선한 목자 예수 그리스도

예수님께서는 자신을 '선한 목자'라고 말씀하십니다 (11절). 21세기에 한국에 살고 있는 우리 대부분은 '목자' 또는 '목동'이라는 단어를 들으면 대관령 양떼 목장이 떠오릅니다. 목자라는 단어가 낭만적으로까지 느껴지는 사람도 있습니다. 하지만 현실은 다릅니다. 실제로 팔레스타인 지역에서는 지금도 그렇지만 그 당시에도 목자는 그리 환영 받거나, 되고 싶어 하는 직업이 아니었습니다. 오히려 천대 받고 무시 당하는 직업이었습니다. 근데 왜 예수님은 이 '목자'라는 단어를 선택하셨는지 질문해 보아야 합니다.

먼저 명확하게 짚고 넘어가야 할 한 가지 중요한 사실은 다른 곳에서는 예수님 자신을 존경받는 '의사' 또는 '랍비'라고 칭하기도 하셨다는 것입니다. 이러한 명칭과 대조되는 '목자'라는 단어를 쓰신 이유는 구약의 말씀들과 연관 지어 찾아볼 수 있습니다. 구약에서는 하나님을 이스라엘 백성들의 목자라고 부르고 있습니다. "요셉을 양 떼 같이 인도하시는 이스라엘의 목자여 귀를 기울이소서 그룹 사이에 좌정하신 이여 빛을 비추소서"(시 80:1). 목자이신 하나님께서 마지막 때에 '목자 같이' 백성들을 먹이실 것이라고 예언되어 있기도 합니다(사 40:11).

이에 더해 목자는 리더라는 의미로 사용되기도 했습니다. 그렇기 때문에 잘못된 지도자들에게 강한 심판이 있었던 것을 발견합니다. "화 있을진저 양 떼를 버린 못된 목자여 칼이 그의 팔과 오른쪽 눈에 내리리니 그의 팔이 아주 마르고 그의 오른쪽 눈이 아주 멀어 버릴 것이라 하시니라"(슥 11:17).

하나님께서는 자신의 백성들을 맡겼음에도 불구하고, 실패한 리더들을 강하게 질책할 뿐 아니라 그들로부터 새로운 리더를 세우겠다고 예언하십니다. 에스겔서 34장과 같은 경우입니다. 특별히 그 당시 이스라엘 종교 지도자들의 문제를 지적하십니다. 그들은 자신들의 이익만을 추구하여 맡겨진 백성인 양 떼들을 버려두었습니다. 그로 인해 백성들은 방황하다가 '들짐승의 밥'이 되었습니다. 하나님께서는 그것을 지적하시며 자신이 친히 그들의 목자가 되겠다고 말씀하십니다. "곧 내가 내 양을 찾고 찾되 목자가 양 가운데에 있는 날에 양이 흩어졌으면 그 떼를 찾는 것같이 내가 내 양을 찾아서 흐리고 캄캄한 날에 그 흩어진 모든 곳에서 그것을 건져낼지라"(겔 34:11~12), "내가 친히 내 양의 목자가 되어 그것들을 누워 있게 할지라"(겔 34:15). 더 이상 잘못된 목자들에게 자신의 백성을 맡겨두지 않고 직접 목자의 역할을 하시겠다는 예언이었습니다. 그것과 연관해 미래에 나타날 메시야를 다윗이라는 상징적 인물로 소개합니다. "내가 한 목자를 그들 위에 세워 먹이게 하리니 그는 내 종 다윗이라 그가 그들을 먹이고 그들의 목자가 될지라 나 여호와는 그들의 하나님이 되고 내 종 다윗은 그들 중에 왕이 되리라 나 여호와의 말이니라"(겔 34:23~24). 예수님께서는 자신이 오신다고 예언된 바로 그 목자라고 말씀하고 계십니다. 그 앞에 '선한'이라는 표현을 더해 그 당시에도 존재하는 '악한' 지도자와 대비하심으로 자신이 구약에 예언된 다윗이며, 메시야라는 사실을 분명히 하고 계십니다.

　목자라는 단어는 목축업이 익숙한 문화 가운데 선택한 표현이었습니다. 인간의 속성을 볼 때 매우 적절한 표현이기도 합니다. 우리 인간의 모습이 양과 많이 닮았기 때문입니다. "우리는 모두 양처럼 흩어져 제 갈 길로 갔으나"라는 이사야서 53장 6절 말씀도 있습니다.

　첫째, 양은 방향 감각이 형편없는 동물로 정평이 나 있습니다. 근시안이기에 그렇습니다. 그래서 양들은 앞서 가는 양의 꼬리만 보고 간다고 합니다. 팔레스타인 지역을 가보면 양들이 지나간 자리에 홈이 파여 있습니다. 줄을 지어 앞에 가는 양을 쫓아 일렬로 이동하기에 생긴 홈들입니다. 지극히 미련하다고 할 정도로 다른 것을 보지 못하는 동물입니다. 인간도 유사합니다. 매사에 큰 틀을 가지고 보기보다 바로 눈앞의 상황이나 이익에 눈이 멀어 대사를 그르치는 것을 보게 됩니다. 마키아벨리가 지적하듯 인간은 위에서 맹금류인 매나 독수리가 노려보고 있는 것도 모른 채 눈앞에 놓여 있는 곡식 알갱이 몇에만 한 눈이 팔려 있는 참새와 같이 어리석은 존재입니다.

　둘째, 양은 더러움을 잘 타는 동물입니다. 일반적으로 하얀 양털을 생각할 수 있으나 실제는 그렇지 않습니다. 털을 깎은 후 모습은 깨끗하지만 평상시에는 꼬불꼬불한 털 사이에 돌 조각이나 온갖 더러운 것들이 끼어 있어서 실제로 보면 만지기조차 싫을 정도입니다. 목자가 관리를 해주지 않으면 악취까지 풍깁니다. 냄새가 고약한 존재들의 특징은 자신은 정작 그 냄새를 맡지 못한다는 것입니다. 마치 담배 피우는 사람들이 자신에게 배어 있는 역한 냄새를 모르듯 말입니다. 우리한테 나는 마늘 냄새도, 서양 사람들에게 나는 소위 노린내도 동일합니다. 모두가 죄로 더럽혀 있고, 죄로 인해 썩은 냄새가 나는 것이 인간의 참 모습임을 모르고 지내는 것처럼 말입니다.

    마지막으로 양은 보호 장비나 공격용 무기가 하나도 없다는 특징이 있습니다. 다른 동물의 경우 위기 때에는 보호색을 띠기도 합니다. 그러나 양은 예외입니다. 발톱도 시원찮고, 이빨도 두려움을 주기에는 영 아닙니다. 맹수가 공격해 오면 가만히 서서 죽임을 당할 수밖에 없는 존재가 양입니다. 취약함(vulnerability)의 상징이라고 해도 과언이 아닐 정도입니다. 죄로 인해 죽음의 노예가 되어 있으며 사단의 공격에 극히 취약한 인간의 모습과 유사합니다.

    예수님은 이러한 인간들을 위해 '선한 목자'로 오셨다고 말씀하십니다. 갈 곳을 몰라 방황하며 방향 감각조차 없는 우리들에게 향방을 가르쳐 주고자 오셨습니다. 우리에게 멀리 볼 수 있는 비전을 주시기 위해 오셨습니다. 죄로 물든 우리를 죄로부터 깨끗하게 하러 오셨습니다. 죄로 인해 썩은 냄새가 나는 우리를 십자가의 죽음으로 구속하시려고 오셨습니다. 그리고 예수님은 우리를 순간순간 무너뜨리려 하는 사탄으로부터 지켜주시기 위해 세상에 오셨습니다. 우리의 목자로 오신 것입니다.

    '나의 목자는 누구인가'라는 질문을 던져보기 바랍니다. "양은 그의 음성을 듣나니"(3절)라는 표현이 나옵니다. 우리의 목자가 예수님인지 아닌지는 쉽게 알 수 있습니다. 그분과 동행하는 것이 좋은지, 성경 말씀이 좋은지, 관심은 있는지, 기도하고 있는지 등을 점검해 보면 쉽게 알 수 있습니다. 예수님은 여러분에게 어떤 분이십니까? 그분은 우리 모두의 목자로 오셨습니다. 그분은 우리 각 개인의 목자가 되어 우리를 인도하실 것입니다.

우리에게 풍성한 삶을 주시는 목자 예수 그리스도

모든 인간이 가장 원하는 것은 행복한 삶일 것입니다. 철학자들은 행복이야말로 인간의 존재 목적이라고까지 말합니다. 최근에 우리 사회에서 더욱더 부각되는 단어이기도 합니다. 한 정치인이 사용해 한 때 유명했던 "여러분 행복하십니까? 살림살이 좀 나아지셨습니까?"부터 "여러분 저는 행복합니다. 여러분도 행복하세요."라는 교황 요한 바오로 2세의 마지막 말도 이 시대의 에토스(ethos)를 반영하고 있습니다. 교황 요한 바오로 2세는 죽음에 이르는 질병의 고통 속에서도 '행복하다'라고 말하며 전 세계 인류를 향해 '행복하라'라고 말했습니다.

어떤 이는 물질적 측면으로 행복을 접근하고 있는 반면, 어떤 이는 영적 또는 심적 측면에서 행복을 다룹니다. 행복에 대한 정의를 찾아보면 '심신의 욕구가 충족되어 부족함이 없는 상태' 또는 '만족감이나 즐거움을 느끼는 정서적 또는 감정적 상태'라고 되어 있습니다.

'부족감이 없는' 또는 '만족감을 느끼는' 상태가 행복이라는 것입니다. 과연 그런 상태를 어떻게 얻을 수 있을 것인가를 질문해 봅니다. 답을 찾기 전에 먼저 분명히 알아야 하는 사실 한 가지가 있습니다. 심리학자들이 공통적으로 지적하는 인간의 한 특징과 관련이 있습니다. 인간은 더 나은 삶을 향한 갈망을 지닌 존재면서, 동시에 만족할 수 없는 존재라는 것입니다. 항상 '더, 더, 더'를 원하며 추구하는 존재라는 것입니다.

인간에게는 이 세상의 것만으로는 채울 수 없는 공허가 존재한다는 것을 간파한 사람들이 있었습니다. 파스칼은 인간은 하나님으로 마음의 빈 공간을 채운

후에야 행복해질 수 있다고 말합니다. 심리학자 융은 방황의 끝을 경험할 때, 키에르케고르는 하나님과 망가진 관계의 회복이 시작될 때 인간이 비로소 행복해질 수 있다고 말합니다.

'원할지라도 이룰 수 없는' 인간의 딜레마는 여기에 있습니다. 하나님으로 마음의 빈 공간을 채우거나 망가진 하나님과의 관계를 회복하는 것은 스스로 할 수 없는 것입니다. 인간들은 선행, 철학, 종교 등을 통해 그 일을 해보고자 노력합니다. 하지만 스스로에게 문제의 해결책을 줄 수 없습니다. 마치 에덴동산에서 죄를 범한 아담과 하와가 에덴을 떠나야 했던 것에 비교할 수 있습니다. 잃어버린 순수함을 되돌릴 수 없는 것입니다. 훔친 물건을 주인에게 되돌려 주면 잘못을 돌이킬 수 있습니다. 하지만 어느 신학자가 지적하였듯 '존재에 생겨난 얼룩은 지울 수가 없는 것'입니다. 하나님과 관계를 맺을 방법은 하나뿐입니다. 그분이 우리에게 주권적 은혜를 베푸는 것입니다. 우리는 하나님께 내놓을 것이 하나도 없습니다. 성경이 제시하듯 오직 예수 그리스도를 통해서만 가능합니다. 그분은 자신이 오신 이유를 분명히 밝힙니다. "내가 온 것은 양으로 생명을 얻게 하고 더 풍성히 얻게 하려는 것이라"(10절). 우리가 진정한 행복한 삶을 누리도록 하나님이 예수님을 우리의 목자로 보내신 것입니다.

우리만큼 TV를 좋아하는 국민이 없다는 이야기가 있습니다. 어떤 이는 "영화는 할리우드가 최고일지 모르나, TV 연속극은 우리나라가 세계 최고다."라고 평합니다. 시편 23편을 패러디해 TV에 빠져 있는 모습을 그린 글이 떠오릅니다. "TV는 나의 목자시니 내게 부족함이 없으리로다. 그가 나를 소파에 눕게 하시며 생명의 믿음에서 떠나게 하시는도다. 그가 나를 파멸시키시며 음탕함과 폭력의 길로 인도하시는도다. 비록 내가 그리스도의 제자로서 책임과 의무의 골짜기를 지날지라도 전혀 방해받지 않음은 TV가 나와 함께하심이라. TV의 케이블과 리모컨이 나를 안위하시나이다. 그가 나의 타락한 욕망 앞에 상업광고를 하시고 내 머리에 인본주의와 이기주의의 기름을 바르셨으니 나의 욕심이 넘치나이다. 나의 평생에 무지와 나태가 정녕 나를 따르리니 내가 TV가 있는 집에 영원히 거하리로다."

물론 TV에 중독된 사람들 이외에는 TV가 자신의 목자라고 여기며 사는 이들은 많지 않을 것입니다. 그러나 시간을 많이 투자하게 된다면 그 영향력 아래에 거하게 된다는 것을 부정하기 힘듭니다. 게임에 중독된 청소년들, 노름에 중독되어 패가망신한 이들, 알코올과 마약에 중독되어 폐인이 된 이들, 포르노 중독을 넘어 더욱 강한 자극을 찾아다니는 변태 성욕자들, 모두 잘못된 곳에서 행복과 기쁨을 찾으려 했다는 공통점이 있습니다. 그들이 추구하는 대상의 정체가 가짜 목자들입니다. 무언가에 중독되면 뇌하수체에서 도파민이 나오는 경험을 하며 점점 그 안으로 빠져드는 공통점이 있습니다.

예수님께서 말씀하십니다. "도둑이 오는 것은 도둑질하고 죽이고 멸망시키려는 것뿐이요"(10절). TV, 게임, 술과 담배, 도박과 온갖 음란사이트 모두가 도둑입니다. 돈과 마음뿐 아니라 우리 영혼까지 도둑질해 가는 존재들입니다. 기쁨과 평안을 날치기하며 약탈해 갑니다. 8절을 보면 소위 거짓 메시야에 대한 언급이 나옵니다. 그 당시뿐 아니라 지금도 지속해서 이 세상 끝 날까지 거짓 메시야들이 등장할 것임을 말하고 있습니다. JMS의 정명석, 신천지의 이만희, 통일교의 문선명 모두가 거짓 메시야들입니다. 이들은 추종자들을 궁극적으로 자신들의 유익을 위해 이용하며, 그들을 멸망에 이르게 합니다. 예수님만이 우리에게 풍성한 삶을 주십니다. 올바른 선택을 해야 합니다. 예수 그리스도를 선택해야 합니다. 그리고 그분의 가르치심과 인도하심을 좇아 살아야 합니다.

우리를 우리보다 더 사랑하는 목자 예수 그리스도

예수님께서는 "나는 양을 위하여 목숨을 버리노라"(15절, 참고: 11, 17절)라고 말씀하십니다. '위하여'라는 표현은 희생적 또는 대속적인 의미를 나타냅니다. 어느 대상을 '대신하여' 제물이 된다는 의미입니다. 티베트 고원에서 양을 치는 한 목자 이야기를 들은 적이 있습니다. 밤이 되면 그는 달랑 모포 한 장만을 들고 밖에 나가 양들 곁에 눕습니다. 고원 지대여서 바람도 세고, 기온도 낮은 곳인데 말입니다. 왜 밖에서 자는지를 물었더니 "맹수들로부터 양 떼를 지키기 위해서입니다."라고 대답합니다. 이러한 희생적 삶이 목자의 모습입니다.

물론 목자의 희생은 자신의 재산인 양을 지키려는 것일 뿐이라고 이해할 수 있습니다. 하지만 예수님의 희생은 달랐습니다. 목자들이 자기 유익이나 재산을 지키기 위해 했던 행동과는 차이가 있습니다. 예수님은 사랑의 대상을 위해 '대신 죽는, 그리고 제물이 되는' 행동을 선택하셨습니다. 무엇보다도 놀라운 사실은 그러한 사랑을 받은 양들이 자격조차 없는 존재들이었다는 것입니다. 상식적으로 볼 때 "의인을 위하여 죽는 자가 쉽지 않고, 선인을 위하여 용감히 죽는 자가 혹 있거니와"(롬 5:7)라는 말씀이 너무나 타당합니다. 그런데 그분은 우리가 죄인이었을 때, 연약했을 때, 원수였을 때도 그러한 희생을 하셨다고 성경은 말하고 있습니다(롬 5:6, 8, 10). 생명을 주시겠다고 말씀만 하신 것이 아닙니다. 자격이 없을 뿐 아니라 쓸모없는 죄인들, 목자는 필요 없다고 제멋대로 살아가는 죄인들을 위해 예수님은 이 땅에 오셨고, 생명을 주시기까지 희생하셨습니다.

'꼭 그렇게 죽으셔야 했는가?'라고 질문할 수도 있습니다. 이에 대해 한마디로 말하자면 예수님은 두 가지를 동시에 만족시키셔야 했기 때문입니다. 인간들의 죄에 대한 대가를 온전히 지불함과 동시에 하나님의 공의를 만족해야 했습니다. 조금의 타협도 없이 두 가지를 다 만족하는 길은 십자가의 죽음밖에 없었습니다. 죄와 전혀 관계가 없는 분이었지만 십자가 위에서 상상할 수 없는 고통을 받으셔야 했고, 스스로 죄가 되심으로 저주를 받아 누구도 견딜 수 없는 죄책감을 경험하셔야 했습니다. 그것도 혼자 버림받는 외로움의 극치를 맛보시면서 말입니다. 그뿐 아니라 창세 이후에 이 세상의 죄를 향한 하나님의 진노를 온전히 그 몸으로 받으셨습니다. 인간의 죄 때문에 교제와 사랑의 관계가 버림과 미움의 관계로 철저히 바뀌었기 때문입니다. 십자가에서 죽으심 외에는 다른 길이 없었습니다. 우리의 목자가 되시기 위해 예수님께서 선택하신 길입니다. 그분의 희생적인 죽음 덕분에 허물과 죄로 죽었던 우리가 예수님을 믿고 받아들이면 살아날 수 있는 것입니다(엡 2:1).

시한부 인생을 사는 여섯 살 아이에게 시편 23편을 가르친 어머니가 있었습니다. 불치병으로 죽어가는 아이에게 왼손 손가락을 펴면서 "The Lord is my shepherd."(하나님은 나의 목자입니다)라는 다섯 단어를 가르칩니다. 엄지부터 시작해서 엄마는 항상 네 번째 손가락의 'my'라는 단어를 강조합니다. "애야, 그분은 바로 너의 목자란다. 그분께서 너를 지키실 거야."라고 말합니다. 어느 날 어머니는 잠시 외출한 사이에 아이의 사망 소식을 듣습니다. 병원으로 달려간 어머니는 하얀 천으로 덮여 있는 아이의 주검을 보며 통곡합니다. 어머니는 외롭게 죽음의 순간을 맞이했을 아이 생각에 가슴이 아팠습니다. 그런데 아이를 덮은 흰 천에 볼록 튀어나온 부분이 있었습니다. 이상하다 싶어서 천을 들춰봤더니 아이는 왼손의 네 번째 손가락을 오른손으로 꼭 쥐고 있었습니다. 마지막 순간 자신의 목자이신 주님을 꼭 붙잡고 눈을 감았던 것입니다.

예수 그리스도는 우리 개개인의 목자이십니다. 어떤 순간에도 그분을 목자로 모시며, 그것을 고백하며 그분의 인도하심 가운데 거할 때 소망이 있습니다. "여호와는 나의 목자시니"(시 23:1), "내가 사망의 음침한 골짜기로 다닐지라도 해를 두려워하지 않을 것은 주께서 나와 함께 하심이라 주의 지팡이와 막대가 나를 안위하시나이다"(시 23:4)라고 다윗 왕은 고백합니다. 마치 내비게이션의 인도를 따라 원하는 목적지에 가듯, 목자 되시는 예수 그리스도의 인도하심을 좇으면 인생의 목적지에 행복하게 갈 수 있습니다.

CHAPTER 15
'영원한 청년'의
삶을 사는
비밀
(11:16; 14:5~7; 20:24~29)

요즘은 환갑잔치가 사라져 버렸습니다. 인생 공식이 '30+30+알파'에서 '30+30+30+알파'로 바뀐 결과라고 설명하기도 합니다. '자식으로 30년, 부모로서 30년 그리고 자식 덕에 알파'를 살았었는데, 이제는 '자식으로 30년, 부모로서 30년, 자식들 떠난 후 30년 그리고도 운이 좋으면 알파'를 사는 시대로 바뀌었다는 것입니다. 이런 변화는 그리 오랜 시간에 걸쳐 일어난 것이 아닙니다. 빠른 속도로 평균수명이 증가한 결과입니다. 1960년 52.4세이던 평균수명이 이제는 80세를 넘어버렸으니 말입니다. 환갑인 60세는 어디 가서 나이 먹은 행세를 하다가는 망신당하기 십상이 되어 버렸습니다. 고령화가 심한 시골에서 그 나이면 노인정에서 심부름을 도맡아 해야 하며, 마을의 청년회장을 맡기도 한답니다. 환갑을 맞이하여 요란한 축하 잔치를 벌이던 장면이 기억에 아직도 생생한데 격세지감(隔世之感)이라 밖에 표현할 길이 없습니다.

평균수명의 증가를 단순히 기쁘게 받아들일 수만은 없는 것 같습니다. 정년이나 은퇴 시기는 오히려 줄어들고 있기 때문입니다. '사오정'과 '오륙도' 같은 시대의 유행어가 우리가 직면하고 있는 상황을 잘 보여주고 있습니다. '45세면 정년'이고 '56세까지 퇴직하지 않고 자리 지키고 앉아 있으면 도둑'이라는 의미인 두 단어는 평균수명의 증가가 준비되지 않은 이들에게는 비극이 될 수 있음을 시사합니다. 임금피크제와 정년연장 등을 통해 사회나 국가적으로 방법을 강구한다고 해서 온전히 해결될 문제는 아닙니다. 오히려 각자가 인생 전략을 다르게 세워야 합니다. 인생 공식이 바뀌었다면 인생을 살아가는 전략 또한 바뀌는 것이 당연하기 때문입니다.

무엇보다도 노화를 바라보는 관점의 변화가 필요합니다. 쇠퇴라기보다는 또 다른 성장 혹은 전환(transformation)으로 볼 수 있습니다. 의학계와 심리학계에서도 노화와 연관하여 새로운 이론과 연구 결과를 내놓고 있습니다. 과거에 가지고 있던 선입견과 이론들을 뒤집는 결론들이 많이 있습니다. 인간의 뇌는 근육 같아서 쓰면 쓸수록 발달한다는 주장뿐 아니라 70세가 넘어서도 창의성이 지속적으로 증가할 수 있다는 등 새로운 이해가 쏟아져 나오고 있습니다. 이는 우리 모두에게 새로운 가능성을 제시합니다. 동시에 정년이나 은퇴라는 생각의 울타리 안에 우리를 가두기보다는 지속적으로 업그레이드하는 삶을 살아야 한다는 당위성을 제시합니다. 새로운 인생 전략의 핵심입니다.

우리는 요한복음에서 '인생 업그레이드'의 좋은 모델을 만날 수 있습니다. 대부분 예상치 못하는 전혀 뜻밖의 인물입니다. 그의 이름을 들으면 사람들이 "아~ 의심 많은 이!"라는 평가를 떠올리기 때문입니다. 다름 아닌 예수님의 제자 중의 하나인 도마입니다. 그저 열두 제자 중의 한 명으로 소개되어 있는 공관복음과는 달리, 요한복음에서는 그를 "디두모(헬라어로 쌍둥이)라 하는 도마"(11:16)로 소개하며 자주 언급합니다. 그가 등장하는 성경 구절들을 잘 살펴보면, 그의 이름 앞에 붙은 '의심 많은'이라는 수식어는 솔직히 적당치 않거나 과장이라는 사실을 알게 됩니다. 오히려 그는 인생을 지속적으로 업그레이드하기 위해 꼭 필요한 요소들을 갖춘 제자였습니다. 도마에게서 우리가 닮아야 할 좋은 특성들을 하나씩 찾아보고자 합니다.

가치 있는 것을 위해 목숨 걸기

요한복음에서 도마가 처음 등장한 것은 11장입니다. 예수님과 제자들이 '강 건너편 베다니'에 있던 때였습니다(10:40, 참고: 1:28). 예수님은 나사로가 병들었다는 소식을 들으셨음에도 불구하고 이틀을 그곳에 더 머뭅니다. 제자들이 예수님의 의도를 알 턱이 없습니다. 아마도 나사로의 집이 예루살렘에서 너무나 가깝다 보니(예루살렘 근처의 베다니, 11:18) 또 그곳을 간다는 것 자체가 부담이기에 '그러신가 보다'라고 생각했을 수 있습니다. 초막절과 수전절에 예루살렘에 올라가셨을 때, 최소한 두 번이나(8:59; 10:31) 돌로 쳐 죽임을 당할 뻔한 사건을 겪은 상황이었습니다. 그것을 생각해 본다면 예루살렘에 다시 간다는 것은 자살 행위나 다름없는 것이었습니다. 그래서 나사로 병문안을 '망설이시나 보다'라고 생각했을 수 있습니다.

그런데 예수님은 말씀합니다. "우리 친구 나사로가 잠들었도다 그러나 내가 깨우러 가노라"(11:11). 제자들은 그것이 나사로의 죽음을 의미하고 있다는 것도 이해하지 못합니다. 예수님이 '그가 죽었다'라고 설명함에도 제자들의 반응은 기록되어 있지 않습니다. 예수님이 "그에게로 가자"(15절)라고 말씀하셨을 때 보인 도마의 반응이 제자들 모두의 분위기를 잘 보여 줍니다. "우리도 가서 선생님과 함께 죽자"(11:16). 그의 비장한 각오는 두려움에 쌓인 제자들의 분위기를 여실히 보여 줍니다. 그리고 왜 다른 이들이 침묵하고 있었는지를 설명해 줍니다. 예루살렘 쪽으로 되돌아가는 것은 자살 행위나 마찬가지가 아니냐고 답답해 하는 제자들의 의식에 도마는 충성의 불꽃을 일으키고 있는 것입니다. 한마디로 도마는 위험한 상황에서도 죽음을 각오하고 충성하려는 용감한 사람임을 보여 주고 있습니다. 가치 있는 것이라면 목숨도 걸 수 있다는 자세를 보여 준 도마는 그 후 수년이 지나 순교를 당함으로써 자신의 이런 용기와 충성을 직접 실천했음을 증명해 보입니다.

세상 사람들은 다양한 여러 가지에 목숨을 걸고 살아갑니다. 연애에 목숨을 건 사람은 애인의 변심에 자살을 택하고, 돈에 목숨을 건 사람은 재정이 파탄 나고 실직을 하게 되면 그것과 자신의 목숨을 바꾸어 버리기도 합니다. 이런 극단적인 경우가 아닐지라도 사소한 것에 목숨 걸고 싸우고 고민하며 살아가는 많은 사람들을 주변에서 쉽게 볼 수 있습니다. 우리나라에서도 출판된 『사소한 것에 목숨 걸지 마라』라는 책을 쓴 심리학자 리처드 칼슨은 "많은 사람들이 삶의 모든 일들을 하나같이 다 너무도 중대한 일로 보고 그 일들을 하나하나 차례로 처리하느라 결국에는 인생을 다 허비하고 있다."라고 지적하고 있습니다. 자그마한 일에도 스트레스를 너무 많이 받고 살아갑니다. 스트레스 관리의 선구자인 한스 셀리에(Hans Selye) 교수는 스트레스를 '내적 혹은 외적 자극에 대한 모든 비구체적인 반응'이라고 정의합니다. 여기서 핵심 단어는 '반응'입니다. 우리가 살아가며 경험하는 스트레스는 외부의 사건에 있는 것이 아니라는 것입니다. 스트레스적인 상황이란 존재하지 않으며, 오직 스트레스적인 반응만 있다는 것입니다.

사소한 것에 붙잡혀 살아가는 삶은 비극적일 수밖에 없습니다. 사람들이 무엇 때문에 걱정하며 살아가는가에 대한 연구 결과는 한마디로 놀랍습니다. 40%는 결코 일어나지 않을 일이었고, 30%는 과거에 일어난 일로 지금은 어떻게 해 볼 수 없는 일이었으며, 12%는 건강에 관한 불필요한 걱정이었고, 10%는 아주 사소한 걱정이었다고 합니다. 남은 8%중 절반인 4%는 우리로서는 어떻게 할 수 없는 소위 불가항력적인 요소였으며, 나머지 4%는 걱정하기보다는 계획을 세워야 하는 일이었다고 합니다.

이런 연구 결과를 보며 자신을 돌아보아야 합니다. 모두 도마에게서 결단과 용기를 배워야 합니다. 사소한 것에 목숨 걸기를 포기하고 보다 가치 있는 일에 목숨 걸기를 선택해야 합니다. 모든 영역에서 그렇습니다. 정민 교수가 쓴 『불광불급』(不狂不及)이라는 책이 생각납니다. 한글로 풀어 '미쳐야 미친다.'라고 말한 책이었습니다. 미치지 않고는 이룰 수 없는 일들이 주위에 많습니다. 무언가에 미칠 때 미하이 칙센트미하이(Mihaly Csikszentmihalyi)가 말하는 몰입(flow)을 경험할 수 있습니다. 그리고 유전학자 딘 해머 박사는 말합니다. "우리가 뭔가를 해내야겠다고 의지를 굳힐 때마다 다음 번에는 그 일을 더 쉽게 할 수 있도록 뇌신경이 재배열된다." 뇌학자인 아놀드 쉬벨 박사도 도전합니다. "80세에도 30세의 두뇌를 가질 수 있다. 뇌를 열심히 쓰기만 한다면 말이다."

실제로 조지아 오키프는 99세의 나이로 숨을 거두는 마지막 순간까지 위대한 예술 작품을 창조했습니다. 코미디언 조지 번즈 역시 99세에 생을 마감할 때까지 활기차고 즐거운 정신 상태를 유지했습니다. 심지어 대부분 사람들의 수명이 50세도 채 되지 못하던 수 세기 전에도 수학자이자 물리학자인 아이작 뉴턴 같은 사람은 85세에 생을 마칠 때까지 창조적이며 위대한 생각들을 발전시켜 나갔다고 합니다.

목숨을 걸 만한 가치 있는 일을 발견하는 것이 중요합니다. 그것을 위해서는 대관소찰(大觀小察)할 수 있어야 합니다. 큰 틀 속에서 장기적 안목으로 인생을 돌아보며 평생을 투자해도 결코 후회 없을 가치 있는 일을 발견해야 합니다. 그것을 찾아가는 데 있어 기억해야 할 원리는 분명합니다. "먼저 그(하나님)의 나라와 그의 의를 구하라"(마 6:33), "먹든지 마시든지 무엇을 하든지 다 하나님의 영광을 위하여 하라"(고전 10:31)를 기억해야 합니다.

요한복음에서 처음부터 분명히 하듯 우리를 위해 이 땅에 죽기 위해 오신 예수 그리스도를 염두에 두어야 합니다. 무엇을 하든 그분과 함께하겠다는 것을 분명히 해야 합니다. 그분을 향해 자신의 인생의 참 주인이 되어 달라는 기도에 목숨을 걸 수 있어야 하며, 그분이 주신 지상명령 성취를 염두에 두고 자신을 개발하며 발전시키는 것에 목숨을 걸 수 있어야 합니다. 영원한 가치가 있는 것에는 목숨을 걸고서라도 성취하려고 노력하는 삶이 진정한 삶입니다.

끝없이 배우고자 하는 마음 갖기

요한복음에서 도마가 두 번째로 등장하는 곳은 14장입니다. 마가의 다락방에서 최후의 만찬을 한 이후 예수님께서 자신의 죽음을 말씀하시고 있을 때였습니다. 예수님께서는 제자들을 위하여 처소를 예비한 후 다시 돌아오겠다고 하시며 "내가 가는 곳에 그 길을 너희가 알리라"(4절)라고 말씀하십니다. 이 말씀 끝에 도마는 "주여 어디로 가시는지 우리가 알지 못하거늘 그 길을 어찌 알겠사옵나이까?"라고 묻습니다. 이 질문에 대해 예수님은 우리에게 너무도 친숙한 말씀으로 대답해 줍니다. "내가 곧 길이요, 진리요, 생명이니 나로 말미암지 않고는 아버지께로 올 자가 없느니라"(6절). 이 대화의 흐름과 문맥은 도마가 가지고 있는 또 하나의 성격을 보여 줍니다. 의심이 들면 어느 것도 절대로 그냥 지나치지 않는다는 것입니다. 오히려 거침없이 질문하며 답을 구하는 도마입니다.

여기서 우리가 해야 할 질문은 '그렇다면 다른 제자들은 예수님의 말씀을 다 이해해서 잠잠히 있었던 것일까?'하는 것입니다. 당연히 그렇지 않았을 것입니다. 3년이라는 세월 동안 모든 것을 버리고 열심히 쫓아다닌 제자들이었습니다. 그런데 이제 자신들을 버려두고 떠나신다는 말씀을 하시는 예수님을 보며 그들은 어떤 생각이 들었을까요? 온통 두려움과 침통함에 깊이 잠겨 있었을 것임을 어렵지 않게 추측해 볼 수 있습니다. 그런 분위기는 요한복음 14장에서 예수님이 "근심하지 말라"라고 말씀하신 것을 통해 알 수 있습니다.

역사 신학자로 널리 알려진 존 우드브리지(John Woodbridge)는 "아는 사람만이 옳은 질문을 할 수 있다."라고 말합니다. 도마는 예수님의 말씀을 경청하고 있었기에 질문할 수 있었습니다. 엉뚱한 질문이라기보다는 누구나 가지고 있

완전 소중한 선물

을 수 있는 적절한 의문이었습니다. 도마와 같이 이해하는 척하기보다는 용감하게 그리고 주저 없이 질문하며 사는 것이 중요합니다. 그의 질문이 있었기에 우리에게 너무 사랑받는 요한복음 14장 6절의 말씀이 전해질 수 있었던 것입니다.

우리는 인생을 살아가면서 수많은 질문을 합니다. 이 질문은 단순히 호기심을 만족시키는 것이기도 하고, 때로는 인생의 성공과 실패를 결정지을 정도로 중요한 것이기도 합니다. 만약 우리의 인생에서 구원을 얻고 새로운 생명을 온전히 누리는 것이 정말로 중요하다면, 우리는 이 영역에서도 진지한 질문을 해야 합니다. 신앙의 영역도 예외가 아니라는 것입니다. 많은 이들이 의문을 갖지 않고 '그냥 믿음'('오직 믿음'이라기보다)이라는 자세로 살아가는 모습이 안타깝습니다. 그런 삶은 신앙 성장에 결코 도움이 되지 않습니다.

물론 모든 문제에 언제나 시원한 답을 구할 수 있는 것은 아닙니다. 답을 얻지 못하거나 이해가 되지 않는 문제들도 있습니다. 그럴 때라도 그것 때문에 시험에 들기보다는 머릿속의 '냉장고' 속에 집어 넣어뒀다가 나중에 한 번씩 꺼내어 되돌아보며 답을 찾아가는 모습이 중요합니다. 그럴 때 어려운 문제일지라도 답에 조금씩 더 가까이 감을 경험하게 됩니다. 깊은 영적 갈망, 조금 더 깊이 알아가려는 목적으로 추구하는 태도 그리고 자신의 영적 생활에서 평범한 것 그 이상을 감지하려는 강력한 갈망은 그냥 이루어지지 않습니다. 하나님을 향해 끊임없이 진솔한 질문을 던짐으로만 경험할 수 있습니다.

확신을 향한 주도적 자세 취하기

도마의 세 번째이자 마지막 등장은 요한복음의 거의 끝 부분인 20장 후반부입니다. '그냥 못 넘어가는 인물' 도마의 특성을 다시 한 번 확인하는 사건이 일어납니다. 주님께서 부활하신 바로 그 주간의 주일 저녁이었습니다. 제자들이 한 곳에 모여 있을 때 부활하신 예수님이 나타납니다. 그런데 어쩐 일인지 도마는 그곳에 빠져 있었습니다. 그가 빠진 이유에 관해선 성경이 침묵합니다. 아마도 예수님의 죽음 이후 시름에 빠져 방황하고 있었을 가능성이 높습니다. 나중에 도마에게 다른 열 제자들이 예수님의 부활을 보았다고 얘기합니다. 도마는 그 말 그대로를 믿을 수 없었습니다. 자신이 "직접 예수를 보고 그 손의 못 자국을 보며 내 손가락을 그 못 자국에 넣으며 내 손을 그 옆구리에 넣어보지 않고는 믿지 아니하겠노라"라고 반응합니다(요 20:19~25).

도마는 실증론자의 입장을 대변하고 실용주의자의 조건을 요구한 것입니다. 우리는 이러한 그의 요구를 터무니없다고 판단해서는 안 됩니다. 오히려 그들이 보았다는 주님이 자신이 알고 있던 그 주님인지를 확인하고 싶어했다고 보아야 합니다. 여기서 중요한 것은 도마가 절망 중에서도 포기하지 않고 확실한 증거를 찾으려고 했다는 것입니다. 그런 그의 자세는 그다음 주일에 제자들의 모임에 참여해 예수님을 만나게 됨으로써 결실을 얻게 됩니다.

예수님께서는 도마의 믿음을 위해 도마가 요구했던 조건을 수락하십니다. "도마에게 이르시되 네 손가락을 이리 내밀어 내 손을 보고 네 손을 내밀어 내 옆구리에 넣어 보라 그리하여 믿음 없는 자가 되지 말고 믿는 자가 되라"(20:27). 예수님의 이러한 요청에 도마가 손가락을 넣었다는 기록은 없습니다. 인도의 도마 교회에 있다는 썩지 않은 도마의 손가락의 존재에 대한 성경의 증거는 없습니다. 대신 도마는 "나의 주시며 나의 하나님이시니이다"라고 고백합니다(요 20:26~28). 이 고백은 신약성서에서 가장 위대한 신앙고백 가운데 하나였습니다. 가장 높은 단계와 수준에 도달한 자만이 할 수 있는 고백입니다. 도마의 오랜 의심과 회의가 주님의 임재로 인하여 가장 눈부신 확신으로 변한 것입니다.

그의 질문을 보면 그가 의심을 가지고 있었던 것이 사실이었습니다. 그렇지만 그의 회의는 정직한 회의였습니다. 예수님과 도마가 나눈 대화를 살펴볼 때, 도마의 질문에 대해 예수님께서 노여워하시거나 불쾌해하셨다는 암시가 전혀 없습니다. 오히려 요한복음 전체의 구조 속에서 도마의 질문과 고백을 보아야 합니다. 이 부분은 요한복음에서 거의 결론적인 부분입니다. 부활하신 예수 그리스도를 향한 그의 고백은 최고의 결론이라고 할 수 있습니다. 다르게 표현하자면 요한복음의 구조상 저자는 도마의 에피소드에 긍정적인 의도를 담고 있다는 것입니다.

그의 질문 덕분에 나중에 믿은 우리와 같은 이들을 향한 예수님의 말씀이 전해집니다. "너는 나를 본 고로 믿느냐 보지 못하고 믿는 자들은 복되도다"(20:29). 우리 모두에게도 도마와 같은 고백이 필요함을 보여줍니다. 물론 다른 차원의 '앎'을 의미합니다. 도마와 같이 만져서 또는 봐서 알게 되는 것에서 '믿어지므로 알게 되는' 새로운 차원의 앎의 세계 속으로 우리를 초대하고 있습니다.

도마의 고백은 요한복음의 주제와 가장 일치합니다. 예수 그리스도는 우리 모두의 주님이며 하나님이십니다. 멋진 고백을 한 도마를 향해 '의심 많은 도마'라고 하기보단 '질문 많은 도마'라고 해야 맞을 것입니다. 그를 보며 배우는 것은 두려움과 망설임 없이 하나님을 아는 지식의 업그레이드를 향해 나아가는 것의 중요함입니다. 의심하기보다는 오히려 증거를 찾고자 노력했으며, 찾고자 했기에 찾을 수 있었던 좋은 모델이 됩니다. 예수님께서는 확증을 얻고자 하는 사람을 꾸짖지 않으십니다. 마치 천국의 비유에서 좋은 진주를 구하러 다니는 진주 장사처럼 열심히 구하는 자에게 주어지는 결과에 견줄 수 있습니다. 신앙의 업그레이드를 꿈꾸며 그것을 위해 적극적으로 노력하고 투자하는 사람들이 되어야 합니다.

    이것을 위해 하나님께서 우리 모두에게 주신 오감을 적극적으로 활용하며 살아가는 것이 중요합니다. 우리가 지닌 오감은 수동적으로 사용될 수 있습니다. 보이는 것만을 보며 들리는 것만을 들으며 살 수 있습니다. 대부분의 사람들이 그렇게 살아갑니다. 하지만 능동적이며 적극적 활용을 추구할 때 다른 결과를 경험할 수 있습니다. 보고자 노력하고 듣고자 노력한다면 평상시 그냥 지나치는 것들의 의미를 발견할 수 있습니다. 하버드대학 심리학 교수인 엘렌 랭거(Ellen Langer)가 말하는 '마음을 깨어 살아가는 것'(mindfulness)이 이런 삶일 것입니다. 어느 것도 똑같지 않은 사건으로 다가옵니다. 그럴 때 우리의 늘어나는 삶의 기간이 의미로 가득하게 됩니다. 그것이 '잘 늙어가는 것'(aging well)입니다. 미국의 사상가이자 시인인 랄프 왈도 에머슨의 말이 결론으로 적절합니다. "우리는 성장할 뿐 늙지 않는다. 하지만 성장을 멈춘다면 비로소 늙게 된다."

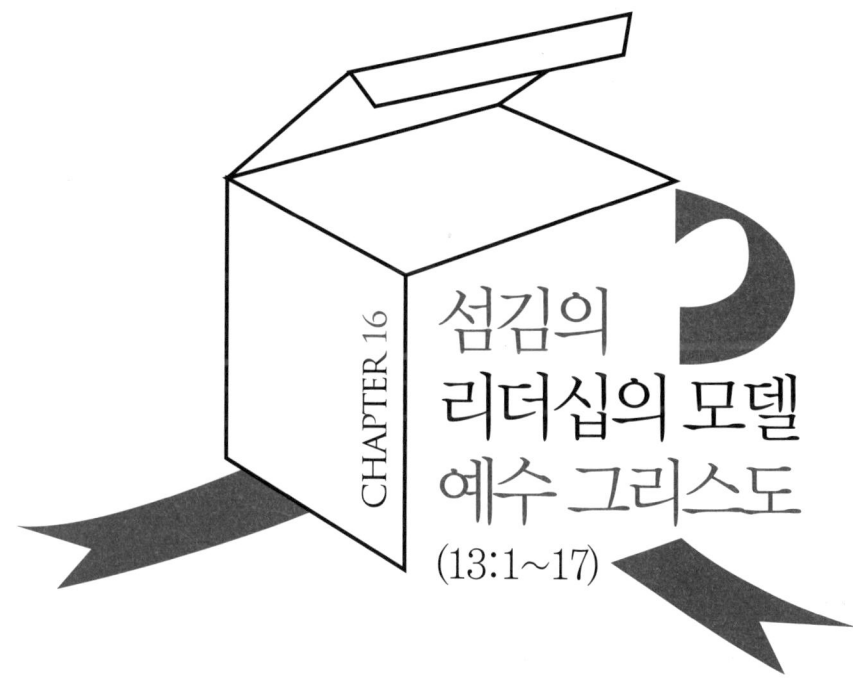

CHAPTER 16 섬김의 리더십의 모델 예수 그리스도
(13:1~17)

　　　　　　　　　　현시대의 리더십 모델 중 '섬김의 리더십'에 특별히 많은 관심이 쏠리고 있습니다. 자원봉사단체나 기독교기관뿐 아니라 공공단체와 일반기업에서도 이를 도입하는 사례가 늘고 있습니다. 예를 들어 미국 유나이티드 슈퍼마켓 회사의 CEO 댄 샌더스는 "나는 인간을 신뢰한다. 그리고 인간은 기본적으로 다른 이들을 섬기려는 욕구를 가지고 있다고 믿는다."라고 말합니다. 섬김을 인간의 욕구 중의 하나로까지 생각합니다. 그는 회사도 '섬김의 정신'에 따라 운영하고 있습니다. "이(회사의) 비전을 읽는 직원들은 누구나 우리가 가장 중요하게 여기는 것은 섬김의 정신이라는 것을 잘 알 수 있다."라고 자신 있게 말합니다. 기업이 세상을 '섬기지' 않는다면 성공하기 힘든 시대라는 것을 반영하고 있습니다.

섬김의 리더십이 세상의 중요한 트렌드로 자리 잡았습니다. 과거처럼 성경적 또는 이상적 개념이라고 치부해 버리지 않게 되었습니다. 피터 드러커의 지적처럼 '지식 노동자의 시대'가 온 것이 변화의 중요한 이유일 것입니다. 노동집약적인 산업에서 지식 집약적인 산업으로 바뀌면서 수직보다는 수평의 개념이 중요하게 된 것이지요. 고객은 더 이상 왕이 아니라 신이며, 직원들이 왕의 위치를 차지했다고 말하는 세상입니다. 그럼 사장이나 소유주는 어떻게 되었냐고 질문할 수 있습니다. 그들은 종과 같이 섬기는 자가 되었습니다. 물론 전통적 개념의 종을 의미하는 것은 아닙니다.

섬기는 리더십이라는 개념을 체계화하여 기업에 접목시키는 데 로버트 그린리프의 『서번트 리더십』의 역할이 컸습니다. 그는 자신의 저서에서 서번트 리더에 관한 아이디어를 헤르만 헤세의 『동방순례(Journey to the East)』에서 얻었다고 말합니다. 좀 더 정확히 말하면 헤르만 헤세의 책에 나오는 '레오'라는 사람의 역할이었습니다. 그는 순례자들을 위해 식사 준비와 뒷바라지를 하며, 노래를 불러주면서 격려하는 사람이었습니다. 문제는 그런 그가 사라지면서 시작됩니다. 얼마 지나지 않아 순례가 엉망이 되어 지속될 수 없는 지경에 이르러 버립니다. 서번트인 레오가 없이는 여행이 지속될 수 없었던 것입니다. 여행단의 일원이자 이 소설의 화자는 몇 년을 방랑한 끝에 마침내 레오를 만나며, 여행단을 후원할 교단을 찾습니다. 그때 발견한 놀라운 사실은 레오가 실제로는 그 교단의 우두머리이자 정신적 지도자였다는 것이었습니다. 레오라는 인물을 통해 그린리프는 리더란 '군림하고 지시하는 것'이 아니라 '지원하고 격려하는 것'이라는 사실을 깨닫게 된 것입니다.

그 영향력이 점점 더 확대되고 있는 섬김의 리더십에서 깨달아야 할 분명한 사실이 있습니다. 첫째 리더십이라는 개념이 섬김의 주체로 이해되고 있으며, 둘째 그들의 역할이 함께 하는 이들을 지배하고 관리하는 것보다 능력을 극대화할 수 있게 돕는 역할로 변하고 있다는 사실입니다. 그린리프는 레오에게서 섬김의 리더십을 발견하였습니다. 하지만 레오보다 훨씬 앞서 리더십에서 '섬김'의 중요성을 명확하게 보여 주신 분이 있습니다. 바로 예수 그리스도입니다. 예수님께서는 자신을 '섬김을 받기보다는 섬기러 오신 분'(막 10:45)이라고 묘사하셨습니다. 물론 이 말씀의 궁극적 목적지는 십자가의 죽음이라는 최상의 섬김을 가리키고 있습니다. 요한복음 13장에서는 그 절정을 향해 가는 도중의 사건을 기록하고 있습니다. 마치 십자가의 죽음이라는 궁극적 섬김의 모습을 준비라도 시키는 듯한 '파격적 섬김'을 소개하고 있습니다.

섬김이 핵심인 사역

십자가의 죽음이 가까이 오고 있는 때였습니다. 이 세상에 오신 궁극적인 이유인 십자가에서의 죽음을 눈앞에 둔 상황에서 예수님은 제자들을 향한 사랑을 표현하십니다. 본문을 보면 그분의 사랑에 대해 '끝까지 사랑하셨다'라고 말합니다(1절). 여기서 '끝까지'(eis telos, 에이스 텔로스)라는 표현을 다음 두 가지로 해석할 수 있습니다. '사랑하다'라는 동사를 수식하는 부사로 '하나도 남김 없이'라는 의미와, 시간적으로 '십자가의 죽음 직전의 순간까지'라는 의미입니다.

어느 것이 되었든지 둘 다 그분의 사랑의 정도를 보여줍니다. 사랑하시되 '조금도 남김없이 최고로', '철저히' 사랑하는 분이심을 분명히 하고 있습니다.

종이 울리기 전까지 종이 아니듯, 사랑은 표현될 때까지 사랑이 아닙니다. 예수님은 천한 종의 모습으로 자신을 낮추시고 손수 제자들의 발을 씻겨 주심으로 제자들에 대한 사랑을 표현하십니다. 발을 닦아 주시는 모습에는 크게 두 가지 의미가 있습니다.

첫째, 죄 씻음이라는 구속적 의미입니다. 발을 씻어 주시기 전에 자신의 죽음을 이미 말씀하신 상황이었습니다(요 12:24,32~33). 발 씻는 것엔 구속의 의미가 담겨 있다고 하지만 그 자체가 구속의 행위는 아닙니다. 베드로와의 대화 속에서 이러한 것이 분명히 나타납니다. 베드로는 예수님이 발을 씻어주시는 것이 부담스러웠습니다. "내 발을 절대로 씻지 못하시리이다"(8절)라고 저항합니다. 그를 향해 예수님은 말씀합니다. "내가 너를 씻어 주지 아니하면 네가 나와 상관이 없느니라"(8절). 베드로는 발을 씻어 주시는 것을 거부한 것이지 그분과의 관계 단절을 원하지는 않았기에 성급하게 상황을 반전시키고자 새로운 요청을 합니다. "주여 내 발뿐 아니라 손과 머리도 씻어 주옵소서"(9절). 그러자 예수님이 하신 답변 속에 발 씻음의 의미가 담겨 있습니다. "이미 목욕한 자는 발밖에 씻을 필요가 없느니라 온 몸이 깨끗하니라 너희가 깨끗하나 다는 아니니라"(10절). 예수님 안에서 거듭난 사람은 모두 예외 없이 중생의 씻음을 경험한 사람이라는 것입니다. 그들은 몸 전체를 닦는 것이 불필요하며, 오직 발을 씻는 일상의 회개가 필요합니다. 제자들의 발을 씻기시며 지속적인 죄 고백을 통해 성결한 삶을 살아야 함을 가르쳐 주십니다(요일 1:9). 물론 여기서 가룟 유다는 예외이기에 '다는 아니니라'(10절)는 말씀이 더해져 있습니다.

둘째, 섬김의 의미가 담겨 있습니다. 사도 베드로는 처음에는 예수님께서 발을 씻어주시는 것을 거부했습니다. 사람들은 으레 높은 사람이 섬김을 받는 것으로 생각하기 때문에 당연히 그러했을 것입니다. 당시 유대인들은 발을 인체 중 가장 더럽고 비천한 부분으로 여겼습니다. 손님을 초대하면 대접의 표시로 신분에 따라 종이나 주인이 발을 씻어 주었습니다. 심지어 어떤 랍비들은 유대인 종들은 발을 씻기는 일을 하지 않아야 하며 그것은 이방인들이나 여자, 어린아이들이 하는 비천한 일이라고 여겼습니다. 이것을 염두에 두고 보면 예수님의 발에 마리아가 향유를 부은 것이 얼마나 큰 존경의 표식인지 알 수 있을 것입니다(요 12:3).

이런 문화를 생각하며 제자들의 씻지 않은 발을 그려봅니다. 발을 씻어 주는 것이 귀찮아서라기보다는 남보다 자기가 못하다는 것을 자인하는 것이었기에 아무도 발을 씻기려 나서지 않았던 모양입니다. 먼지가 묻어 더러운 발로 식사를 하시던 중(저녁 잡수시던 자리에서 일어나, 4절) 예수님께서 친히 제자들의 발을 씻어주신 것입니다. '행위설교'라고 말할 수 있는 부분입니다. 말보다 행동을 통해 교훈을 주시는 모습입니다. 섬김을 받는 자가 섬기는 자보다 우월하다는 고정관념을 뒤집어 버리신 것입니다.

여기서 간과해서는 안 되는 중요한 한 가지가 있습니다. 예수님은 자신을 배신할 자인 가룟 유다의 발까지 닦아 주셨습니다. 다른 이들과 달리, 유다의 발을 씻어준 것에는 구속의 의미가 담겨 있지 않았던 것이 차이가 있습니다(10~11절). 예수님은 십자가의 죽음을 눈앞에 둔 상황에서도 섬기는 자로 철저하고 온전히 사랑하시는 분이심을 보여 줍니다. 모든 이에게 동일한 사랑으로 대하기를 원하시는 분입니다.

성경 속에는 하나님과 대조되는 사단에 대한 기록들이 적지 않게 나옵니다.

사단의 한 특징은 하나님을 철저히 흉내 내는 패러디의 제왕이라는 것입니다. 놀라운 기적도 행하고, 광명의 천사의 탈을 쓰기도 하고, 요한계시록 13장을 보면 부활까지도 흉내 냅니다. 그러나 한 가지, 절대로 패러디 못하는 것이 있습니다. 섬김이 바로 그것입니다. 위선을 통해서는 섬김을 만들어 낼 수 없기 때문일 것입니다. 섬김은 예수님의 속성이며, 그분의 사역의 핵심입니다.

제자들이 따라야 할 섬김의 삶

섬기는 자세로 제자들의 발을 씻기신 예수님의 행동은 예수님에서 그쳐서는 안 되는 것이었습니다. 예수님은 제자들이 그 모습을 모델링하길 원하셨습니다. "내가 주와 또는 선생이 되어 너희 발을 씻었으니 너희도 서로 발을 씻어 주는 것이 옳으니라 내가 너희에게 행한 것 같이 너희도 행하게 하려 하여 본을 보였노라"(14~15절)라고 말씀하십니다. 좀 더 엄격한 명령은 다음 절에 나옵니다. "내가 진실로 진실로 너희에게 이르노니 종이 주인보다 크지 못하고 보냄을 받은 자가 보낸 자보다 크지 못하나니"(16절)라고 말씀하십니다. 주님도 하셨기 때문에 그에게서 보냄을 받은 제자들이 거부할 수 없다는 것입니다.

섬김의 리더십의 핵심이 여기에 있습니다. 단순한 섬김은 종이 하는 것입니다. 섬김의 리더십에는 '리더십의 요소'가 있어야 합니다. 함께 하는 이들이 지닌 역량을 극대화하며 그들이 불편할지라도 필요한 변화를 이끄는 것이 섬김의 리

더십입니다. 예수님께서 섬김의 본을 보이셨다고 말씀하시는 이유가 여기에 있는 것입니다.

예수님께서 하신 일을 제자들이 좇으며 '작은 예수'가 되어야 한다는 말씀입니다. 제자란 스승만이 할 수 있는 일을 제외하고는 모든 것을 본으로 삼는 자들입니다. 심지어 스승만이 할 수 있는 일이라 할지라도 최대한 동참하며 살아야 합니다. 우리는 예수님처럼 세상의 죄를 짊어질 수 없는 존재들입니다. 그러나 우리들은 세상 죄를 위해 기도할 수 있습니다. 예수님과 같이 구속의 죽음으로 죽을 수 없을지라도 구속의 복음을 전할 수는 있습니다. 세상 죄를 위해 대신 기도하고 그것을 지적하며 하나님께 돌아오게 하는 일을 해야 한다는 것입니다.

섬김의 측면에서도 예외가 아닙니다. 예수님을 좇아서 살아야 합니다. 인간의 본성은 섬김을 싫어합니다. 죄가 들어온 후에 그렇게 되어버렸습니다. 바이런 맥도날드 목사가 이런 말을 했습니다. "인간의 마음에서 섬기는 마음을 들어 내버리면 그 자리는 사단이 차지한다." 섬기는 마음이 없으면 사단이 그 마음을 지배하기 시작해 이기적으로 변화한다는 것입니다. 일반적으로 세상의 모습을 볼 때 얼마나 정확한 지적인지 알 수 있습니다.

예수님께서도 "이방인의 집권자들이 그들을 임의로 주관하고 그 고관들이 그들에게 권세를 부리는 줄을 너희가 알거니와"(막 10:42)라고 지적하십니다. 세상에서 리더의 위치에 있는 사람들이 제멋대로 권세를 남용하며 당연한 것으로 여긴다고 말씀하십니다. 한편으로 섬김이 얼마나 어려운 것인가를 보여주고, 다른 한편으로 만약 섬기지 않는다면 우리도 끔찍한 모습이 될 수 있음을 알려주기도 합니다.

예수 그리스도의 제자라면 본분과 소명을 기억해야 합니다. 우리가 하나님의 백성이 되며 예수님의 제자가 된 데는 하나님의 의도가 담겨 있습니다. 예수님께서는 우리를 "그리스도 예수 안에서 선한 일을 위하여 지으심을 받은 자"(엡 2:10)라고 하시며 "우리를 깨끗하게 하사 선한 일을 열심히 하는 자기 백성이 되게 하려 하신다"(딛 2:14)라고 말씀하십니다. 어려운 환경과 상황에 처해 도움이 필요한 이들을 도와야 하며, 그 돕는 행위가 예수님에게 하는 것이라고 말씀하십니다(마 25:35~45).

　세상에서 오랫동안 영향을 주는 리더들을 보면 예외 없이 섬김의 리더들이었습니다. 백성들이 능력을 온전히 발휘할 수 있도록 온갖 반대에도 불구하고 한글을 창제한 세종대왕부터 그리스도의 사랑으로 가난하고 불쌍한 사람들을 의술로 섬기다가 세상을 떠난 장기려 박사 등 수많은 리더들이 우리나라 역사 속에 있었습니다. 이들을 보며 발견하는 사실은 섬기며 희생하는 리더들만이 지속하는 영향력을 가질 수 있다는 것입니다.

　현대 시대는 섬기지 않으면 더 이상 리더가 될 수 없는 시대가 되고 있습니다. 섬김을 통해 일거양득의 열매를 얻을 수 있는 세상이 된 것입니다. 우리는 제자로서 하나님을 기쁘게 하며, 예수 그리스도를 높일 수 있습니다. 그와 함께 세상에서 존경을 받으며, 영향력을 키워갈 수도 있습니다. 섬기는 제자들이 되어 세상 속에서 빛과 소금의 역할을 온전히 감당해 나가야 할 때입니다.

섬김의 삶을 통한 축복

예수님께서는 "너희가 이것을 알고 행하면 복이 있으리라"(17절)라고 말씀하십니다. 예수님의 명령에 순종하면 축복을 받습니다. 최소한 내세에서 받을 칭찬과 상급이 있습니다. 그것은 예수님의 약속입니다. 그렇다고 해서 섬김의 대가로 얻는 복이 내세에만 국한된 것은 아닙니다. 섬김의 결과로써 현세에 복을 누릴 수 있다는 것도 알아야 합니다.

마더 테레사 수녀의 경우가 좋은 예입니다. 그녀는 세상에서 버림받고 천대받는 이들을 사랑으로 섬겼을 뿐이었습니다. 그런데 세상은 그녀를 가장 존경하는 인물로 만들었습니다. 이 땅에서 많은 이들이 바라는 노벨 평화상과 같은 영광과 함께 유명인사로 인정받았습니다. 섬길 때 높이시는 하나님의 역사를 볼 수 있습니다.

물론 이러한 것을 단순하게 해석하는 것에는 위험이 있을 수 있습니다. 우리가 가지고 있는 복의 개념이 너무나 편파적이며 협의적일 수 있기에 그렇습니다. 물질적인 복 혹은 피부로 느낄 수 있을 만큼의 복의 개념을 말하는 것이 아닙니다. 오히려 '하나님께서 주시는 복'에 대한 신뢰를 의미하는 것입니다. 하나님께서 어떠한 복을 주시든 궁극적으로 우리 모두가 동의할 수 있는 복이 될 것이라는 사실을 신뢰한다는 의미에서의 복입니다. 좁은 의미가 아니라 넓은 의미로 그리고 순간적이거나 잠정적이 아니라 장기적 안목에서의 복을 말하는 것입니다.

유전공학자인 무라카미 가즈오는 『성공하는 DNA, 실패하는 DNA』라는 저서에서 주장합니다. 인간들 모두에게는 마치 불이 꺼져 있듯 잠자고 있는 특별한 재능이 있다고 합니다. 이것이 외부의 자극으로 활성화될 수 있는데 그 중 한 방법이 바로 남을 위해 살아가는 것이라고 합니다. 섬길 때 꺼져 있는 특별한 능력이 켜질 수 있다는 것을 지적합니다. 섬김이 낳은 축복이라고 할 수 있습니다. 또한 스티븐 코비는 "우리의 DNA는 본래 섬기기 위해 만들어졌다."라고 주장합니다. 우리는 창조된 원리대로 살 때 행복을 경험하게 됩니다. 스위스의 철학자인 카알 힐티는 "행복은 향락을 누리는 데 있는 것이 아니라 봉사하는 데 있다."라고 말합니다. 이러한 사람들은 과학적이거나 경험적으로 이타심과 섬김을 통해 축복을 경험합니다. 이 같은 이유로 섬기는 사람이 섬김을 받는 사람보다 행복할 수 있는 것입니다.

발을 씻어주시는 이야기는 한 가지 의문점을 남깁니다. '제자들의 발을 씻은 다음 예수님 발은 누가 씻겨 드렸는가'라는 질문입니다. 성경은 이 의문에 답하지 않습니다. 만약 당신이 그 자리에 있었다면 당신의 발을 씻어 주신 예수님을 향해 어떻게 했겠습니까? "내가 씻겨 드렸을 텐데……"라는 생각이 굴뚝 같을 수 있습니다. 물론 우리는 그분의 발을 씻겨 드릴 수 없습니다. 물리적으로 우리의 눈앞에 계시지 않기 때문일 수도 있지만, 더욱더 중요한 이유는 그분이 우리의 발을 씻겨준 것과 동일한 의미를 담아 그분의 발을 씻겨 드릴 수는 없기 때문입니다.

그러나 아주 불가능한 것은 아닙니다. 간접적인 방법이 가능합니다. 마태복음 25장을 보면 예수님께서 재림하신 후 심판대에서 일어날 것에 대한 가르침이 나옵니다. 한 무리를 향해 "내가 주릴 때에 너희가 먹을 것을 주었고 목마를 때에 마시게 하였고 나그네 되었을 때에 영접하였고 헐벗었을 때에 옷을 입혔고 병들었을 때에 돌보았고 옥에 갇혔을 때에 와서 보았느니라"(마 25:35~36)라고 말씀하십니다. 그 말씀을 들은 무리들이 "우리가 언제 그런 일을 했습니까?"라는 질문을 합니다. 그 질문을 향해 "내가 진실로 너희에게 이르노니 너희가 여기 내

형제 중에서 지극히 작은 자 하나에게 한 것이 곧 내게 한 것이니라"고 답하십니다. 주린 자들에게 음식을 대접함으로, 목마른 자들에게 마실 것을 공급함으로, 헐벗은 자들에게 옷을 입힘으로 그분의 발을 씻겨 드릴 수 있습니다. 세상에서 우리의 섬김이 필요한 이들을 섬기는 행위를 통해 예수님을 섬기는 일을 할 수 있다는 것입니다. 우리는 제자로서 예수님께서 본을 보이신 대로 세상을 사랑과 복음으로 섬겨야 합니다. 그것을 통해 하나님께 영광을 돌리며, 이 세상에서 우리의 선한 영향력을 확대해 나가야 할 때입니다.

CHAPTER 17
열매 맺는 삶의 비밀
(15:1~17)

각 문화마다 나무 또는 열매와 연관되어 전해지는 교훈들이 참 흥미롭습니다. 우리나라도 제사상 위에 올려지는 과일에 상징적 의미가 담겨 있다고 합니다. 과일은 일반적으로 오색(五色) 또는 최소한 삼색(三色)을 씁니다. 아무리 간소한 제사라 할지라도 삼색 과일은 써야 한다는 것이 가장 중요한 덕목입니다. 그 중 대추와 밤과 감(조율시[棗栗柿], 또는 감이 없는 계절에는 곶감), 이 세 가지는 반드시 쓰게 되어 있습니다.

세 가지 과일에는 모두 깊은 의미가 담겨 있습니다. 먼저 대추는 꽃이 피면 반드시 열매를 맺고서야 떨어진다는 특징이 있습니다. 아무리 비바람이 치고 폭풍이 불어도 꽃만 피었다가 지는 법은 없이, 꽃 하나가 반드시 열매 하나를 맺고

서야 떨어집니다. 그래서 만약 어느 해에 대추가 흉년이거나 풍년이라면, 그만큼 꽃이 적게 피었거나 많이 핀 해라고 보면 틀림이 없다는 것입니다. 우리 조상들은 여기에 빗대 사람으로 태어났으면 반드시 자식을 많이 낳아야 한다는 의미를 대추에 담았습니다. 그래서 막 혼례를 올린 신부가 시부모에게 폐백을 드릴 때, 시부모 된 사람들이 대추를 한 움큼 새 며느리의 치마폭에 던져주는 것입니다.

밤나무에도 신기한 생리가 있습니다. 한 알의 밤이 땅속에 들어가면 뿌리가 내리고 싹이 나서 줄기와 가지와 잎이 되어 성숙한 나무를 이룹니다. 여기까지는 여느 식물과 다를 바가 없습니다. 그런데 보통, 나무를 길러 낸 최초의 씨앗은 사라져 버리지만, 땅속에 들어갔던 밤만은 그 위의 나무가 아름드리가 되어도 절대로 썩지 않고 남아 있다고 합니다. 얼마나 오랜 세월이 흘렀건 간에 애초의 씨 밤은 그 나무 밑에 생밤인 채로 오래오래 그냥 달려 있다는 것입니다. 그래서 밤은 우리와 조상의 영원한 연결을 상징한다고 합니다. 지금도 조상을 모시는 위패, 신주를 반드시 밤나무로 깎는 것은 이런 의미가 있다고 합니다.

마지막으로 감나무 또한 특이한 나무입니다. 감나무는 서울 이북, 그러니까 한강 이북에서는 서식하지 못했습니다. 지금은 이상기후로 점차적으로 감나무 재배 가능 지역이 북으로 이동하고 있지만 말입니다. 감이 나지 않는 북쪽에서는 곶감을 대신해서 쓴 이유입니다. 감나무가 지닌 특징 중의 특징은 감 심은 데서는 절대로 감이 나지 않는다는 사실입니다. 아무리 탐스런 감에서 나온 감 씨를 심어도 거기서 나오는 것은 감나무가 아니라 고욤나무입니다. 고욤은 생김새는 감을 닮았지만 크기는 도토리만 하고 떫어 다람쥐 같은 들짐승들이나 먹을 수 있습니다. 감나무를 만들기 위해서는 3~5년쯤 된 고욤나무의 줄기를 대각선으로 짼 후 그곳에 기존의 감나무 가지를 접 붙여야 합니다. 이것이 완전히 접합이 되면 그다음부터 감이 열리기 시작한다고 합니다. 감이라는 열매가 상징하는 것은 사람으로 태어났다고 다 사람이 아니라 가르침을 받고 배워야 비로소 사람이 된다는 것입니다. 가르침을 받고 배우는 데에는 생가지를 째서 접붙일 때처럼 아픔이 따릅니다. 그 아픔을 겪으며 선인의 예지를 이어받을 때 비로소 진정한 하나의 인격체로 설 수 있다는 것을 의미한다고 합니다. 우리 조상들의 깊은 지혜를 엿볼 수 있는 것들입니다.

성경을 보아도 자주 등장하는 나무들이 있습니다. 언약궤를 만드는 데 사용된 싯딤나무(우리 성경번역의 '조각목'), 무화과나무, 포도나무 등이 자주 등장합니다. 싯딤나무는 물이 전혀 없는 곳에서도 깊이 뿌리를 내리며 살아남는 생존력이 뛰어난 나무입니다. 뿌리가 심지어 100m 이상 내려간다는 말이 있을 정도입니다. 무화과나무와 포도나무는 팔레스타인 지역에서 잘 자라는 나무들입니다. 특별히 포도나무는 이스라엘 역사에서 특별히 많은 의미를 담고 있습니다. 약속의 땅을 정탐하러 갔던 12명의 정탐꾼들이 막대기에 꿰어 가져온 포도송이의 풍성함의 상징을 민수기 13장을 읽어 본 이들은 잊기 쉽지 않습니다. 그 외에도 구약에는 포도와 연관된 많은 비유와 의미가 담겨 있습니다.

본문의 말씀은 포도 재배의 일반상식을 바탕으로 예수님께서 주신 포도나무의 비유를 다루고 있습니다. 하나님을 농부로, 예수님을 포도나무로, 우리를 나무의 가지로 비유로 하여 '영적 건강과 성장'에 대한 교훈을 주십니다. 포도나무에 열매를 주렁주렁 맺도록 하기 위해 서로 간에 필요한 관계를 발견할 수 있습니다.

하나님을 향한 신뢰의 중요성

본문에서 하나님은 농부로 비유되어 있습니다. 포도 과수원을 관리하는 농부의 역할과 마음에 초점을 맞추고 있습니다. 농부가 열심히 포도나무들을 돌보는 것은 열매를 많이 맺도록 하기 위함입니다. 포도나무 열매가 풍성히 열렸을 때 농부가 기뻐하듯이 우리가 풍성한 열매를 맺으면 하나님께서 기뻐하실 것입니다. 포도나무가 열매를 많이 맺게 하기 위해 결코 피할 수 없는 한 가지가 있습니다. "열매를 맺지 아니하는 가지는 아버지께서 그것을 제거해 버리시고 무릇 열매를 맺는 가지는 더 열매를 맺게 하려 하여 그것을 깨끗하게 하시느니라"(2절). 농부가 필연적으로 해야 하는 가지치기입니다. 여기서 한 가지 오해해서는 안 되는 점이 있습니다. 열매를 맺지 않는 가지를 제거해 버린다는 말씀을 구원과 연관시켜서는 안 됩니다. 열매를 맺지 못하는 이들은 구원을 잃어버린다는 식으로 말입니다. 물론 열매가 중요하지 않다는 것은 결코 아닙니다.

예수님께서 의도하신 것은 구원의 측면이 아니라 가지에 맺을 열매입니다. "너희는 내가 일러준 말로 이미 깨끗하여졌으니"(3절)라는 말씀의 대상은 제자들입니다. 예수님을 배반할 가룟 유다는 그 자리에 없었습니다(요 13:30). 많은 열매를 맺게 하기 위해 건강한 가지를 유지하신다는 것에 초점이 있다고 보아야 합니다. 건강한 가지를 위해 병들거나 부실한 부분이 제거된 것입니다.

우리 삶에서도 이것과 비유될 만한 것들이 있습니다. 열매 맺는 삶을 살려면 깨끗해야 합니다. 능수능란한 정원사는 가지치기 전문가입니다. 가지치기를 하는 것은 좋은 소식입니다. 가지치기를 하면 궁극적으로 많은 열매를 맺을 수 있기 때문에 그 과정에는 언제나 고통이 따릅니다. 실제로 우리 삶에서 가지치기를 두 가지로 생각할 수 있습니다. 하나님께서 요구하시는 것처럼 삶을 단순화시키는 것입니다. 생활이 복잡하고 관심이 분산되어 있으면 열매를 맺을 수 없습니다. 생각과 생활, 행동이 단순해야 열매에 집중할 수 있습니다. 삶의 우선순위와 분명한 목적을 정하고 살아갈 때 충실한 열매를 맺게 됩니다. 하나님께서 도우시는 부분입니다.

또 한 가지 중요한 요소가 있습니다. 우리의 모든 과정 속에 특별히 힘들다고 여기는 징계의 측면입니다. 크리스천이라도 고통과 고난의 순간들은 비켜갈 수 없는 것입니다. 성경은 그것 또한 하나님의 자녀 됨의 증거라고 분명히 말합니다(히 12:8). "무릇 징계가 당시에는 즐거워 보이지 않고 슬퍼 보이나 후에 그로 말미암아 연단 받은 자들은 의와 평강의 열매를 맺느니라"(히 12:11). 이는 고통이나 어려움에 대한 우리의 관점이 바뀌어야 함을 가르쳐 줍니다. 그것이 우리의 성장과 성숙의 기회가 되기 때문입니다. 중요한 것은 하나님을 신뢰하며 모든 것을 바라보는 것입니다.

예수님 안에 거함의 중요성

예수님은 자신을 단순히 포도나무라 부르지 않고, '참 포도나무'라고 말씀하십니다. 구약의 말씀을 염두에 두신 표현입니다. 이사야서에 '포도원 비유'가 나옵니다(사 5:1~7). 그중에서 2절과 4절은 하나님의 정성과 실망을 동시에 잘 보여 줍니다. "땅을 파서 돌을 제하고 극상품 포도나무를 심었도 다 그 중에 망대를 세웠고 또 그 안에 술틀을 팠도다 좋은 포도나무를 바랐더니 들포도를 맺었도다"(2절), "내가 내 포도원을 위하여 행한 것 외에 무엇을 더할 것이 있으랴 내가 좋은 포도 맺기를 기다렸거늘 들 포도를 맺음은 어찌 됨인고"(4절). 극상품 포도나무를 심고 최고의 정성을 부었음에도 불구하고 들 포도를 맺은 것을 지적합니다. "무릇 만군의 여호와의 포도원은 이스라엘 족속이요 그들에게 정의를 바라셨더니 도리어 포학이요 그들에게 공의를 바라셨더니 도리어 부르짖음이었도다"(7절). 유다 사람들의 삶 속에 팽배한 불의에 대한 하나님의 실망을 표현하신 것입니다.

예수님은 하나님께서 기뻐하시는 열매를 맺지 못하는 그들을 염두에 두시고 대조되는 대상으로 자신을 소개하셨습니다. 그들과는 달리 하나님께서 기뻐하시는 극상품 열매를 맺는 '참 포도나무'라고 말입니다. 참 포도나무에 달린 가지들만이 하나님께서 계획하시고 기대하시는 열매를 맺을 수 있습니다. 우리가 그 가지가 될 때만이 나무에 연결되어 지속적으로 영양분을 공급받을 수 있습니다. 에너지의 원천일 뿐 아니라 영양을 공급하고 포도를 맺게 하는 생명선이 바로 나무입니다. 예수님께서 사용하신 '거하라'는 표현을 주목하십시오. 현재형을 사용해서 지속적으로 연결되어 있어야 한다고 강조하고 있습니다. 그것을 위해 우리에게 최소한 세 가지가 필요합니다.

첫째, 예수님과 지속적으로 의사소통을 하며 살아야 합니다. 그분과 대화로 하루를 시작하는 '경건의 시간'은 중요합니다. 새로운 24시간을 선물로 받은 데 대해 감사를 드릴 수도 있고, 이 시간을 어떻게 쓰기 원하시는지 묵상에 잠기는 시간입니다. 위대한 중국 선교사 허드슨 테일러는 "연주를 시작하고 한참 지

난 후에야 악기를 조율하는 것은 어리석은 일이다."라고 말했습니다. 하루를 보내며 감사하는 것도 중요하지만, 하루의 시작부터 주님과 함께하는 것이 중요하다는 것입니다.

　둘째, 그분에게 지속적인 고백을 해야 합니다. 잠자리에 들기 전에 하루를 돌아보는 반성의 시간이 필요합니다. 물론 감사도 포함해야 합니다. 그러나 앞에서 말한 가지치기와 연결해 우리의 부족함과 죄에 대한 고백이 중요합니다. 약속에 의지해서 깨끗함을 유지하고자 하는 우리의 모습이 필요합니다(요일 1:9).

　마지막으로 성령 충만한 삶을 살아야 합니다. 성령께서 우리에게 모든 것을 가르치시고 예수님이 말씀하신 모든 것을 생각나게 합니다(요 14:26). 그분의 인도하심으로 지속적으로 참 포도나무 되신 예수님 안에 거할 수 있습니다.

　예수님 안에 생명이 있습니다. 가지가 나무를 떠나서는 열매를 맺지 못할 뿐 아니라 생존할 수 없습니다(5~6절). 예수님 안에 거할 때 그리고 그분의 말씀이 우리 안에 거할 때 우리의 기도 응답도 받게 됩니다(7절). 기도는 가지인 우리에게 맺힐 열매의 일부입니다. 기도에 응답하시고(요 14:13), 열매를 많이 맺음으로(8절) 하나님 아버지께서 영광을 받으실 것이기 때문입니다. 여기서 중요한 것은 7절 말씀인 '예수님의 말씀이 우리 안에 거한다'는 의미에 대한 정확한 이해입니다.

말씀을 향한 헌신의 중요성

말씀에 거하기 위해서 말씀을 알아야 하는 것은 당연합니다. 그래야 "주의 말씀은 내 발의 등이요 내 길의 빛이니이다"(시 119:105)라는 고백을 할 수 있지 않겠습니까? 세계에서 최고의 품질을 지닌 성경을 가장 많이 출판한다는 나라에서 정작 성경 말씀을 향한 사랑은 어떠한가를 자문해 봅니다. 성경은 숫자상으로 홍수처럼 넘쳐나는 듯 한데 정작 홍수에 마실 물이 귀하듯이 말씀을 향한 사람들의 질적 헌신은 터무니없이 줄어들고 있는 것이 현실입니다. 다시금 말씀을 향한 헌신이 필요한 시대입니다.

성경을 읽고 공부해보라고 말하면 '성경이 어렵다'라는 반응을 많이 보입니다. 성경이 쉬울 것이라는 생각을 갖는 것 자체가 이상하지 않을까요? 일반적인 고전도 어려운데 최소한 2000년 '묵은' 고전 중의 고전이 쉬울 것이라는 생각은 버려야 합니다. 오히려 다산이 『주역』을 이해하지 못했으나 뒤로 물러서는 대신 '독서하다가 죽으리라'를 선택했던 것과 같은 자세가 필요합니다. 다산은 『주역』을 단순히 반복적으로 읽고, 베껴 쓰고, 사색하는 차원을 넘어, 그의 생각이 되었고, 마음이 되었고, 눈이 되었고, 입이 되었고, 밥이 되었고, 삶이 되었고, 세계가 되었고, 우주가 되었다고 합니다. 그 결과 『주역』의 이치를 환하게 깨달았다고 전해지고 있습니다. 세상의 책도 저렇게 이해하려고 노력하는데, 하나님의 말씀을 향해 어떤 자세를 가져야 하는지 반문이 필요한 부분입니다.

하나님께서는 말씀으로 세상을 창조하시고, 주관하실 뿐 아니라 말씀으로 하나님의 백성을 치료하시며 구원하십니다. "그가 그의 말씀을 보내어 그들을 고치시고 위험한 지경에서 건지시는도다"(시 107:20). 그분의 말씀이 우리 가운데 살아 있을 때 우리는 히브리서 기자가 말하는 말씀의 능력을 체험할 수 있습니다. "하나님의 말씀은 살아 있고 활력이 있어 좌우에 날선 어떤 검보다도 예리하여 혼과 영과 및 관절과 골수를 찔러 쪼개기까지 하며 또 마음의 생각과 뜻을 판단하나니"(히 4:12). 우리가 우리의 마음속에 하나님의 백성으로 또한 예수 그리스도의 제자로서 위대함을 향한 열정과 사랑을 품으며 말씀을 대할 때 하나님께서는 놀라운 열매를 맺을 수 있도록 도우실 것입니다.

성도간의 사랑의 중요성

예수님은 그분의 사랑 가운데 거함의 중요성을 하나님과 예수님의 관계와 연결합니다. "내가 아버지의 계명을 지켜 그의 사랑 안에 거하는 것 같이 너희도 내 계명을 지키면 내 사랑 안에 거하리라"(10절). 결국 우리가 성경 말씀대로 살아갈 때 그분의 사랑 안에 거한다는 것을 말합니다. '주님의 말씀'에 우리의 생각을 사로잡아 복종시켜야 합니다(고후 10:5). 그럴 때 '좋은 생각이 좋은 생각을 낳는다.'라는 선 순환을 경험하게 됩니다. 하나님의 말씀은 '살아서 운동력'(히 4:12)이 있을 뿐 아니라 '생명을 주고 유지시켜주는 능력'(벧전 1:23)이 있습니다. 그 안에 거할 때 '하나님의 사람을 온전케 하여 모든 선한 일을 행할 수 있도록 온전케 구비시키심'(딤후 3:17)을 경험하게 됩니다.

예수님은 여러 계명들 중에서도 '서로 사랑하라'는 말씀에 초점을 맞추십니다. 어떻게 보면 피상적이며 추상적으로 들릴 수 있습니다. 예수님은 두 가지로 분명히 말씀합니다. 첫째는 서로 사랑할 수 있는 힘의 원천에 관한 것입니다. 이는 예수님의 사랑 안에 거할 때 가능해집니다(10절). 먼저 예수님의 사랑을 받고 그 사랑으로 행하는 것입니다. 사랑하는 것은 우리의 사랑으로 하는 것이 아닙니다. 예수님의 사랑이 우리를 통해 흘러나오는 것입니다. 사랑은 예수님 제자의 뱃지라고 할 수 있습니다. 사랑의 열매로 제자임이 증명됩니다. 흘러나오는 사랑이 있기에 예수님은 우리를 종에서 친구로 승격시키십니다(14절). 상처 많은 세상을 돌아보며 용서가 얼마나 중요한지를 생각해 봅니다. 사랑하기 위해 용서해야 합니다. 용서를 통해 세상에서 자신의 역할과 정체성을 찾아야 합니다. 그분의 사랑에 거함으로 친구 되신 예수님을 경험해야 합니다.

둘째는 결론에 관한 것입니다. 그분의 사랑이 우리를 통해 흘러나올 때, 예수님의 기쁨이 우리 안에 있어 충만한 기쁨을 누릴 수 있게 됩니다. 이것이 열매 맺음의 결과이기도 합니다. 예수님은 우리 삶 속에 열매 맺는 것이 이루어질 것이라고 약속하십니다. "너희로 가서 열매를 맺게 하고 또 너희 열매가 항상 있게 하여 내 이름으로 아버지께 무엇을 구하든지 다 받게 하려 함이라"(16절). 이것을 위해 우리를 택하셨습니다. 이 과정을 통해 궁극적으로 하나님께 영광을 돌리게 됩니다. 크리스천들은 모두 같은 나무에 속한 가지입니다. 참 포도나무 되신 예수 그리스도께 속해 있습니다. 같은 나무에 속했기에 함께 이루어가야 하는 것은 당연합니다.

서로 사랑하는 것은 서로에게 유익이 되는 것입니다. 말씀에 거함으로, 기도함으로, 사랑을 통해 하나님께서 계획하신 열매를 맺는 것입니다. 궁극적으로 그 열매를 통해 하나님께 영광이 됩니다. 물론 가지에 뻗은 다른 가지들도 기쁨과 보람이 있을 것입니다. 그러나 영광을 받으시는 대상은 하나님이십니다. 농부가 포도나무의 열매에 온갖 정성을 기울이듯이 하나님께서는 우리 모두를 향한 사랑의 역사를 펼치고 계십니다. 그분을 향한 믿음에 철저히 서서 영적 건강을 유지해야 합니다. 이것은 건강한 가지로서 풍성한 열매를 맺기 위한 필수 요건입니다.

CHAPTER 18
예수님의 중보기도
(17:1~26)

예수님과 기도를 연관시켜보면 제일 먼저 떠오르는 것이 주기도문일 것입니다. 주님이 가르쳐 준 기도이기에 그렇게 부릅니다. 기도의 핵심은 하나님의 '이름과 나라와 뜻'에 대한 간구였습니다. '이름'으로 대변되는 하나님의 '명성과 명예'를 위해, '나라'로 표현된 하나님의 '주권과 통치'를 위해, 그리고 '뜻'에 담긴 하나님의 '구원 계획과 이루심'을 위해 기도하라는 것이었습니다. 세 가지 모두가 하늘에서는 실현되고 있는 반면, 이 땅에서는 아직 실현되고 있지 않은 현실을 염두에 둔 것입니다. 하나님 백성들이 기도할 때 그것들이 온전히 실현되도록 간절한 소망을 담는 것은 당연한 것입니다.

그분은 단순히 기도를 가르쳐주시기만 하는 분이 아니었습니다. 몸소 기도의 본을 보이신 분이셨습니다. 사복음서에서 특별히 누가복음을 보면 기도하시는 예수님의 모습이 유난히 많이 등장합니다. 새벽 미명이나 밤을 새우며 기도하시는 모습에 더해, 중요한 결정과 사건을 앞에 두고 기도하시는 예수 그리스도의 모습을 발견합니다. 기도에 대한 최고의 모델링의 대상으로 예수님의 모습을 보여주고 있습니다. 누가복음의 저자인 누가는 자신의 두 번째 책인 사도행전을 염두에 두고 이러한 강조를 하고 있습니다. 사도행전 속의 교회 즉 초대 교회의 교인들 또한 기도하는 이들이었습니다. 그들이 기도할 때 놀라운 성령의 역사가 일어났으며 복음의 확산이 이루어졌습니다. 우리가 기도할 때 동일한 역사가 일어날 수 있음을 분명하게 제시하고 있습니다.

요한복음은 다른 복음서에 비해 기도하시는 예수님의 모습이 많이 강조되어 있지 않습니다. 심지어 십자가의 죽음을 눈앞에 둔 겟세마네 동산에서의 기도조차 생략되어 있습니다. 다른 복음서에서 그 기도가 차지하는 중요한 역할과 대조를 보입니다. 그렇다고 하여 예수님의 기도의 중요성을 간과한 것은 결코 아닙니다. 요한복음에서는 대신 예수님의 기도 중 가장 긴 기도를 기록하고 있습니다. 저자 요한이 밝히고 있듯 이것은 그의 의도된 선택이었습니다. "예수께서 행하신 일이 이 외에도 많으니 만일 낱낱이 기록된다면 이 세상이라도 이 기록된 책을 두기에 부족할 줄 아노라"(21:25). 모든 것을 다 기록하는 것이 저자 요한의 목적이 아니었습니다. 자신이 전달하고자 하는 핵심과 관련된 것만을 선별하여 전하고자 했습니다. 이런 각도에서 요한복음 17장의 예수님의 기도 내용은 더욱더 중요합니다. 17장의 기도 속에서 보이는 예수님의 모습에서 십자가 죽음에 대한 갈등과 번민은 찾아볼 수 없습니다. 오히려 십자가의 죽음을 영광 받을

18장 예수님의 중보기도

순간으로 여기시는 듯합니다. 오신 목적을 성취하기 위한 주도적인 모습이 강조되어 있습니다.

　17장의 기도는 그 내용 때문에 '대제사장 기도'라고 불립니다. 세상에 남겨질 제자들을 향한 예수님의 사랑과 관심을 엿볼 수 있는 예수님의 중보 기도입니다. 신약에 나오는 어느 기도보다 길며 내용상으로도 신학적 메시지가 풍성하게 담겨 있습니다. 이 기도를 이해하기 위해서 예수님의 기도 자체에 초점을 맞추고자 합니다. 과연 예수님은 죽음을 눈앞에 둔 상황에서 어떤 기도를 하셨을까요? '기도의 핵심은 무엇이고 우리가 배울 수 있는 것은 무엇인가?'에 대해 살펴보겠습니다.

　먼저 한 가지 사실을 분명히 알아야 합니다. 사람은 모방을(또는 모범을) 통해 배운다는 것입니다. 아이들은 부모의 언어를 닮아갑니다. 아이들의 경우만이 아닙니다. 어른들도 마찬가지로 유행을 좇아 살아갑니다. 예를 들어 폭이 넓은 넥타이가 등장하면 많은 남자들이 넓은 넥타이를 매기 시작합니다. 여자들의 경우 치마의 길이에서 유행을 볼 수 있습니다. 유행은 모방하며 살아가는 인간을 잘 보여줍니다.

　신앙생활도 모범을 통해 배우게 됩니다. 주위에 좋은 모델이 있는 것과 없는 것은 큰 차이가 있습니다. 기도 또한 예외가 아닙니다. 우리가 본받아야 할 최고의 모델이 있다면 당연히 예수님입니다. 유행 모두를 좇을 필요는 없을지라도 기도는 예수님을 닮아야 합니다. 그분의 기도를 배우는 데 있어 요한복음 17장은 매우 중요한 부분입니다. 큰 관점에서 다음 네 가지의 가르침을 우리에게 적용해 볼 수 있습니다.

하나님의 영광이 우선되는 기도

예수님은 십자가의 죽음을 눈앞에 두고 "아들을 영화롭게 하사 아들로 아버지를 영화롭게 하게 하옵소서"(1절)라고 말씀하십니다. '아들을 영화롭게'라는 표현은 요한복음 2장 4절에서 "내 때가 아직 이르지 아니하였다"라는 말씀에 나타난 '때'라는 개념과 깊은 연관이 있습니다. '때'라는 단어는 복음서가 진행되면서 의미가 분명해집니다. 요한복음 7장 6절에서도 "내 때는 아직 이르지 아니하였다"라고 말씀하십니다. 예수님께서 유대 지도자들을 아무리 불편하게 할지라도 "잡는 사람이 없으니 이는 그의 때가 아직 이르지 아니하였음이러라"(요 8:20)라고 기록하고 있습니다.

이르지 않았던 '때'는 요한복음 12장에 오면서 드디어 정체를 드러내기 시작합니다. 이때까지 미래였던 '시간 또는 때'가 눈앞에 다가온 그의 십자가의 죽음이라는 사실을 분명히 합니다. 헬라인 몇 명이 빌립과 안드레와 함께 예수를 찾아온 사건이 발단이 됩니다. 그들을 향해 예수님께서는 "인자가 영광을 얻을 때가 왔도다"(요 12:23)라고 말씀하십니다. 또 죽음에 대해 예언적 비유를 하십니다. "내가 진실로 진실로 너희에게 이르노니 한 알의 밀이 땅에 떨어져 죽지 아니하면 한 알 그대로 있고 죽으면 많은 열매를 맺느니라"(요 12:24).

'때'라는 단어는 하나님의 주관하심 속에 맡겨진 시간으로 예수님의 십자가의 사건을 말하는 것입니다. 그로 인한 죽음, 부활 그리고 영광을 받으시는 그 모든 과정이 '영광을 얻을 때'라는 표현 속에 담겨 있습니다. 성경의 다른 부분에서도 나와 있는 십자가 죽음 후에 필연적으로 높임을 받으실 것임을 말하고자 하는 것이 아닙니다. 오히려 십자가 죽음이라는 '수치 중의 수치'를 통해 온전해지는, 어떻게 보면 역설적인 영광이라는 의미를 담고 있습니다.

예수님은 십자가에서 돌아가시기 위해 오셨다는 사실을 가감 없이 드러내고 있습니다. "때가 이르렀사오니 아들을 영화롭게 하사 아들로 아버지를 영화롭게 하게 하옵소서"(17:1). 모든 생물이 하나도 예외 없이 살기 위해 태어나지만 예수님만은 죽기 위해 오셨던 바로 그 이유였습니다. 끝까지 성부 하나님께 영광을 돌리는 삶을 사시는 것에 초점을 맞추신 모습입니다. 그렇지만 그 순간은 단순히 죽음이 전부가 아닙니다. 자신이 영광을 받는 순간이기도 합니다. 죽음이며 동시에 영광을 받으시는 순간이 된다는 것입니다. 십자가가 담고 있는 역설이며, 그 역설이 예수님의 기도에 담겨 있습니다. 예수님의 영광을 받으심을 통해 하나님이 영광을 받게 됩니다. 별개의 사건이라기보다는 서로 떼려야 뗄 수 없는 연관을 지니고 있습니다. 마치 기도 응답에 대한 예수님의 말씀에 담긴 원리에 비유할 수 있습니다. "너희가 내 이름으로 그 무엇을 구하든지 내가 행하리니 이는 아버지로 하여금 아들로 말미암아 영광을 받으시게 하려 함이라"(요 14:13). 무엇이든 하나님의 영광에 초점이 맞추어져 있음을 다시금 보게 됩니다.

예수님이 이러하신데 우리는 어떻게 살아야 하겠습니까? 웨스트민스터 신앙고백-대교리문답은 "사람의 제일 되며 가장 중요하고 고귀한 목적은 하나님을 영화롭게 하는 것과 그분을 영원히 마음을 다하여 즐거워하는 것이다."라는 선언적 명제로 시작합니다. 그 길이 우리 또한 영광을 받는 길이라는 사실을 깨닫는 것이 중요합니다. "먼저 그의 나라와 그의 의를 구하라 그리하면 이 모든 것을 너희에게 더하시리라"(마 6:33)는 말씀의 의미이기도 합니다. 하나님의 영광이 우선되는 삶을 사는 것이 최우선이 되어야 합니다.

소중한 이들을 위한 기도

6~9절을 보면 각 절마다 최소한 한 번씩 반복되는 표현이 있습니다. 바로 '내게 주신 자'라는 표현입니다. 이 표현을 온전히 이해하기 위해서는 요한복음 10장 28~29절의 말씀을 염두에 두고 생각해야 합니다. "내가 그들에게 영생을 주노니 영원히 멸망하지 아니할 것이요 또 그들을 내 손에서 빼앗을 자가 없느니라 그들을 주신 내 아버지는 만물보다 크시매 아무도 아버지 손에서 빼앗을 수 없느니라." 단순한 것 같은 이 표현 속에 그들을 향한 예수님의 각별함과 소중함이 담겨 있음을 알 수 있습니다. "내가 그들을 위하여 비옵나니 내가 비옵는 것은 세상을 위함이 아니요 내게 주신 자들을 위함이니이다 그들은 아버지의 것이로소이다"(요 17:9). 그들은 예수님이 목숨까지 내어 줄 수 있는 특별한 대상들이라는 사실을 느낄 수 있습니다. 예수님께서 자신을 믿고 따르는 무리들을 얼마나 소중하게 여기시는지를 분명히 알 수 있습니다. 소중한 존재들을 온전히 지켜 달라고 하나님께 기도 드리는 것입니다.

죽음으로부터 부활하신 후에도 그들을 향한 기도를 계속 하셨다고 성경은 분명히 말합니다. "누가 정죄하리요 죽으실 뿐 아니라 다시 살아나신 이는 그리스도 예수시니 그는 하나님 우편에 계신 자요 우리를 위하여 간구하시는 자시니라"(롬 8:34). '지금 이 순간에도' 나를 위해 누군가 기도하고 있다는 말이 결코 헛된 것이 아닙니다. 모두가 날 버릴지라도 예수님은 나를 버리지 않고 나를 위해 기도해 주십니다.

우리를 소중하게 여기시며 변치 않고 기도하시는 예수님의 모습은 우리 모두에게 도전이 됩니다. 그러나 단순히 그 자체에 감사하는 것만으로는 충분하지 않습니다. 우리의 기도가 그분의 기도를 닮아가야 합니다. 우리의 기도 속에도 내 주위의 소중한 이들을 향한 중보가 있어야 합니다. 부모님이 소중합니까? 그렇다면 우리의 기도 속에 그분들을 향한 기도가 있어야 합니다. 형제들이 소중하다면 그들에 대한 기도가 있어야 하며, 친구들이 소중하다면 친구를 위해 기도해 주어야 합니다. 기도 속에 사랑이 있으며 기도를 통해 사랑이 드러납니다.

정체성이 반영된 기도

연속되는 예수님의 기도를 보면 또 다른 반복되는 표현들이 나옵니다. "보전한다"(11절, 12절, 15절 등)와 "거룩하게 하다"(17절, 19절)라는 표현입니다. '보전한다' 또는 '지킨다'라는 표현을 단순히 피동적인 의미로 이해해서는 안 됩니다. 올바로 이해하기 위해선 이곳에 담겨 있는 우리 모두의 정체성을 염두에 두어야 합니다. 16절에서 19절을 보면 우리의 정체성에 관해 바로 '세상에 속하지 아니한 자들'(not of this world)과 동시에 '세상에 보냄을 받은 자'(but into this world)라고 가르치고 있습니다. 원래는 이 세상에 속한 자들이었으나 예수님을 통해 영적인 계보가 달라졌습니다. 영적 DNA가 바뀐 존재가 되었습니다. 물론 육적인 DNA에는 차이가 없습니다. 우리가 잘 아는 미국 드라마 CSI같은 프로그램에서 보듯 유전자 검사를 하면 달라진 것이 하나도 없을 것입니다. 왜냐하면 아직은 이 땅에 있는 존재이기 때문입니다. 그렇다고 단순하게 과거와 동일한 존재는 아닙니다. 새로운 역할과 사명을 부여 받아 세상에 '보냄을 받은 자들'이 된 것입니다.

　이것이 믿는 이들의 정체성의 핵심입니다. 예수 그리스도는 죄 속에 있는 사람들에게 영원한 생명을, 절망 속에 빠진 이들에게 소망과 희망을, 미움이 가득한 곳에 사랑을 전달하기 위해 오셨습니다. 예수님께서 부활 후에 제자들 앞에 나타나셔서 동일하게 말씀하십니다. "예수께서 또 이르시되 너희에게 평강이 있을지어다 아버지께서 나를 보낸 것 같이 나도 너희를 보내노라"(요 20:21). 우리는 예수님께서 시작하신 하나님의 백성을 모으는 사역에 동참하는 자들로 사명을 받았습니다.

　그 목적을 이루기 위해 우리 모두에게 필요한 것은 바로 '거룩함'입니다. '거룩하다'라는 단어는 '구별되다'라는 의미입니다. 그저 때 묻지 않은 것으로 이해해서는 안 됩니다. 잘못하면 죄 사함에만 초점을 맞추고 있는, 달라스 윌라드가 이야기 한 '뱀파이어 크리스천들'이 되어 버립니다. 무엇을 위한 '거룩함'인가를 생각해 보아야 합니다. 능동적이며 주도적으로 자신을 구별하는 신앙적 삶이 필요합니다. 마치 빌립보서 2장 12~13절에서 보이는 태도처럼 말입니다. "그러므로 나의 사랑하는 자들아 너희가 나 있을 때뿐 아니라 더욱 지금 나 없을 때에도 항상 복종하여 두렵고 떨림으로 너희 구원을 이루라 너희 안에서 행하시는 이는 하나님이시니 자기의 기쁘신 뜻을 위하여 너희에게 소원을 두고 행하게 하시나니."

　그렇다고 하여 바리새인들이 생각했던 거룩함의 개념을 가지는 것은 곤란합니다. 구약 시대의 거룩함은 '분리의 거룩함'이었습니다. 그러나 예수님이 가르쳐 주신 거룩함은 '사랑의 거룩함'입니다. 예수님 이전의 거룩함은 창녀나 세리들과 상종하지 않는 그런 거룩함이었습니다. 하지만 예수님께서 본을 보여주신 거룩함은 창녀와 세리들의 친구가 되어 주는 그런 거룩함입니다. 이 둘 사이에는 커다란 차이가 있습니다. 분리의 거룩함은 그 기준에 미달돼 보이는 자들을 정죄하며 그들이 내미는 손을 뿌리칩니다. 반면에 사랑의 거룩함은 기준 미달 자체를 가엽게 여기고 먼저 도움의 손을 내밉니다. 분리의 거룩함은 차별과 정죄와 소외를 낳지만, 사랑의 거룩함은 용서와 화해와 공존을 가져옵니다.

뉴욕시의 리디머(Redeemer) 교회의 팀 켈러 목사의 표현은 두 가지의 거룩함을 이해하며 실천하는 데 있어 도움을 줍니다. "하나님께서 순전한 은혜로 주신 믿음을 받게 되면 사람은 지극히 겸손해진다. 광신자들은 복음에 지나치게 헌신했기 때문이 아니라 충분히 헌신하지 못해서 광신자가 된 것이다. 자신이 광신적이라고 여기는 사람들을 생각해 보라. 그들은 오만하고 독선적이고 고집불통이고 남에게 무심하고 가혹하다. 왜 그럴까? 그리스도를 지나치게 닮아서가 아니라 그리스도를 충분히 닮지 않았기 때문이다. 그들은 광신적으로 열정적이고 용감하지만, 광신적으로 겸손하고 다른 사람을 배려하고 사랑하고 공감하고 용서하고 이해하지는 않는다. 그리스도와는 다르다. 우리 눈에 지나치게 광신적으로 비치는 모습은 실상 그리스도와 그분의 복음에 온전히 헌신하지 못해서 나타나는 광경이다." 예수님을 닮되 온전히 닮아야 하며, 그분을 향해 헌신을 하되 온전한 헌신을 해야 한다고 설명합니다.

하나님께서는 우리를 도와주시고 변화시키시며 선한 뜻을 이루고자 우리 가운데 역사하십니다. 우리는 열심히 순종하며 각자의 부르심에 충성해야 합니다. 누가복음 11장 1절에서 제자들은 예수님께 세례 요한이 제자들에게 기도를 가르친 것처럼 자신들에게도 기도를 가르쳐 달라고 말합니다. 기도는 정체성을 반영한다는 사실을 보여 줍니다. 우리가 무엇을 어떻게 기도해야 하는가와 연결되어 있습니다. 우리는 정체성이 반영된 기도를 드리고 있는지 점검해야 합니다.

전도와 선교를 염두에 둔 기도

예수님의 기도 중에서 반복되는 중요한 표현 하나가 더 있습니다. '믿는 이들 간의 하나 됨'입니다(11절, 21절, 22절, 23절). 이것은 단순히 예수님과 함께 한 가룟 유다를 제외한 열한 제자들만을 염두에 둔 것이 아니었습니다. "이 사람들만(즉, 그 당시 제자들) 위함이 아니요 또 그들의 말로 말미암아 나를 믿는 사람들도 위함이니"(20절)라는 표현 속에 21세기를 살고 있는 모든 크리스천들이 포함되어 있습니다. 예수를 좇는 모든 이들이 하나가 되어야 함을 강조하고 계시는 것입니다.

간과해서는 안 되는 것은 '왜(why 즉, 목적) 하나가 되어야 하느냐?'입니다. 주위의 연합 운동을 들여다보면 하나가 되어야 한다는 말을 많이 하지만 왜 하나가 되어야 하는가에 대해서는 강조하지 않습니다. 하나가 되는 것 자체에 목표가 있는 듯 오해를 낳을 만합니다. 21절을 보면 "세상으로 아버지께서 나를 보내신 것을 믿게 하옵소서"라는 표현이 나옵니다. 이어 "하나님께서 예수 그리스도를 사랑하신 것 같이 우리 또한 사랑하신다는 것을 세상으로 알게 하려 함이로소이다"(23절)라고 말씀하십니다. 결국 하나 됨의 목적은 전도와 선교를 염두에 두고 있다는 사실을 발견할 수 있습니다.

이것은 그럼 어떻게(how) 하나가 될 수 있는가와 자연스럽게 연결됩니다. 단순히 연합체 자체를 만드는 것으로는 충분하지 않습니다. 구조를 통합하는 등의 연합 운동이 필요하지 않다는 것이 아닙니다. 한기총(한국기독교총연합회)이나 교단 등의 존재 자체를 부정하는 것은 더더욱 아닙니다. 하지만 회장이 되기 위해 돈과 빈 공약을 내놓는 등 선거 때마다 들려오는 온갖 비리의 소식은 '단순한' 연합 운동이 낳을 수 있는 부조리함을 부각시킬 뿐이라는 사실을 기억하자는 것입니다.

예수님께서 의도하신 하나 됨이란 '사랑과 목적'에서 하나 되는 것이며 그것을 이루기 위한 '행동'에서 하나가 되는 것을 의미합니다. 우리나라의 교회들이 지금과 같이 크지 않았을 때 보여주었던 연합 운동의 모델을 생각해 봅니다. 1970년대 초는 한국 교회가 약하고 어려운 때였지만 너무나 멋지게 민족 복음화라는 기치 아래 하나가 되었습니다. 엑스플로 '74라는 한 대회를 통해 323,419명이 훈련을 받았습니다. 그 결과 한국 교회는 1980년대에 들어서 천만 성도 시대를 열기 시작했습니다. 1980년의 '세계복음화대성회'(World Evangelization Crusade)에서는 밤마다 약 3백만 명의 사람들이 모여서 교회와 민족을 위해 기도했습니다. 특별히 그 기간 동안 10만 명의 선교사가 세계 선교를 헌신했습니다. 그 헌신은 마침내 1990년대에 한국 교회가 세계 선교에 중추적 역할을 하는 계기가 되었습니다. 물론 이 시대에 또다시 그러한 거대한 유형의 연합 운동이 필요하다고 주장하고자 하는 것은 결코 아닙니다. 오히려 그때를 돌아보며 그 '하나 되는' 정신을 회복해야 한다는 것입니다.

지금은 단순한 구조를 통한 연합 운동의 시대를 뛰어넘어야 할 때입니다. 목적과 비전, 사랑으로 하나가 되어야 합니다. 수직적인 피라미드 구조에서 수평적인 그물 구조로 바뀌어야 합니다. 한 좋은 예로 CCC가 성시화운동본부와 함께 벌이는 도시 전도운동과 같은 시도를 생각해 볼 수 있습니다. 이 운동의 핵심은 CCC가 단체로서 가지고 있는 개인전도 노하우를 나누며 도시 복음화를 위해서 섬기는 것입니다. 성시화운동본부는 그 도시에서 예수 그리스도의 선한 영향력을 키우며 궁극적으로 복음을 전하고자 하는 데 목적이 있습니다. 둘이 하나가 되어 하나님의 나라의 확장을 위해 일하는 것이 그 전부입니다. 위에서 말했듯 사랑 안에서 그리고 도시 복음화라는 공동의 목적 속에서 하나 되는 것입니다. CCC는 이름을 내는 것이 아니라 뒤에서 조용히 손과 발이 되어 섬기는 모습으로 나아가는 것입니다. 그리고 하나 됨의 정점은 참여하는 모든 이들과 함께 복음을 전하며 도시 복음화를 향한 행동에서 나타나게 됩니다. 이것을 통해 드러나는 것은 하나님의 영광뿐일 것입니다. 이런 바람이 예수님의 기도 속에 드러나 있습니다. 우리 모두의 기도뿐 아니라 행동 속에 표현되어야 하는 중요한 요소들입니다.

CHAPTER 19 위대한 순종과 놀라운 약속
(18:1~14)

한때 크리스마스 상징물의 하나인 트리에 십자가를 또 달 필요가 있느냐가 화젯거리가 된 적이 있습니다. 종교 편향이라는 이유로 거론된 문제였습니다. 그런데 심지어 크리스천들 중에서도 예수님의 탄생을 기념하면서 '왜 십자가를 달아야 하느냐?'라고 묻는 이들이 있었습니다. 탄생의 기쁨에 '왜 죽음을 상징하는 십자가를 달아야 하는가?'라는 논리입니다. 얼핏 그럴듯하게 들릴지 모르지만 결코 정확한 지적은 아닙니다. 예수님께서 이 땅에 오신 사실과 그 이유를 분리해서 생각할 수 없기 때문입니다.

요한복음은 예수님이 인간의 죄로 인해 죽기 위해 오셨다는 사실을 분명히 합니다(요 1:29; 4:34; 12:23~24; 17:1; 19:30). 이러한 각도에서 볼 때 그분의 탄생을 기념하며 크리스마스트리에 십자가를 다는 것은 결코 생뚱맞은 행위가 아닙니다. 오히려 예수 그리스도와 관련된 모든 것이 십자가와 깊은 연관이 있기 때문에 매우 적절하다는 사실을 알아야 합니다. 예수님은 십자가에서 죽으시기 전 겟세마네 동산에서 붙잡히는 순간에도 자신이 어떤 분이며 어떤 일을 할 것인가에 대해 분명히 밝힙니다. 모든 것이 십자가의 죽음을 통해 이뤄졌을 뿐 아니라 성취되었다는 사실을 기억해야 합니다. 요한복음에 기록된 체포 장면을 통해 예수님이 오신 의미를 되새겨 봅니다.

하나님이라는 주장

예루살렘에 가보면 십자가 사건이 벌어졌다고 여겨지는 곳에 커다란 기념 교회가 세워져 있습니다. 예루살렘 성의 동쪽 성벽과 감람산 사이에 있는 겟세마네 동산입니다. 예수님은 제자들이 졸고 있는데도 그곳 동산에서 기도하며 하나님의 뜻을 구했습니다. 또한 예수님과 제자들은 그곳에서 자주 모임을 가졌습니다. 예수님을 배반한 가룟 유다가 로마 군대를 데리고 예수님을 잡으러 온 곳도 겟세마네 동산입니다. 사람들을 유혹해 소요를 일으킬 수 있다는 죄목으로 예수님을 잡으러 왔던 것을 볼 때 결코 적지 않은 무리였을 것이고 철저히 준비를 한 정예부대였을 것이라고 상상해 볼 수 있습니다.

4절을 보면 "예수께서 그 당할 일을 다 아시고" 그들을 향해 먼저 "누구를 찾느냐"라고 물으십니다. 그들이 '나사렛 예수'라고 답하자 예수님은 "내가 그니라"(5절)라고 자신의 정체를 밝히십니다.

　이 대답에서 두 가지 특이사항을 발견할 수 있습니다. 첫째는 위험을 다 아셨지만 피하지 않으시고 자신이 나사렛 예수라고 밝히신 것입니다.

　둘째는 그 표현이 담고 있는 엄청난 의미입니다. 단순히 '내가 당신들이 찾고 있는 그 사람이요'라고 말한 것이 아닙니다. 출애굽기에서 모세가 여호와 하나님을 향해 "당신이 누구냐고 물으면 어떻게 답할까요?"라고 질문하자 "나는 스스로 있는 자"(출 3:14)라고 대답한 것과 동일한 표현이었습니다. 하나님만이 영원히 변치 않고 스스로 존재(being)하십니다. 다른 모든 존재들이 지속적으로 변하는(becoming) 존재라는 것과 대조가 됩니다. 다르게 표현하면 그분만이 '오리지널 자아'입니다. 그분의 형상을 좇아 만들어진 인간이라는 '파생 자아'와는 구별을 두는 말씀이었습니다.

　예수님의 이런 표현은 요한복음만을 보아도 결코 처음은 아닙니다. "아브라함이 나기 전부터 내가 있느니라"(요 8:58)라고 말씀하기도 하셨습니다. 이전에 '나는 양의 문, 길, 진리, 생명, 부활'과 같이 말씀하신 것과는 대조적으로 '자신은 스스로 있는 자'라며 서술어 없이 쓰신 것입니다. 이것은 그분 스스로 하신 말씀 중에서 자신에 관한 가장 분명할 뿐 아니라 가장 엄청난 주장이었습니다. 특별히 다른 복음서에 많이 기록되어 있는 애매모호한 표현인 '인자'로 스스로를 부르신 표현과는 대조를 보입니다.

　긴장감이 최고조에 달하는 분위기 속에서 자신을 하나님이라고 말씀하시는 예수 그리스도를 향한 다른 이들의 모습을 상상해 봅니다. 특별히 그를 잡으러 온 로마 병사들의 반응이 흥미롭습니다. "예수께서 그들에게 내가 그니라 하실 때에 그들이 물러가서 땅에 엎드러지는지라"(6절)라고 기록되어 있습니다. 단순히 예수님의 엄청난 주장 때문에 충격을 받은 것만은 아닐 것입니다. 그분의 모습에 그 주장에 부합하는 권위가 있었던 것입니다. 그런 예수님의 주장과 모습이 최정예 로마 병사들을 놀라움과 충격으로 빠트렸던 것입니다. 얼마 전 프랑스 카를라 부르니 영부인의 매력적인 자태에 엘리제 궁의 근위병이 다리가 풀려 넘어졌다고 합니다. 한 여인의 모습에도 그러한데 하나님의 권위를 지닌 예수 그리스도 앞에 무너져 버린 모습은 그리 놀라운 일이 아닐 것입니다.

예수님의 이러한 주장을 C.S. 루이스가 『순전한 기독교』에서 제기한 한 도전과 연결해 봅니다. "나는 여기서 사람들이 하나님에 관해 흔히 이야기하는 어리석기 짝이 없는 말 그러니까 '나는 예수를 훌륭한 도덕 선생으로는 얼마든지 받아들이겠지만, 자기가 하나님이라는 예수의 주장만큼은 받아들일 수 없다'는 말을 내뱉지 못하도록 해야겠다. 우리가 해서는 안 될 말 한 가지가 바로 그것이다. 일개 인간에 지나지 않은 사람이, 그리고 예수가 했다는 그런 말을 한 사람이 훌륭한 도덕 선생일 리 없다. 그자가 자기가 찐 계란이라고 말하는 사람과 같은 정신 나간 작자이거나 아니면 지옥의 악마일 것이다. 선택은 여러분에게 달렸다. 이 사람이 예나 지금이나 하나님의 아들인지, 아니면 미친 사람이거나 그 이상의 어떤 사람인지. 그자를 바보 취급하며 입 닥치라고 말할 수도 있고, 그자에게 침을 뱉고 악마라며 그를 죽일 수도 있고, 그자의 발 앞에 무릎을 꿇고 그를 왕으로, 하나님으로 부를 수도 있다. 하지만 그가 인간적인 훌륭한 선생이었다는 터무니없는 말로 선심 쓰는 척하지는 말자. 그분은 우리에게 그걸 용납하지 않았다. 그럴 마음도 없었다."

예수님은 스스로를 하나님이라고 주장하셨습니다. 삼위 하나님이십니다. 단순히 그분의 주장만 그랬던 것이 아닙니다. 그분의 삶, 가르침, 죽음과 부활 그

리고 그분이 세우시고 확장되어 가는 교회 모든 것이 그분의 주장을 참된 것으로 증거하고 있습니다. C.S 루이스가 도전하듯이 각자가 그 사실을 믿느냐 믿기를 거부하느냐에 따라 모든 것이 달라집니다. 하나님이심에도 불구하고 우리들의 죄를 해결하시기 위해 우리의 모습으로 이 땅에 오신 분임을 다시금 분명하게 밝힙니다.

지켜주실 것에 대한 약속

예수님은 자신을 잡으러 왔으나 '두려움에 빠져 있는' 로마 병사들을 향해 '다시 한 번' 누구를 찾느냐를 질문합니다. 단순한 확인을 하시는 것은 아니었습니다. 그들이 나사렛 예수라고 답을 하자 "내가 그니라"(8절)라는 말씀을 반복하십니다. 마치 '내가 너희가 찾는 그 사람이라고 하지 않았느냐'라는 어투가 담겨 있는 표현이었습니다. 그렇게 말씀하신 데는 분명한 의도가 있었습니다. "나를 찾거든 이 사람들이 가는 것은 용납하라"라는 말씀 속에 담겨 있는 의도였습니다. 자신과 함께하고 있던 제자들의 안녕을 염두에 둔 것이었습니다. 그들이 잡으러 온 대상이 예수 그리스도이기에 관계 없는 이들은 보내주라는 것입니다.

이 말씀은 단순히 '의리적' 측면의 배려가 아닙니다. 다시금 요한복음에서 일관성 있게 묘사되었던 예수님의 삶의 한 단면이라고 할 수 있습니다. "이는 아버지께서 내게 주신 자 중에서 하나도 잃지 아니하였사옵나이다 하신 말씀을 응하게 하려 함이러라"(9절)고 그 의도를 밝히십니다. 하나님의 뜻을 행하는 것과 하나님의 의도를 온전히 시행하고자 하심을 볼 수 있습니다.

　여기에서 주목할 사실은 '내게 주신 자'라는 말 속에 담긴 의미입니다. 주어진 문맥 속에서는 제자들을 의미하고 있으나 실제로는 훨씬 더 넓은 대상을 가리키고 있습니다. 이미 17장에서 보았듯 21세기를 살고 있는 모든 믿는 이들을 포함한 것이었습니다. 요한복음에서도 이미 수차례 강조하신 말씀이기도 했습니다. 예를 들어 요한복음 6장 37절에서는, 아버지께서 예수님께로 인도하는 모든 이들을 환영한다고 하셨습니다. "아버지께서 내게 주시는 자는 다 내게로 올 것이요 내게 오는 자는 내가 결코 내쫓지 아니하리라." 그뿐 아닙니다. 자신을 선한 목자라고 비유하시며 "나는 선한 목자라 선한 목자는 양들을 위하여 목숨을 버리거니와"(요 10:11)라고 말씀하시며 죽기까지 사랑한다고 하셨습니다. 요한복음 17장 대제사장 기도에서도 동일한 모습을 발견할 수 있습니다. "내가 비옵는 것은 그들로 세상에서 데려가시기를 위함이 아니요 다만 악에 빠지지 않게 보전하시기를 위함이니이다"(요 17:15).

　그 약속 그대로 로마서 8장 34절을 보면 지금도 우리들을 위해 기도하신다고 말씀하고 계십니다. 이 땅에서의 기도로 그치는 것이 아니라 지금도 변함없이 자신을 따르는 자들을 위해 기도하십니다. 어느 누구도 그것을 막을 수 없다고 말씀하십니다. 예수를 따르는 자들은 안심할 수 있습니다. 가장 안전하고 믿을 수 있으며, 가장 능력 있는 보호의 손길 아래 있기 때문입니다. 다윗 왕이 시편 23편에 고백했듯 어떤 상황에도 두려워할 필요가 없습니다. 특별히 4~5절의 말씀이 험한 세상을 살아가는 데 있어 우리 모두에게 위로가 됩니다. "내가 사망의 음침한 골짜기로 다닐지라도 해(harm)를 두려워하지 않을 것은 주께서 나와 함께 하심이라 주의 지팡이와 막대기가 나를 안위하시나이다 주께서 내 원수의 목전에서 내게 상을 차려 주시고 기름을 내 머리에 부으셨으니 내 잔이 넘치나이다." 변치 않는 예수님의 약속이 어떠한 상황 속에서도 우리 모두에게 위로와 소망이 됩니다.

본을 보이신 위대한 순종

요한복음의 저자 요한은 사도일 뿐 아니라 모든 것을 목격한 증인이었습니다. 어느 누구보다 가까이에서 예수님과 그 주위에서 일어난 사건들을 경험한 제자였습니다. 그의 복음서에는 그의 개인적 터치라고 말할 수 있는 세밀한 기록들이 담겨 있습니다. 요한복음에서만 베드로에 의해 귀가 잘린 종의 이름이 '말고'라고 기록된 것은 우연이 아닙니다. 다른 복음서에서는 단순히 '제자 중 하나가 대제사장의 종의 귀를 쳐서 잘랐다'라고 기록되어 있는 것과는 차이를 보입니다. 요한은 좋은 집안 배경을 가진 이로, 대제사장 집안과도 친분이 있었습니다. 곧 이어 나오는 "시몬 베드로와 또 다른 제자 한 사람이 예수를 따르니 이 제자는 대제사장과 아는 사람이라"(15절)라는 표현을 통해 알 수 있는 부분입니다. 그래서 제자 중 리더였던 베드로와 함께 대제사장의 뜰 안에 들어갈 수 있었습니다.

예수님이 잡히시는 상황에서 베드로가 말고의 오른쪽 귀를 베어버린 것은 베드로의 성격을 그대로 보여줍니다. 요한복음에는 기록이 없지만 누가복음에서는 예수님이 그의 귀를 낫게 하셨다고 말합니다(눅 22:51). 그리고 예수님은 귀를 벤 베드로를 향하여 "칼을 칼집에 꽂으라 아버지께서 주신 잔을 내가 마시지 아니하겠느냐"(11절)라고 말씀하십니다.

예수님이 선택한 모든 행동의 초점은 하나님의 뜻을 좇는 것이었습니다. 예수님이 순종을 가장 중요하게 여기셨음을 엿볼 수 있습니다. 예수님은 모든 것을 알고도 피하지 않으셨습니다. 무엇과도 비교할 수 없는 고통과 멸시의 정도, 버림받음의 상징인 십자가를 아셨지만 그것을 좇으셨습니다. 하나님 아버지께서 자신에게 주신 잔이라고 말씀하시면서 말입니다. 어떠한 대가를 치르더라도 하나님의 뜻을 행하겠다는 결연한 의지를 보여 주셨습니다.

십자가에서의 죽음은 모든 순종 중에서 가장 어려운 순종이었을 것입니다. 그래서 공관복음(마태, 마가, 누가복음)에 기록된 것처럼 겟세마네 동산에서 미세한 갈등의 기도를 드렸던 것입니다. "아버지여 만일 아버지의 뜻이거든 이 잔을 내게서 옮기시옵소서 그러나 내 원대로 마시옵고 아버지의 원대로 되기를 원하나이다"(눅 22:42 등)라고 말입니다. 죽기 위해 잡혀가는 순간까지도 잠잠히 도살장으로 끌려가는 어린 양과 같은 모습이셨습니다. 가장 위대한 순종의 모습입니다.

예수 그리스도는 하나님이셨습니다. 그런 분이 하나님과 동등됨을 취할 것으로 여기지 아니하시고 인간의 모습으로 이 땅에 오셨습니다. 하나님의 백성들을 모으기 위해, 그리고 그들을 구원하기 위해 오셨습니다. 한 사람도 예외 없이 구원하기 위해 오셨습니다. 그것을 위해 가장 위대한 순종을 보이셨습니다.

그분의 오심을 기리며 예수님을 예배하는 것이 크리스마스 정신입니다. 크리스마스는 그 의미 그대로 '그리스도 예배'가 본질이어야 합니다. 십자가는 그분의 오심의 목적과 결코 따로 떼어 생각할 수 없습니다. 아니 정확하게 표현하자면 오실 때부터 십자가를 염두에 두고 오셨기에 십자가는 그분의 탄생을 가장 잘 보여주고 있다고도 말할 수 있을 것입니다. 크리스마스트리 위에 달린 십자가는 세상 모든 사람들을 위해 죽으러 오신 예수 그리스도의 참 모습을 전하고 있는 것입니다.

CHAPTER 20
예수 그리스도와 십자가
(18:1~4, 19~24, 28~40; 19:1~24, 28~30)

　　　　　　　　　　시작보다 마무리가 더 중요하다고 도 하고, 끝을 보면 모든 것을 알 수 있다고도 말합니다. 처음에는 잘하다가 끝마무리에서 실체가 드러나는 것을 경험하기도 합니다. 모든 것에는 목적이 있고, 마무리에서 그 모든 것이 결정되기에 그렇습니다. 십자가를 눈앞에 둔, 삶의 마지막에 서 계신 예수님의 모습은 우리에게 그분이 어떤 분이며 무엇을 위해 오셨는지 다시금 분명하게 보여줍니다.

　　요한복음 18장과 19장에는 예수님 생애의 마지막 부분이 그려져 있습니다. 또한 그분을 둘러싼 다양한 인물들도 함께 등장합니다. 그들의 행동을 통해 예수님의 모습이 더욱 잘 부각되고 있습니다. 혼란한 세상과 차분한 예수님의 행보가 대조를 이루고 있습니다. 그분의 말씀이나 행동거지 등 모든 면에서 어떠한 망설임이나 주저함은 찾아볼 수 없고 오히려 당당함이 느껴집니다. 이러한 예수님의 모습에 그분을 잡으러 온 이들이 오히려 두려움에 사로잡혀 버립니다. 모두를 한마디로 표현하면 안절부절못하거나 우왕좌왕합니다. 절대로 배반하지 않을 것이라고 장담했던 베드로는 예수님과의 관계를 부인합니다. 그해 대제사장인 가야바의 장인인 안나스는 예수님을 향해 무엇을 가르쳤느냐고 질문합니다. 그러나 "공적 장소에서 가르쳤고 은밀하게는 아무 것도 말하지 아니하였다"(18:20)라는 예수님의 답변 이후에 어떤 말을 했다는 기록이 없습니다. 정작 대제사장인 가야바의 말도 기록조차 되어 있지 않습니다. 기록할 만한 가치 있는 말은 전혀 하지 않은 것입니다.

빌라도는 세 번씩이나 반복해서 예수님의 무죄를 고백합니다. "나는 그에게서 아무 죄도 찾지 못하였노라"(18:38), "내가 그에게서 아무 죄도 찾지 못한 것을 너희로 알게 하려 함이로라"(19:4), "너희가 친히 데려다가 십자가에 못 박으라 나는 그에게서 죄를 찾지 못하였노라"(19:6). 심지어 성경에는 빌라도가 예수님을 놓아주려고 힘썼다고 기록되어 있습니다(19:12). 그러나 그는 유대인들의 폭동이 두려워 예수님을 십자가에 못 박도록 허용합니다. 결국 "본디오 빌라도에게 고난을 당하셨다"라는 사도신경의 구절에서 알 수 있듯 영원한 악역으로 남게 됩니다. 권한을 쥐고 있던 리더이기에 그렇습니다. 예수님께서는 이렇게 십자가의 죽임을 당하십니다. 우리는 사건의 전개를 통해 요한이 강조하고자 하는 사실들을 발견할 수 있습니다.

오신 목적의 성취

요한복음의 기술 방법 중 찾을 수 있는 특징은 아이러니입니다. 아이러니는 흥미를 자아낼 뿐 아니라 사건을 잘 기억하게 하고 그것에 담긴 의미를 쉽게 발견하게 합니다. 십자가의 죽음을 앞둔 예수님과 주변상황을 묘사할 때 요한은 다음의 아이러니들을 자세히 그렸습니다.

첫째, 예수님은 언제나 정정당당하고 담대하게 일관적인 태도를 보이시는 반면 고소하고 재판하는 자들은 우왕좌왕하면서 위선과 완악함을 보이고 있습니다. 누가 누구를 심판하는지 착각을 일으킬 정도입니다. 둘째, 유대인의 명절을 맞아 특별 사면을 하는 상황이었습니다. 빌라도는 죄 없는 예수님을 놓아 주기를 원합니다. 그러나 백성들은 파렴치한 강도인 바라바를 선택합니다(18:39~40). 불의함과 어리석음으로 점철되었음을 엿볼 수 있습니다. 셋째, 빌라도와 유대인들은 서로를 향해 "너희 법대로 하라"라고 실랑이를 벌입니다(18:31; 19:7). 평소에는 각자가 '자기들의 법대로 할 것을 요구'하던 사람들이었는데 말입니다. 넷째, 대제사장들은 심지어 가이사 외에는 우리에게 왕이 없다고 대답합니다(19:15). 로마의 통치를 인정하지 않을 뿐 아니라 세금을 내는 것도 피하려던 이들이 이제는 로마 황제를 '유일한 왕'으로 인정해 버립니다. 다섯째, 거짓과 순간을 모면하기 위한 잔꾀에도 불구하고 그들이 원하지 않는 일이 일어납니다. 예수님의 십자가 위에 '유대인의 왕'이라는 패가 붙은 것입니다. 바로 빌라도가 붙인 패입니다. 대제사장들은 '자칭'이라는 단어를 더하길 원했으나 빌라도가 그것을 거부합니다(19:19~22). 결국 자신들의 왕을 십자가에 못 박아버린 결과를 초래했습니다. 이 패는 히브리, 로마, 헬라 말로 기록되었는데 지금으로 하면 한

국어뿐 아니라 영어와 스페인어가 더해져 전 세계에 그들의 어리석음이 드러나게 된 것입니다.

　자신들의 위치가 불안해지자 예수를 제거해야겠다고 생각한 대제사장 가야바는 예수를 죽이는 것이 모든 백성이 사는 길이라는 논리를 펼쳤습니다. 그의 불의한 생각은 결국 예수님의 죽음으로 백성들의 구원의 길을 여는 계기가 되었습니다. 이것 또한 아이러니로 가득합니다.

　중요한 것은 예수님께서는 이 모든 것을 알고 계셨다는 것입니다. 그분이 아무 죄가 없음에도 불구하고 극형을 피하지 않으신 이유이십니다. 죽음을 피하지 않는 정도가 아니라 오히려 죽음을 위해 오셨음을 분명히 하신 것입니다. 예수님은 죽음을 향해 '아버지께서 주신 잔'(18:11)이라는 표현을 쓰십니다.

　마지막 숨을 거두시는 순간을 저자 요한은 다음과 같이 기록하고 있습니다. "예수께서 신 포도주를 받으신 후에 이르시되 다 이루었다 하시고 머리를 숙이니 영혼이 떠나가시니라"(19:30). 예수님의 선택과 마지막 말씀이 담고 있는 의미를 생각해봅시다. 모두 우리 자신들과 관계가 있습니다.

인간의 죄와 허물의 온전한 해결책

　모든 생물들은 삶을 유지하기 위해 발버둥을 칩니다. 위의 내용을 보면 예수님을 제외한 모든 이들이 크게 보면 '살기 위해' 그러한 결정을 한 것입니다. 예수님만이 예외였습니다. 예수님은 죽음의 길 아니, 정확히 말하면 십자가라는 극형을 통한 죽음의 길을 선택하십니다. 왜 그러한 길을 선택하셨는가를 생각해 보아야 합니다.

인간의 속성과 하나님의 속성에서 이 질문에 대한 답을 찾아봅니다. 인간은 로마서 3장 23절에 나와 있듯 '모든 사람이 죄를 지어 하나님의 영광에 이를 수 없게' 되었습니다. 하나님과의 교제가 끊겨버린 것입니다. 그 결과로 인간은 생로병사와 같은 한계 상황을 경험하고 실존주의 철학자들이 말하는 '해결되지 않는 고독'과 칼 융이 이야기한 '영원한 방황'을 겪게 됩니다. 궁극적으로 절망스런 운명을 경험하며 살아갑니다. 이러한 인간들을 향한 하나님의 사랑이 독생자 예수님을 세상에 보내시는 것으로 표현되었습니다. "하나님이 세상을 이처럼 사랑하사"(요 3:16). 예수님의 십자가는 죄로 인해 허물로 가득한 이들을 향한 하나님의 사랑의 선택이셨습니다.

특별히 요한복음의 한 구절이 떠오릅니다. "나는 양을 위하여 목숨을 버리노라"(요 10:15)라는 표현입니다. 양들은 근시안적이며, 자기를 보호할 수 있는 무기도 없으며, 쉽게 더러워지는 존재입니다. 우리 인간들과 유사합니다. 양들이 목자가 없으면 살 수 없는 존재이듯 인간들 또한 인생의 목자가 필요한 존재들입니다. 인생의 큰 그림을 보지 못하고 순간의 이익을 위해 잘못된 선택을 하기 때문입니다. 죄성을 지녔기 때문에 쉽게 죄를 선택하는 것입니다. 그리고선 셰익스피어의 맥베드의 고백과 같은 죄책감에 시달리기도 합니다. 많은 것을 할 수 있는 척하지만 정작 가장 중요한 것들에 관해서는 아무것도 할 수 없는 무력함을 보입니다.

예수님은 자신의 삶의 마지막 부분을 통해 인간들의 참 모습을 보게 하십니다. 죄성으로 가득하여 타협하고 정당화하며 불의를 식은 죽 먹듯 행하는 모습

말입니다. 사랑받을 자격조차 없는 모습입니다. 이러한 이들을 구하기 위해 예수님은 피하지 않고 죽음을 선택하신 것입니다. 인간들의 죄와 허물을 해결하시기 위해 택하신 것이었습니다. 인간들을 구원하시기 위함이었습니다. 그리고 십자가에서의 죽음을 통해 다 이루셨습니다. 그래서 예수님을 믿는 이들에게는 하나님의 자녀가 될 뿐만 아니라 회복의 축복이 주어집니다. 우리는 많은 경우 결과에 초점을 맞춥니다. 예수님의 십자가의 죽음으로 통해 누릴 수 있는 축복에만 초점을 맞추는 것입니다. 하지만 그 결과를 이해하기 위해서는 십자가의 죽음을 온전히 이해하여야 합니다.

수치와 고통을 극대화한 처형

십자가 처형은 제일 처음 페르시아에서 반역자들을 처벌하기 위해 고안된 것이었습니다. 대상이 반역자들이었기에 처형을 통해 얻고자 하는 의도가 뚜렷했습니다. 무엇보다도 처형당하는 죄인의 고통을 극대화하는 것이었습니다. 그런 면에서 인류가 발명한 가장 잔인한 처형이었습니다. 그뿐 아닙니다. 대상이 여자건 남자건 모두 벌거벗겨 놓아 모든 수치를 다 드러내는, 너무나 치욕스러운 죽음을 의도한 것이었습니다. 단순한 죽음이 아니라, 긴 시간 고통스럽고 수치스러운 특별한 처형이었습니다.

먼저 십자가에서 당하는 고통을 살펴봅시다. 첫째, 십자가 위에서의 육체적인 고통은 엄청난 것이었습니다. 사형 선고를 받은 죄수는 십자가에 못 박히기 전에 먼저 채찍질을 당합니다. 이때의 채찍은 그 끝이 여러 갈래로 갈라져 있고, 가죽끈 끝에 동물의 뼈가 박혀 있습니다. 그래서 채찍을 내려칠 때마다 그 뼈가 죄수의 몸속 깊숙이 박힙니다. 다시 채찍을 낚아채면 살점이 떨어져 나가 많은 양의 피를 흘리고, 뼈까지도 드러납니다. '패션 오브 크라이스트'(The Passion of the Christ)라는 영화의 십자가 처형 장면이 이것을 가장 근접하게 표현한 것입니다. 흠씬 얻어맞은 뒤에 십자가(십자가 처형대의 가로 기둥)를 어깨에 짊어지고 십자가 세로 기둥이 세워져 있는 처형장까지 가야 했습니다. 그곳에서 사형수는 발가벗겨져서 가로 기둥에 못 박히거나 묶입니다. 그렇게 사람이 달린 채로 기둥을 들어 올려 세로 기둥과 합체하면 십자가가 만들어지는 것입니다.

십자가를 지고 가야 할 때, 예수님은 너무 약해지셔서 나뭇조각 하나 들 힘도 없었습니다. 군인들이 다른 사람을 잡아다 대신 십자가를 짊어지게 해야 했을 정도입니다. 그래서 구레네 사람 시몬이 대신 짊어지고 갔습니다.

십자가에 못 박힌 이후에도 고통은 지속됩니다. 십자가의 처형을 당하는 죄수는 질식으로 아주 서서히 죽습니다. 죄수의 팔을 펴서 십자가 위에 못을 박았기 때문에 팔이 그 몸의 모든 중력을 감당해야 합니다. 점점 폐가 위쪽과 바깥쪽으로 밀려나 죄수는 숨쉬기조차 어려워지게 됩니다. 산소가 필요하기에 죄수는 발로 자신의 몸을 위로 밀어 올리며 숨을 쉽니다. 이렇게 하면 질식을 면할 수 있지만 몸의 무게를 발에 박힌 못에 실어야 하고 팔꿈치를 굽혀 힘을 줄 때 팔목에 박힌 못을 위로 끌어 올리게 되기 때문에 그 고통은 말로 다할 수 없습니다. 그뿐 아닙니다. 채찍에 맞아 엉망이 된 죄수의 등은 숨 쉴 때마다 십자가 나무에 긁혀 상처가 더해집니다. 세네카(주후 1세기)가 십자가 처형을 당하는 사람에 관해 '오랜 고통을 통해 생명의 숨을 쉬는 사람'이라고 말한 의미입니다. 그러나 이것은 더 엄청난 고난과 고통의 한 단면에 불과합니다.

둘째, 죄를 담당하는 고통을 들 수 있습니다. 죄책감이라는 것입니다. 죄책감에 빠져본 이들은 경험을 통해 알 수 있을 것입니다. 죄책감은 마음을 무겁게 누르고 우주에 있는 모든 옳은 것들로부터 격리되었다는 비참함을 느끼게 합니다. 죄를 지은 사람도 그러한데 죄하고는 전혀 관계조차 없는 완전히 거룩한 분이 느껴야 하는 죄책감이 어떠했을까 생각해 봅니다. 하나님에 대한 순종과 우리를 향한 사랑 때문에 예수님께서는 장차 구원받을 사람들의 모든 죄를 친히 담당하셨다고 성경에서 분명히 말씀합니다. 그가 가장 싫어하던 모든 죄들이 그에게 다 쏟아 부어진 것입니다. 성경은 종종 우리의 죄가 그리스도에게 옮기어졌다고 증명합니다. 세례 요한은 예수님을 "세상 죄를 지고 가는 하나님의 어린양"(요 1:29)이라고 불렀고, 바울은 하나님께서 그리스도를 죄가 되게 하셨고(고후 5:21) 그리스도는 우리를 위한 저주가 되었다고(갈 3:13) 말합니다. 베드로 사도도 "친히 나무에 달려 그 몸으로 우리의 죄를 담당하셨다"(벧전 2:24)라고 말합니다.

셋째, 버림받음 또는 홀로됨으로 인한 고통을 겪으셨습니다. 십자가에서의 육체적인 고통과 우리 죄의 절대적인 악을 자신이 감당해야 하는 고통은 이러한 모든 것을 홀로 외로이 겪으셔야 했다는 사실에 의해 더욱 가중됩니다. 예수님은 십자가 사건을 눈앞에 두고 겟세마네 동산으로 기도하러 가시며 베드로와 야고보와 요한을 데리고 가셨습니다. 그들에게 자신의 고통을 조금 나누어 주시고자 부탁을 합니다. "내 마음이 심히 고민하여 죽게 되었으니 너희는 여기 머물러 깨어 있으라"(막 14:34). 가까운 친구에게 마음을 털어놓은 일종의 확신이며, 가장 큰 환난의 때에 곁에 있어 줄 것을 요청한 것이었습니다. 그러나 그들을 '무심하게도' 좋아 버립니다. 그뿐 아닙니다. 나중에 예수님께서 잡히시자마자 "제자들은 다 예수를 버리고 도망"(마 26:56)가 버립니다.

누구나 살아가면서 친구나, 부모나 자식에 대해, 심지어는 남편이나 아내에 대해서도 소외감을 느낄 수 있습니다. 소외감을 느낄 때 겪는 외로움은 이런 것을 경험한 사람들이 잘 이해하리라 생각합니다. 예수님의 경우는 그러한 것과는 비교할 수 없을 만큼 비참한 고독이었습니다. 자신을 죽기까지 따르겠다고 장담하던 제자들에게도 버림받으셨을 뿐 아니라, 무엇보다도 하나님으로부터 버림을 받으신 것이었습니다. 우리는 몇 년간 사귀어온 남자나 여자 친구에게 버림 받았을 때 비탄에 빠집니다. 친구한테 버림받아도 참기 힘들도록 고통을 받습니다. 부모에게 버림받았다는 사실 때문에 입양아들은 마음이 힘들다고 합니다. 그런데 예수님은 영원한 관계를 맺고 교제하시던 성부 하나님으로부터 버림을 받으십니다. 그것은 참으로 어려운 것이었습니다. 그러기에 십자가에 매달린 채로 외치십니다. "엘리 엘리 라마 사박다니 하시니 이는 곧 나의 하나님, 나의 하나님, 어찌하여 나를 버리셨나이까"(마 27:46)라고 말입니다.

넷째, 하나님의 쌓였던 모든 진노를 담당하시는 고통은 상상을 초월하는 것이었습니다. 이것은 다른 어떤 고통보다도 훨씬 더 어려웠을 것입니다. 우리의 죄를 혼자 책임지시는 예수 그리스도 위에 성부 하나님은 그의 진노를 쏟아 부으셨습니다. 그것은 하나님께서 태초부터 인내 가운데 쌓아 놓으셨던 것이었습니다. 하나님의 죄에 대한 혐오와 강렬한 미움의 대상으로 예수님이 선 것이었습니다.

이 모든 고통은 상상하기도 힘들 정도입니다. 그런데 무엇보다도 잊지 말아야 할 사실은 예수님이 그러한 고통을 피해 갈 수 있었음에도 불구하고 그러기를 거부하셨다는 것입니다. 얼마든지 그럴 능력이 있는 분이셨습니다. 그러나 죽기

까지 순종하셨습니다. 마치 도살장으로 끌려가는 어린 양과 같이 잠잠히 순종하셨습니다. 바로 우리를 위해서였습니다. 우리 한 사람 한 사람을 위해서, 바로 '나'를 위해서 하신 것입니다.

제자들이 좇아야 할 발자취

모든 고난에는 뜻이 있으며 목적이 있습니다. 우연히 아무 이유 없이 일어나는 고난은 없습니다. 예수님께서 맞으시고 상처를 입으심으로 우리의 허물과 죄악의 값을 치르셔서 우리가 하나님과 평화를 누리게 되었습니다(사 53:5). 예수님의 고난은 믿는 이들 모두를 위한 것이었습니다. 예수님은 이 끔찍한 처형을 피하시기보다는 오히려 모든 것을 달게 받으셨습니다. 모든 죄마다 대가를 지불해야 했기에 그렇습니다. 우리의 죄도 예외가 아닙니다. 그것을 그분이 대신 해결해주신 것입니다. 이것이 은혜입니다. 받을 자격이 없는 우리들에게 비교할 수 없는 축복을 거저 주신 것입니다.

그래서 단순히 감사와 찬양으로 끝나서는 안 됩니다. 베드로전서 2장 21절에서는 예수님의 십자가의 고통에 관해 "그리스도도 너희를 위하여 고난을 받으사 너희에게 본을 끼쳐 그 자취를 따라오게 하려 하셨느니라"라고 말하고 있습니다. 예수님께서 우리가 좇아야 할 모델이 되신다는 것입니다. 하나님을 모르는 세상을 살아가면서 하나님이 어떤 분인가를 아는 하나님의 백성들이 당할 수 있는 상황을 염두에 두고 하신 말씀입니다. 그런 세상에서 하나님의 일을 하다 보면 때론 억울한 일을 당할 수도 있습니다. 불공평한 취급을 받을 수 있으며, 불의한 대접을 받을 수도 있다는 것입니다. 그러나 예수님께서 무죄하심에도 불구하고 십자가의 고난을 당하신 것 같이 우리도 그러한 고통을 달게 받을 수 있어야 합니다. 이는 제자의 삶을 도전하시며 십자가의 의미를 말씀하신 것과도 연결할 수 있습니다. "누구든지 나를 따라오려거든 자기를 부인하고 자기 십자가를 지고 나를 따를 것이니라"(막 8:34).

성경에서 '십자가'는 항상 단수입니다. 때로는 '나를 힘들게 하는 것들'이라는 의미로 십자가를 지칭하는 경우도 흔치 않음을 알고 있습니다. 그러한 이해는 지극히 피상적이며 미미한 부분에 해당한다고 생각합니다. 오히려 '자기 십자가를 진다'라는 것은 '자신을 부인한다는 의미에서 죽인다'라는 의미를 가지고 있습니다. 의지를 드리는 것을 의미합니다. 그럴 때만이 온전히 예수님의 십자가의 고난의 본을 좇을 수 있습니다.

이것을 이해한 사도 바울은 "이제 너희를 위하여 받는 괴로움을 기뻐하고 그리스도의 남은 고난을 그의 몸된 교회를 위하여 내 육체에 채우노라"(골 1:24)라고 이야기했습니다. 이 말은 예수님의 구속의 사역이 온전치 못하기에 자신이 그 부족분을 채워야 한다는 의미가 아니었습니다. 우리 모두에게 그분의 발자취를 좇아야 할 각자의 몫이 있음을 의미합니다. 사도 바울도 자신이 사도직을 수행하며 경험하는 괴로움을 자신의 몫으로 인정하고 있는 것입니다. 우리 또한 예외 없이 그러한 길을 걸어가야 함을 기억해야 합니다. 바울의 고백은 눈앞의 이익 추구에만 밝은 세상에서 우리는 어떤 삶을 살고 있는가 돌아보게 만듭니다. 예수님께서 망설임 없이 택하신 십자가의 고난에 대한 깊은 성찰이 필요합니다. 그 토대 위에 우리의 역할을 되새기며 그분의 발자취를 좇는 삶을 살아야 합니다.

CHAPTER 21
'샬롬'이 필요한 세상
(20:18~23)

　　　　　　　　　　　　　　　　사랑하는 사람이 세상을 떠났을 때 느끼는 고통은 경험해 본 사람들은 누구나 잘 알 것입니다. 고인을 애도하며 깊은 슬픔과 애통에 잠기고 허탈감을 느끼기도 합니다. 고인과 보냈던 기억나는 순간들이 떠오를 때마다 밀려오는 그리움은 한동안 어쩔 수 없습니다. 고인의 흔적이 남아있는 물건들은 물건 자체가 가지고 있는 가치 이상의 존재가 되어 버립니다.

　　정도의 차이는 있을지 모르나 사랑하는 사람의 죽음을 받아들이기까지 누구나 시간이 필요하며 일정한 과정을 겪게 됩니다. 엘리자베스 퀴블러 로스 박사는 '슬픔을 극복하는 사이클'(grief cycle)을 제시하며 그러한 과정을 설명합니다.

약자로 'DABDA'라는 것으로 '부인'(denial), '분노'(anger), '협상'(bargaining), '의기소침'(depression), '수용'(acceptance)이라는 일반적 과정을 경험하게 된다는 것입니다. 그만큼 사랑하는 사람이 떠난 현실을 있는 그대로 받아들이기 힘들다는 것을 잘 보여줍니다.

    십자가에 죽으신 예수님의 주변을 둘러싼 이들은 어땠을까요? 일반적인 모습과는 큰 차이가 있습니다. 물론 십자가 처형을 당하는 '죄인'의 죽음이기에 '달랐을 것이다'라고 쉽게 생각해 버릴 수 있습니다. 특별히 모든 것을 버리고 그를 3년 동안 따라다녔던 제자들의 관점으로 보면 더더욱 그러할 것입니다. 자기 목숨을 부지하기 위해 예수님을 부인했던 베드로와 도망친 다른 제자들은 그분의 처형 이후 어떤 마음으로 지냈을까요? 마치 탈주병이나 패잔병 같은 마음이었을 것입니다. 자신들에게도 미칠 수 있는 파장이 두려워 전전긍긍했을 것입니다. 존경의 대상을 잃어버렸다는 슬픔보다 이제 어떻게 살아야 하는가에 대해 걱정하며 시간을 보냈을 수 있습니다.

    예수님의 무덤을 찾아간 이도 제자들이 아니라 예수님을 좇던 여인들이었습니다. 삼 일째 되는 날 예수님의 무덤을 찾아갔던 이 여인들은 놀라운 사실을 경험합니다. 그리고 그 놀라운 소식을 제자들에게 전합니다. "부활하신 주를 보았다."는 것이었습니다.

    제자들은 그날 저녁 비밀스런 모임을 갖습니다. 어떤 연유인지 모르지만 연락이 닿지 않아 제자 중에서 도마만 빠졌습니다. 19절을 보면 "유대인들을 두려워하여 모인 곳의 문들을 닫았더니"라고 기록되어 있습니다. 불안, 불확실성, 두려움 등으로 가득한 분위기였을 것이라 추측하는 것이 어렵지 않습니다. 죽음에서 부활하실 것이라는 예수님의 생전 말씀은 그들 기억의 심층에 아련히 존재할 뿐이었습니다. 모든 것이 불확실하며 혼란스러웠을 것입니다. 도대체 여인들이 하는 말을 어떻게 해석하며 받아들여야 하는가를 의문하고 있는 분위기였을 것입니다. 그게 가능하기나 한 것인가를 생각하면서 말입니다. 그런 분위기 속에 있는 제자들에게 예수님께서 나타나셔서 말씀하신 것이 위의 본문입니다.

부활은 역사적 사건

십자가에 달리셨던 예수님이 제자들 앞에 부활한 몸으로 나타나신 사건은 모든 것의 새로운 시작이었습니다. 교회의 시작이기도 하며 제자들의 변화의 원동력일 뿐 아니라 시작점이 되기도 합니다. 하지만 부활 사건은 그 자체가 '(결코 반복될 수 없는)기적 중의 기적'이기에 끝없는 의문과 불신의 주제였습니다. 어떤 이들은 심지어 자신들이 만들어낸 이론으로 '설명해 버리려는' 시도도 서슴지 않았습니다.

모든 반대 이론들의 핵심은 '예사모'(예수를 사랑하는 사람들의 모임)부류의 조작이라는 주장입니다. 이러한 시도는 뿌리가 깊습니다. 실제로 예수님의 부활 당시부터 시작되었을 정도입니다. 무덤에서 그분의 시체를 더 이상 발견하지 못하자 유대 지도자들이 거짓 소문을 만들어 냅니다. "너희는 말하기를 그의 제자들이 밤에 와서 우리가 잘 때에 그를 도둑질하여 갔다 하라 만일 이 말이 총독에게 들리면 우리가 권하여 너희로 근심하지 않게 하리라 하니 군인들이 돈을 받고 가르친 대로 하였으니 이 말이 오늘날까지 유대인 가운데 두루 퍼지니라"(마

28:13~15).

　만약에 그들의 주장처럼 '부활이 꾸며낸 이야기이며 조작이라면'이라는 가정을 해 봅니다. 이러한 가정은 그들이 생각하듯 상황을 설명 하기보다는 오히려 더욱더 많은 문제를 만듭니다. 예를 들어 봅니다. 무엇보다 앞에서 이미 언급했듯 예수님의 시신이 사라진 것을 발견한 사람들은 놀랍게도 두세 명의 여자들이라는 점입니다. 이 사실이 놀라운 이유는 그 당시의 여성들에 대한 사람들의 고정관념 때문입니다. 로마나 유대 사회 모두에서 중요 사건을 다룰 경우에 여성은 증인으로서의 자격을 제대로 인정받지 못하던 때였습니다. 여자들의 인지능력과 판단능력이 남자들의 그것보다 떨어진다는 당시의 선입관 때문이었습니다. 만약에 진정 누군가가 부활을 거짓으로 만들어 내고자 했다면 왜 여인들을 증인으로 등장시켰을 것인가를 질문하게 만듭니다. 실제로 여인들이 증인으로 등장했기에 처음에 유대 당국자들은 부활 소동이 찻잔 속의 폭풍과 같이 곧바로 사그라질 것이라고 생각했습니다. 그러나 부활의 소문은 수그러들기보다 확산되었다는 것을 역사를 통해 알 수 있습니다. 왜냐하면 역사적 사건이었기 때문입니다.

　그에 더해 이것이 조작이며 음모라면 그것을 만든 이들에게 돌아가는 현실적 이득이 무엇인가를 생각해 봐야 합니다. 한마디로 그들이 얻을 이익이 전혀 없다는 사실을 금방 알 수 있습니다. 오히려 더 가혹한 시련이 불 보듯이 뻔한 상황이었습니다. 처음에는 어느 그룹이든 거짓을 중심으로 뭉쳐져 우정이나 의리를 지켜나갈 수 있습니다. 그러나 시간이 지속되면서 겪을 수밖에 없는 불이익과 고통이 너무도 가혹합니다. 결국은 지속될 수 없는 한계가 있다는 것입니다. 폴 리틀이 지적한 대로 사람들은 거짓을 진실로 착각해서 그것을 위해 죽을 수는 있지만, 스스로 뻔히 알고 있는 거짓말을 위해서 죽는 사람은 없습니다. 거짓에 의도성이 담겨 있을 수 없음을 분명히 합니다.

부활을 부정하며 조작이라고 주장하는 이들의 문제점을 지적해 보았습니다. 이에 더해 부활로밖에 설명되지 않는 증거들이 적지 않습니다. 예를 들어 예수님이 생전에 하신, 죽임을 당하신 후 부활할 것이라는 예언은 제자들에게는 전혀 와 닿지 않는 말씀이었습니다. 사복음서 전체를 통해 예수님이 고난의 죽음을 얘기할 때 제자들은 그때마다 이해를 하지 못했음이 분명히 드러납니다. 그러한 모습은 한 번이 아니라 반복적으로 나와 있습니다(막 8:31 이후; 9:31 이후; 10:33 이후). 그들의 마음에 이 예언이 들어갈 자리는 전혀 없었습니다. 죽음에 대한 것도 이해 못하는 이들에게 부활이 관심거리가 될 리 만무합니다. 그리고 만일 그들의 마음속에 부활에 대한 기대가 조금이라도 있었다면 그것을 화제에 올리는 것조차 꺼려했을 리가 없었을 것입니다. 그러나 그랬었다는 증거는 전혀 없습니다.

당시의 특이한 한 현상과도 연결해 볼 수 있습니다. 역사학자들의 연구에 의하면 당시 팔레스타인 지역에는 로마의 통치에 저항하는 무리들이 많았습니다. 예수님이 이끌었던 '운동 단체' 말고도 열 개가 넘는 유대교 메시야 운동 단체가 있었다고 합니다. 단체마다 공통적 메시지는 모두 '자신들을 통해 하나님의 나라가 이 땅에 실현될 것'이라는 주장이었습니다. 그리고 그들의 지도자들이 죽자 그 공동체들도 따라서 소멸되어 버리는 공통의 운명을 맞았습니다. 사도행전 5장 36~37절에도 두 개의 예가 기록되어 있습니다. "이 전에 드다(Theudas)가 일어나 스스로 선전하매 사람이 약 사백 명이나 따르더니 그가 죽임을 당하매 따르던 모든 사람들이 흩어져 없어졌고 그 후 호적할 때에 갈릴리의 유다(Judas of Galilee)가 일어나 백성을 꾀어 따르게 하다가 그도 망한즉 따르던 모든 사람들이 흩어졌느니라." 이런 맥락에서 볼 때 예수님이 죽음에 대해 논하는 것 자체를 제대로 이해할 수 없었을 뿐 아니라 동요한 것은 결코 이상할 일이 아니었습니다.

또한 무엇보다도 다른 종교에서 발견할 수 있는, 세월을 두고 서서히 진행되는 신격화 과정 같은 것은 아예 존재하지 않는다는 사실입니다. 어느 순간부터 그들에게 예수는 죽음을 이긴 그리스도 구주였고 하나님의 아들이었습니다. 신학자들은 이런 현상을 일컬어 '기독론의 빅뱅'(Big Bang of Christology)이라고 부를 정도입니다. 예수 그리스도의 신적인 정체성이 진화 과정을 통하여 서서히 형성된 것이 아님을 강조합니다. 오히려 아주 짧은 기간, 아니 거의 순식간에 폭발적으로 형성된 것을 묘사하고자 천체물리학에서 빌려 온 표현입니다.

기독교의 역사는 기독교가 예수의 추종자들에 의해 기획되어 진화한 종교가 아니라는 사실을 분명하게 보여줍니다. 오히려 부활하신 예수 그리스도를 만난 후 깜짝 놀라 생겨난 종교라고 보는 것이 더욱더 적절한 묘사입니다. 살아 있을 때에 미심쩍게 예수를 대하던 동생들까지 나중에 그분의 제자로 변해 버린 사실도 다른 이유로 설명이 되지 않습니다. 부활은 역사적 사실이라는 것입니다. 그럴 때만이 모든 것이 설명이 됩니다.

샬롬이 주어진 대상

부활하신 예수님이 혼란과 두려움 속에 있는 제자들에게 "너희에게 평강이 있을지어다"(19절)라고 말씀하십니다. 이것은 '샬롬'(peace, 평강)이라는 유대인들의 일상적 인사였습니다. 우리의 '안녕'이라는 인사에 비유할 수 있습니다. 일상적인 인사가 부활하신 예수님의 입을 통해 새로운 의미로 승화됩니다. 이미 요한복음 14장 27절에서 예수님이 주는 평강은 세상이 주는 것과는 질적으로 다르다고 했습니다. "평안을 너희에게 끼치노니 곧 나의 평안을 너희에게 주노라 내가 너희에게 주는 것은 세상이 주는 것과 같지 아니하니라 너희는 마음에 근심하지도 말고 두려워하지도 말라." 그다음 구절에서 "내가 갔다가 너희에게로 온다 하는 말을 너희가 들었나니"(28절)라고 말씀하심으로 '죽음과 부활'과 연결된 평강임을 알 수 있습니다. 부활하신 후 하신 말씀과 특별히 '평강'이라는 단어는 제자들에게 다른 의미로 다가왔을 것입니다.

그뿐 아니었습니다. 요한복음 16장 20절의 '그들 가운데 있는 근심이 기쁨이 되는 순간이 올 것'이라는 예언적 말씀의 성취를 깨닫는 순간이 됩니다. 모든 가능성이 확실성으로 바뀔 뿐 아니라 애매함이 분명함으로 바뀌는 순간이었습니다. 불안감과 불확실성으로 가득한 제자들을 향해 주신 소망과 희망의 메시지였습니다. 부활 후 첫 말씀인 '샬롬'은 바로 복음의 핵심이었던 것입니다.

우리가 사는 이 세상을 보면 혼란과 혼동으로 가득합니다. 빈부의 격차가 점점 더 벌어지고, 실업률이 올라가고, 전통적 가치관이 붕괴되고, 관계가 깨어지고 있습니다. 자살을 출구로 선택하는 이들이 늘고 있습니다. 단테가 정의하였듯 지옥은 '더 이상 희망이 없는 곳'입니다. 이 땅은 더 이상 희망이 없기에 이미 지옥에 살고 있는 사람들이 늘어나고 있는 것입니다. 이러한 세상에 가장 필요한 것은 한마디로 예수 그리스도가 주시는 '샬롬'입니다.

예수 그리스도를 통해 주시는 하나님의 샬롬은 특징이 있습니다. 첫 번째로 시공간을 초월합니다(요 14:27). 겉으로 보이는 상황을 뛰어넘을 뿐 아니라 우리의 이해의 범주를 초월하는 샬롬입니다. "모든 지각에 뛰어난 하나님의 평강(God's peace which exceeds anything we can understand, 우리의 이해를 뛰어넘는 하나님의 평강)이 그리스도 예수 안에서 너희 마음과 생각을 지키시리라"(빌 4:7). 하나님이 곤경에 처한 인간들을 내버려두지 않고 주도적으로 허락하신 샬롬이기에 그렇습니다. 그래서 "이 복음은 모든 믿는 자에게 구원을 주시는 하나님의 능력"(롬 1:16)이 됩니다.

두 번째로는 '승리의 메시지'가 담겨 있는 샬롬입니다. 누구나 죽으면 끝입니다. 그러나 죽음은 예수님을 결박하지 못했습니다. 단순히 죽음을 이기신 것이 아닙니다. 요한복음 16장 33절을 보면 "이것을 너희에게 이르는 것은 너희로 내 안에서 평안을 누리게 하려 함이라 세상에서는 너희가 환난을 당하나 담대하라 내가 세상을 이기었노라"라고 말씀하십니다. 그와 함께 한 자들이 경험할 수 있는 축복입니다. 결국 "하나님께로부터 난 자마다 세상을 이기느니라"(요일 5:4)라는 말씀의 의미입니다.

마지막으로 샬롬은 완성의 의미를 담고 있습니다. 예수님께서 십자가에서 하신 마지막 말씀은 "다 이루었다"(요 19:30)였습니다. 자신의 양식은 하나님의 뜻을 행하며 그분의 일을 온전히 이루는 것이라고 말씀하신 분이었습니다(요 4:34). 그 뜻으로 믿는 이들에게 풍성한 삶을 주신다고 하셨습니다(요 10:10). 그들을 위하여 하나님과 영원히 함께 할 거처를 마련하신다고 했습니다(요 14:1~2). 이런 것들을 모두 포함해 온전히 이루셨다는 의미였습니다. 그러한 샬롬이 우리에게 주어졌습니다. 차별 없이 주 예수를 마음으로 믿고 입으로 시인하는 이들에게 주어진 샬롬입니다. 우리 모두는 그 샬롬을 알고 경험하는 자들입니다.

전해져야 하는 샬롬

예수님께서는 제자들에게 십자가 처형 과정에서 입은 손과 옆구리의 상처를 보여 주십니다. 제자들의 마음속에 있을 수 있는 부활에 대한 의심의 여지를 해결하시려 한 것이었습니다. 그러자 제자들이 "주를 보고 기뻐하더라"(20절)라고 기록하고 있습니다. 분위기가 급작스럽게 반전된 것을 발견합니다. 두려움에 싸여 있는 무리들이 '샬롬의 무리들'로 변화됐습니다. 예수님께서는 "아버지께서 나를 보내신 것 같이 나도 너희를 보내노라"(21절)라고 말씀하십니다. 이것은 하나님의 샬롬을 받은 이들이 다른 이들에게 나누어야 하는 임무를 부여받은 것을 의미합니다.

하나님께서 예수님을 이 땅으로 보내셨다는 사실은 그분이 최초의 선교사였음을 말합니다. 선교란 문화가 다른 이들에게 복음을 전한다는 사실에서 그렇다는 것입니다. 예수님만큼 '문화 충격'을 경험한 선교사는 전무후무할 것입니다. 그분이 택하신 '하나님이심에도 불구하고 인간의 모습으로 오신' 존재의 차이로 인한 충격은 다른 어떠한 충격과 비교될 수 없는 상상을 초월하는 것이었습니다. 엄청난 충격을 성공적으로 극복하고 이뤄내신 예수님이 제자들을 향해 동일한 사명을 주고 계십니다.

보냄을 받은 이들을 향해 '세상에 머무르나 세상에 속하지 않는 자들이 되어야 함'을 분명히 하셨습니다(요 17:15~19). 그것이 우리 모두의 정체성입니다. 이 땅에 속하지 않았기에 신앙과 삶의 원칙을 성경에 두고 살아야 합니다. 그러나 우리는 이 땅에 대한 이해와 분석이 필요합니다. 어떤 학자는 건강한 크리스천의 모습은 '한 손에는 성경을 다른 한 손에는 신문을 든 모습'이라고 말했습니다. 세상의 문화를 무시하고 대결하거나, 그 속에 젖어버려서는 안 됩니다. 오히려 그 문화를 변화시키는 방법을 찾아야 합니다. 적지 않은 이들이 후자의 모습이기보다는 전자의 모습과 같이 살아갑니다. 본분을 잊어버린 것입니다. 하나님을 모르는 이들을 '길 잃어버린 자'들이라고 말하곤 합니다. 그러나 믿는 이들이 자신의 본분을 저버리고 살아가는 것이 진정한 '길 잃어버린 자'들이 아닐까 생각합니다.

    우리들의 힘으로 맡겨진 일을 감당해야 한다는 것은 아닙니다. 예수님과 우리의 관계는 하나님과 예수님의 관계처럼 공통점이 있습니다. 바로 그분이 '함께 하심'입니다. 예수님께서도 혼자가 아니라 아버지께서 함께 계신다고 했습니다(요 16:32). 예수님께서 함께 하심을 항상 기억해야 합니다. 지상명령 성취를 명하시며 "세상 끝날까지 함께 하시겠다."라고 약속하셨습니다. "내가 진실로 진실로 너희에게 이르노니 나를 믿는 자는 내가 하는 일을 그도 할 것이요 또한 그보다 큰일도 하리니 이는 내가 아버지께로 감이라"(요 14:12)라는 놀라운 말씀도 더하셨습니다. 우리는 담대하게 샬롬을 전하는 이들이 되어야 합니다.

공동체의 핵심인 샬롬

샬롬을 전하는 것이 믿는 이들의 정체성이며 사명이라는 사실은 우리가 어떻게 그 일을 감당할 수 있겠는가라는 질문을 하게 합니다. '무엇'이 확실할 때 '어떻게' 해야 하는지가 중요합니다.

 '샬롬'을 전하는 데 있어 입으로 전하는 것은 중요합니다. 지금까지 CCC를 포함한 다양한 선교단체들이 해 왔던 것처럼 사영리 등의 전도책자를 통해 주도적이며 적극적으로 전도하는 것은 지속되어야 합니다. 여전히 누구에게나 '선포되는 말씀'이 중요하기 때문입니다.

 하지만 거기에 또 다른 중요한 요소들이 더해지지 않는다면 그 효과는 줄어들게 됩니다. 급속히 변화된 세상이 요구하는 요소들입니다. 특별히 젊은 세대 속에서 발견할 수 있는 변화의 여파는 매우 큽니다. 과거에는 '듣고 믿었다면' 이제는 '보고 경험한 후에 믿는 것'으로 패턴이 바뀌었습니다. 믿고 공동체에 참여하기보다는 공동체 속에 들어와 친숙해진 후에 믿게 됩니다. 그만큼 그들이 평가할 공동체가 매력적인가가 매우 중요한 질문이 되었습니다. 어떤 공동체의 모습인가가 중요한 세상이 되었습니다.

 세상에 매력적으로 보이기 위해 세상을 닮아가자는 것이 아닙니다. 당연히 세상과는 구별된 정체성을 가져야 합니다. 한마디로 말하자면 '샬롬'으로 묘사되고, '샬롬'을 행하며, '샬롬'을 전하는 공동체이어야 합니다. 예수님을 주로 인정하고, 그분의 인도를 경험하며, 가르침에 순종하는 공동체가 필요합니다. 서로 격려하며 맡겨진 일을 잘 준비하고 행하는 공동체입니다. 각자는 공동체 속에서, 세상 속에서 역할을 감당하기 위해 은사 개발을 위한 노력을 해야 합니다. 자신의 은사를 극대화하기 위해서는 노력이 필요합니다. 실력 없는 크리스천의 목소리는 아무리 클지라도 무시될 수 있습니다.

 결국 복음의 의미를 되새기는 것이 중요합니다. 새로운 세대를 위하여 새로운 옷을 입히는 작업을 지속해나가야 합니다. 그러나 중심에는 변치 않는 한 원리가 있습니다. "너희 속에 있는 소망에 관한 이유를 묻는 자에게는 대답할 것을 항상 준비하되"(벧전 3:15)라는 말씀이 있습니다. 철저한 준비와 확신이 있어야 합니다. '샬롬'에 담긴 소망이 이 땅에서 우리의 역할을 감당하게 합니다. '샬롬'을 받은 자들이여, '샬롬'의 메시지를 전하며 '샬롬'의 공동체를 세워가며 함께 하나님의 나라를 확장해 나가야 합니다.

CHAPTER 22
길고 굵게 사는 삶
(19:25~27; 21:20~23)

　　　　　　　　　　　　　레오나르도 다빈치(Leonardo da Vinci, 1452~1519)는 르네상스 인의 전형으로 간주되는 예술가입니다. 최근에는 댄 브라운이라는 작가의 『다빈치 코드』라는 소설의 모티브가 되기도 했습니다. 그의 작품 중에서 가장 많이 알려진 작품으로 '최후의 만찬'을 들 수 있을 것입니다. 물론 실제 최후의 만찬의 모습과는 거리가 먼 그림입니다. 1세기에 유대인들이 하듯 바닥에 앉아 있기보다는 중세 시대의 테이블에 앉아 있는 모습부터 지적할 수 있을 것입니다. 최후의 만찬을 하는 모습을 그리고자 했다기보다는 그 그림을 보는 이들을 향해 일종의 '서비스'를 하고 있는 듯합니다. 등장인물의 동작이나 표정 등을 통해 누군지를 알 수 있도록 의도되어 있기에 그렇습니다.

등장인물 중에 한 사람이 그의 독특한 모습으로 인해 논란에 휩싸이곤 합니다. 우리 편에서 보기에 예수님의 왼쪽에 앉아 있는 소녀(또는 여인)처럼 보이는 사람입니다. 사도 요한이라고 알려져 있는데, 특이하게 소녀처럼 미소 지으며 부드럽게 흰 손을 겹치고 있습니다. 이런 여성스러운 모습 때문에 댄 브라운이라는 작가는 그가 요한이 아니라 막달라(Magdalene) 마리아라는 상상을 하기도 했습니다. 물론 말도 안 되며 어처구니없는 상상에 지나지 않습니다. 만약에 여성스러운 모습으로 묘사된 이유를 들어 막달라 마리아라고 주장한다면, 레오나르도 다빈치의 또 다른 그림인 '세례 요한'(St. John the Baptist)을 향해서도 같은 주장을 해야 하기 때문에 그렇습니다. 그가 그린 세례 요한은 남성적이라기보다는 지극히 여성적입니다. 너무나 여성적이어서 19세기의 파리의 데카당스(Décadence)가 이 여성적인 미소에 매혹 당했을 정도였다고 합니다. 사도 요한의 여성적 모습은 다빈치의 그림이 지닌 특징일 뿐임을 알아야 합니다.

여성적으로 그려진 사도 요한은 요한복음에서 자신을 '사랑하시는 제자'(the disciple Jesus loved)라고 부릅니다(요 19:26; 21:20). 자신과 동일한 이름을 지닌 세례 요한은 그냥 '요한'이라고 부르며 말입니다(요 1:20). 그의 이름(요한, John)은 아마도 언어를 초월하여 기독교인들 사이에 가장 많이 사랑받는 이름일 것입니다. 그렇지 않다면 사랑받는 이름들의 선두그룹에 서 있을 것이라는 주장에 반론을 제기할 사람은 없을 것입니다. 이름으로 인한 친밀도에 더해 그가 남긴 것으로 알려진 신약 속의 책(요한복음과 요한계시록)과 서신들(요한일·이·삼서)로 인해 다른 사도들에 비해 좀 더 친숙하게 느낄 수 있다고 말할 수 있습니다. 실제로 그가 남긴 '작품'들의 분량을 고려할 때 '열 두 사도' 중에서 가장 많으며, 사도 바울과 누가 다음의 위치에 서 있습니다. 그만큼 교회사에 영향력을 주어 왔던 사도 요한의 삶으로부터 많은 교훈들을 배울 수 있습니다.

하나님의 새롭게 하심을 기대하며 사는 삶

요한 사도에 관한 한 가지 중요한 사실은 그와 예수님은 친척 관계였다는 것입니다. 그런 맥락 속에서 요한복음 19장 25~27절을 이해할 수 있습니다. "예수의 십자가 곁에는 그 어머니와 이모와 글로바의 아내 마리아와 막달라 마리아가 섰는지라 예수께서 자기의 어머니와 사랑하시는 제자가 곁에 서 있는 것을 보시고 자기 어머니께 말씀하시되 여자여 보소서 아들이니이다 하시고 또 그 제자에게 이르시되 보라 네 어머니라 하신대 그 때부터 그 제자가 자기 집에 모시니라." 이곳을 보면 '이모'라는 단어가 나옵니다. 다른 복음서의 기록과 비교하여 보면 이모의 정체를 알 수 있습니다. 다른 두 곳을 살펴봅니다. "그 중에는 막달라 마리아와 또 야고보와 요셉의 어머니 마리아와 또 세베대의 아들들의 어머니도 있더라"(마 27:56), "멀리서 바라보는 여자들도 있었는데 그 중에 막달라 마리아와 또 작은 야고보와 요세의 어머니 마리아와 또 살로메가 있었으니"(막 15:40). 이 기록들을 비교 분석해 보면 같은 여인들을 제한 후에 남게 되는 예수님의 이모와 살로메라는 여자와 세베대의 아들들의 어머니는 동일인이어야만 합니다. 야고보의 어머니는 마리아의 자매로 야고보와 요한은 예수의 이종사촌간이 된다는 말입니다. 사랑하는 제자일 뿐 아니라 친척인 요한에게 어머니를 맡기는 모습은 이해가 됩니다. 그 동안 이모와 조카의 관계였다면 예수님의 승천 이후 어머니와 아들의 관계로 맺어주시는 것입니다.

이런 친척 관계가 있었기에 요한과 야고보의 어머니가 예수님께 무리한 요구를 하게 된 배경을 이해할 수 있습니다. 마태복음 20장 20~21절의 요구입니다. "그 때에 세베대의 아들의 어머니가 그 아들들을 데리고 예수께 와서 절하며 무엇을 구하니 예수께서 이르시되 무엇을 원하느냐 이르되 나의 이 두 아들을 주의 나라에서 하나는 주의 우편에, 하나는 주의 좌편에 앉게 명하소서"라고 부탁합니다. 단순한 어머니의 행동이지만 조카를 향한 이모의 요청이기도 하다는 것입니다. 물론 예수님이 이러한 요청이 담고 있는 몰이해를 지적하시는 것으로 끝나지만 말입니다.

예수님께서 공생애를 하시는 동안의 기록 속에서 만나는 사도 요한은 매우 과격한 기질을 지닌 사람이었습니다. 한 예로 들 수 있는 사건이 누가복음 9장 51절에서 56절에 기록이 되어 있습니다. 제자들이 예수님과 함께 갈릴리에서 예루살렘을 향해 가는 도중에 사마리아를 통과하던 중이었습니다. 그러다가 쉴만한 곳을 찾던 중이었는지, 식사를 할 시간이 되었는지, 아니면 요한복음 4장의 경우를 보듯 복음을 전하려 했는지 정확한 상황은 기록이 되어 있지 않습니다. 중요한 것은 이곳에 기록하고 있듯 '그들(사마리아인들)이 영접을 하지 않았다'라는 것이었습니다. 그러한 '푸대접'을 향해 요한(물론 야고보와 요한이라고 하지만 야고보의 성격을 생각해 볼 때 요한이 더 강하였을 것으로 추측할 수 있음)은 과격한 대응으로 맞서고자 합니다. "주여 우리가 불을 명하여 하늘로 좇아 내려 저희를 멸하라 하기를 원하시니까." 이에 대해 예수님께서는 돌아보시며 꾸짖으시고 함께 다른 촌으로 가셨다고 기록되어 있습니다. 이러한 성품이 있는 요한이었기에 마가복음 3장 17절을 보면 예수님께 요한과 그의 형제 야고보를 향하여 '보아너게 곧

우레의 아들'이란 이름을 더하셨다'라고 기록되어 있는 것을 발견합니다.

그러한 품성과 기질의 소유자가 요한이었습니다. 그러나 요한의 서신과 그의 삶에 관한 모든 전통은 그러한 모습과는 완전히 다른 온전히 변화된 사람이었음을 분명히 하고 있습니다. 오히려 아래에서 더 자세히 다루어지듯이 그는 '사랑의 사도'로 기억되고 있습니다. 이러한 사도 요한의 변화된 모습을 통해 우리는 하나님의 약속에 대한 기대와 함께 그 약속이 우리 가운데 성취되기를 위한 간절한 바람을 가져야 함을 알 수 있습니다. 하나님께서는 우리 가운데서 착한 일을 시작하시어 그리스도 예수의 날까지 이루실 것이라는 약속을 주셨습니다(빌 1:6). 고린도후서 5장 17절에서는 "그런즉 누구든지 그리스도 안에 있으면 새로운 피조물이라 이전 것은 지나갔으니 보라 새것이 되었도다"라고 말씀하심으로 하나님께서는 이미 완성의 정점에서 우리를 평가하고 계심을 말씀하고 있습니다. 그뿐만이 아닙니다. 요한계시록 21장 5절에서는 "내가 만물을 새롭게 하노라"(I am making everything new)라고 말씀하시며 완성을 향하여 우리를 새롭게 만들고 계시는 현재의 역사를 말씀하고 계십니다. 한마디로 우리 하나님은 예수 그리스도를 통해 그분의 자녀가 된 자들을 변화시키고 계신다는 사실을 기억해야 한다는 것입니다. 그러기에 그분의 변화의 사역에 초청되어 사랑과 변화의 대상으로 순종하며 살아야 하는 것입니다. 요한 사도가 경험한 동일한 변화가 우리 가운데 일어나고 있습니다.

하나님의 관점에서
건강한 관계를 세우는 삶

요한의 다혈질적이며 직선적이었던 기질을 알 수 있게 만드는 또 다른 기록이 공관복음(마태, 마가, 누가복음)에 나옵니다. 위에서 본 사건의 바로 직전인 누가복음 9장 49~50절에(참고: 막 9:38~40) 나오는 것으로 예수님과 함께 어딘가를 지나던 길에 벌어진 사건입니다. 요한이(이곳에서는 위의 경우와는 달리 요한 사도가 단독으로 행한 것으로 되어 있음) 예수님께(아마도 칭찬을 들을 듯한 태도로 의기양양하게) 말을 합니다. "어떤 사람이 주의 이름으로 귀신을 내어 쫓는 것을 우리가 보고 우리와 함께 따르지 아니하므로 금하였나이다"(눅 9:49).

물론 그 당시 문화와 분위기 속에서 요한 사도의 그런 부류를 향한 반응과 조치는 지극히 당연한 태도였을 것입니다. 인간 문화 어디서든 구별하며 차별하는 행태가 있기에 의당 그러려니 할 수 있습니다. 유대인들은 비유대인들을 이방인이라 했으며, 헬라인들은 비헬라인들을 야만인이라 했듯이 말입니다. 물론 같은 동족 중에서도 서로 간에 어느 부족인지, 어느 지역 출신인지가 또 다른 차별을 낳습니다. 결과를 보아도 그렇고 구별의 이유를 보아도 그렇고 정당화될 수 없는 인간의 악습임에도 불구하고 비판 없이 좇아가는 제자들의 모습이었습니다.

물고기 중에 은어라는 고기가 있습니다. 1급수에서 돌에 달린 물이끼만 먹어서 비린내가 나지 않을뿐더러 오히려 독특하게도 수박냄새가 난다고 해서 귀한 대접을 받고 있는 고기입니다. 민물고기의 귀족으로 불리기도 합니다. 냄새만 그런 것이 아니라 은어를 낚는 방법도 매우 특이합니다. 돌에 낀 이끼만 먹고 살기 때문에 미끼를 이용한 낚시가 불가능합니다. 대신 '놀림낚시'라는 낚시 방법을 사용합니다. 미리 잡아둔 은어(씨은어) 주둥이에 낚싯바늘을 끼워 흘려보내 지역을 차지하고 있는 은어의 영역을 침범하게 만듭니다. 그러면 먼저 영역을 차지하고 있던 은어는 침입하는 은어를 몸으로 들이받아 쳐낸다고 합니다. 이때 씨은어의 꼬리지느러미에 달려있는 3~4발 바늘에 공격하는 은어가 걸려들게 하는 낚시 방법입니다. 이 때문에 '친구를 이용해 친구를 잡는 낚시 방법'이라고 말을 합니다. 여기서 중요한 한 가지 교훈을 얻을 수 있지 않을까요? 지나친 영역 싸움이 모두를 멸망으로 이끈다는 간단한 교훈 말입니다. 한마디로 말해 '루즈-루즈 게임'(lose-lose game)이 되는 것입니다.

예수 그리스도의 제자로서 그러한 문화 속에 젖어 사는 것은 금물입니다. 예수님도 요한의 말을 향하여 온전히 다른 각도에서 접근을 하십니다. "금하지 말라 너희를 반대하지 않는 자는 너희를 위하는 자니라"(눅 9:50, 마가복음에서는 "금하지 말라 내 이름을 의탁하여 능한 일을 행하고 즉시로 나를 비방할 자가 없느니라"). 예수님의 반응을 통해 사도 요한의 자세는 관용성과 지혜가 부족할 뿐 아니라 세상의 '패거리 문화'에 젖은 모습이었음을 보여 주고 있습니다.

우리 또한 유사한 모습 속에 살아가고 있지 않은지를 돌아보아야 합니다. '패거리 문화'(학연, 지연 및 교단주의, 심지어 지역 교회 간에도)에 젖어있기에 나와 내가 속해있는 '패거리'에 속하지 않은 사람들을 향해 '냉담'할 뿐 아니라 적대시하는 경우가 드물지 않습니다. 베드로 사도의 서신을 받은 사람들이 옛날 거하던 죄에 더 이상 머물러 있지 않기에 푸대접을 받는 것과 유사합니다. "너희가 저희와 함께 그런 극한 방탕에 달음질하지 아니하는 것을 저희가 이상히 여겨 비방하나"(벧전 4:4). 하지만 하나님의 나라에 속한 우리들은 그러한 모습과 같아서는 안 됩니다. 그 일에 부름을 받은 모든 이들과 함께 그 일을 해야 하기에 '패거리 문화'를

벗어버리고 폭넓은 시각으로 우리의 사역과 다른 이들을 대해야 하는 것입니다.

예수님의 가르침의 핵심이 여기에 있습니다. 세상에서 '패'를 나누는 생각을 뒤집어야 한다는 것입니다. 우리와 함께하는 이들만이 우리의 친구가 아니라, 우리를 반대하지 않는 이들 모두를 친구로 여기라고 말입니다. '친구 관계'의 폭을 넓히는 관점의 변화를 가져야 한다는 것입니다. 그럴 때 관계의 폭이 넓어질 뿐 아니라 건강한 관계를 가질 수 있습니다. 관계를 맺어가는 데 있어서 '반응적'(reactionary)이기보다는 '주도적'(proactive)이어야 한다는 것입니다.

요한 사도가 장수했으리라는 추측을 할 수 있는 힌트가 요한복음 21장에 나옵니다. 베드로에게 임할 죽음의 형태를 말씀하시는 예수님을 향해 베드로가 요한에 관해서 질문을 합니다. 이 질문에 대하여 예수님께서는 "내가 올 때까지 그를 머물게 하고자 할지라도 네게 무슨 상관이냐 너는 나를 따르라 하시더라 이 말씀이 형제들에게 나가서 그 제자는 죽지 아니하겠다 하였으나 예수의 말씀은 그가 죽지 않겠다 하신 것이 아니라 네가 올 때까지 그를 머물게 하고자 할지라도 네게 무슨 상관이냐 하신 것이러라"(22~23절).

요한 사도는 다른 사도들과는 달리 유일하게 순교를 당하지 않고 오래 살 수 있었습니다. 요한은 장수하며 예수님의 공생애 동안의 가르침을 되새기며 살았습니다. 그의 말년과 관련해 전해져 내려오는 이야기가 있습니다. 그가 에베소에 머무를 때 나이가 많이 들어 겨우 제자들의 부축을 받으며 교회에 출석했다고 합니다. 많은 말을 할 수 없어 회중 앞에서 "형제들이여 서로 사랑합시다."하는 것이 고작이었다고 합니다. 모든 교우들이 늘 같은 말에 싫증이 나서 "선생이 어찌하여 꼭 같은 말씀만 하십니까?"하고 질문하면, 요한은 "이것은 주께서 가르치신 명령이다. 이것만 행한다면 넉넉하다."하고 대답하였다는 것입니다. 말년의 요한은 주님의 사랑하라는 계명 외에는 거의 다 잊어버린 것 같습니다.

동일한 태도를 요한일서에서도 발견합니다. 물론 요한일서의 특성상 에베소라는 역사적 상황과 관련된 이단과 연관이 있는 것이기는 하나 '사랑과 교제'의 중요성이 다른 어느 곳보다 강조 되어 있음을 발견할 수 있습니다. 점점 더 이기적이며 사랑이 메말라 가는 세상에서 가장 필요한 것이 무엇인가를 돌아보게 합니다. 한계를 분명히 하나 세상에서 폭넓게 관계를 맺어가며 맡겨진 일을 수행해야 한다는 가르침을 주고 있습니다.

최선을 다해 충성하는 삶

요한 사도의 위대함은 단순히 그가 장수하였으며 사랑과 교제의 중요성을 반복하여 가르치며 살았다는 그 자체에 있지 않습니다. 오히려 그보다 더한 것은 우리의 성경에 너무나도 귀한 사실과 가르침을 글로 남겨 놓았다는 사실입니다. 그중에서도 특별히 요한복음은 처음 주님을 믿은 사람들에게 쉽게 다가갈 수 있는 복음서로 우리에게 잘 알려져 있습니다. 책을 마무리하며 다시 한 번 중요한 요소들을 복습해 보고자 합니다.

요한복음이 지니고 있는 가치는 아무리 강조해도 결코 지나치지 않습니다. 이 복음서에는 공관복음(마태, 마가, 누가복음)에 공통적으로 나오는 '예수님의 비유'나 '변화산 사건'도 없으며, 성찬도 없고, 예수님의 시험을 받으심도 없으며, 귀신을 내어 쫓으시는 것도 없습니다. 이러한 사실은 요한복음이 공관복음(마태,

마가, 누가복음)과는 의도적으로 다른 각도에서 쓰인 것이라는 사실을 분명히 합니다. 그러나 2~4장까지의 가나의 혼인잔치 이야기, 니고데모 이야기, 사마리아에서의 그의 사역, 나사로를 살리신 기적 등은 요한복음에만 기록된 것들입니다. 그뿐 아니라 나다나엘, 빌립, 도마 등 공관복음에서는 역할이 없는 제자들과의 대화가 많이 담겨 있어 예수 그리스도와 제자들과의 친밀한 관계에 관하여 알 수 있도록 해 주고 있습니다.

요한복음의 특징 중의 특징은 평이한 헬라어로 쓰여져 초신자들이 이해하는 데 부담이 없어 예수 그리스도를 알아가는 데 매우 유익했다는 것입니다. 그러나 이것은 어디까지나 겉으로 드러나 있는 요한복음의 특징이라고 할 수 있습니다. 요한복음은 신약의 어떤 책보다 구약과의 연관성이 깊습니다. 다르게 표현하자면 구약을 알고 보면 더욱더 깊은 이해가 가능합니다. 요한복음 15장에 나오는 '포도나무와 가지'의 비유가 좋은 예가 될 것입니다. 이미 앞에서 지적했듯 포도나무와 가지의 비유를 통해 예수님과 우리의 관계를 보며, 거기서 맺어지는 열매를 우리의 삶과 전도의 열매로 단순하게 이해할 수 있습니다. 그러나 다른 한편으로 좀 더 자세히 들여다보면 예수님께서는 자신을 단순히 포도나무라고 부르기보다는 '그 포도나무'라고 하시어 구약에서 특별히 이사야서 5장에서 나오는 '포도원의 노래'와 연결하여 말씀하고 계시다는 사실을 발견하게 됩니다. 극상품의 포도나무를 심었을 뿐 아니라 잘 자라도록 심혈을 기울여 키운 이스라엘 백성들의 열매는 들포도나무 수준으로 실망뿐 아니라 전혀 용납될 수 없다는 것이 '포도원의 노래'의 핵심이 됩니다.

이러한 것을 염두에 두고 예수님께서는 요한복음 15장에서 말씀하십니다. 다시 말해 예수님은 하나님께서 기뻐하시는 열매를 맺는 포도나무이기에 그 나무에 가지가 붙어 있을 때 나무로부터 필요한 것을 공급받아 하나님께서 원하시며 기대하시는 열매를 맺을 수 있다는 것입니다. 이러한 표면적 이해와 동시에 좀 더 깊은 의미가 공존하며 신앙과 성경의 이해의 깊이에 따라 의미의 정도가 깊어질 수 있는 모습은 요한복음의 특징 중의 특징이라고 할 수 있습니다. 그러한 깊이를 편안하게 다가갈 수 있는 언어와 개념을 통해 전달하는 뛰어난 문학적 솜씨의 소유자가 요한 사도입니다. 물론 전적으로 추측이긴 하지만 그런 섬세함이 레오나르도 다빈치가 본 여성적인 모습일 수도 있을 것입니다.

또한 공관복음(마태, 마가, 누가복음)과는 달리 '적극적으로' 그리고 처음부터 예수님이 하나님이시라고 분명히 말하고 있습니다(1:1, 18). 20장 31절에서 말하고 있듯 "예수께서 하나님의 아들 그리스도이심을 믿게 하려 함이요 또 너희로 믿고 그 이름을 힘입어 생명을 얻게 하려 함이니라"를 이루기 위해 최선을 다한 것입니다. 그래서 결국은 도마의 고백과 같이 요한복음을 읽는 모두가 예수 그리스도를 향하여 "나의 주시며 나의 하나님이시니다"(20:28)라는 고백을 하도록 만들고자 하는 것입니다. 보고 믿는 믿음의 차원에서 보지 않고도 믿는 믿음의 차원으로 끌어 올리고자 하는 그의 의도를 발견할 수 있습니다.

요한 사도를 택하신 하나님께서는 그를 변화시키시어 놀랍게 사용하셨습니다. 한마디로 '굵게 그리고 또한 길게' 살도록 허락하시며 그를 통해 너무나 많은 것을 남겨놓으셨습니다. 그의 이름이 담긴 요한복음 10장 10절을 보면 "내가 온 것은 양으로 생명을 얻게 하고 더 풍성히 얻게 하려 하심이라"라는 말씀에 담긴 한 의미를 요한 사도의 삶을 통해 보게 됩니다. 우리에게도 동일한 사건이 일어나고 있습니다. 기대하며 기도하며 우리의 순간순간의 삶을 힘차게 살아가야 하겠습니다.

당신 소중한 선물

2011년 10월 28일 초판 인쇄
2012년 7월 4일 초판 7쇄 발행

글쓴이 박성민
펴낸이 김윤희
펴낸곳 순출판사
디자인 (주)아이엠크리에이티브

주소   서울시 종로구 백석동 1가길 2-8
       www.soonbook.co.kr
전화   02-722-6931~2
팩스   02-722-6933
등록   ®제 1-2464호
등록년월일 1999년 3월 15일

가격   13,000원

ISBN   978-89-389-0247-4

잘못 만들어진 책은 바꿔드립니다.
본서의 판권은 순출판사에 있습니다. 무단 전재 및 복제를 금합니다.